"十四五"职业教育国家规划教材

（微分学 积分学）（第八版）
# 新编经济应用数学
XINBIAN JINGJI YINGYONG SHUXUE

新世纪高职高专教材编审委员会 组编
主　编　李凤香　程敬松
副主编　贾小建　郭廷花
　　　　谢　礼　刘颖华
　　　　张婷婷
主　审　祁建华

大连理工大学出版社

图书在版编目(CIP)数据

新编经济应用数学. 微分学 积分学 / 李凤香，程敬松主编. -- 8 版. -- 大连：大连理工大学出版社，2022.1(2025.9 重印)
ISBN 978-7-5685-3647-9

Ⅰ.①新… Ⅱ.①李…②程… Ⅲ.①经济数学－高等职业教育－教材②微积分－高等职业教育－教材 Ⅳ.①F224.0②O172

中国版本图书馆 CIP 数据核字(2022)第 022283 号

大连理工大学出版社出版

地址：大连市软件园路 80 号　邮政编码：116023
营销中心：0411-84707410　84708842　邮购及零售：0411-84706041
E-mail：dutp@dutp.cn　URL：https://www.dutp.cn
大连图腾彩色印刷有限公司印刷　　大连理工大学出版社发行

| 幅面尺寸:185mm×260mm | 印张:15.5 | 字数:358 千字 |
| --- | --- | --- |
| 2002 年 8 月第 1 版 | | 2022 年 1 月第 8 版 |
| | 2025 年 9 月第 9 次印刷 | |

责任编辑:程砚芳　　　　　　　　　　　　　　责任校对:刘俊如

封面设计:张　莹

ISBN 978-7-5685-3647-9　　　　　　　　　　　定　价:48.80 元

本书如有印装质量问题，请与我社营销中心联系更换。

# 前 言

《新编经济应用数学(微分学 积分学)》(第八版)是"十四五"职业教育国家规划教材、"十三五"职业教育国家规划教材、"十二五"职业教育国家规划教材、普通高等教育"十一五"国家级规划教材,也是新世纪高职高专教材编审委员会组编的数学类课程规划教材之一。

以往所用经济应用数学教材与普通高等数学教材没什么区别,由于教材重理论、轻实际应用,无法完整地给出大量经济方面的实例,所以影响学生的学习和理解,也不利于基础课和专业课的衔接。

《新编经济应用数学(微分学 积分学)》在编写的过程中充分考虑到以上问题,在此基础上根据编者长期讲授"经济应用数学"课的经验,采用模块式编写模式,本教材共分三篇:预备知识、微分学、积分学;每篇两个部分:基本理论、数学模型与应用;三个脉络:一元、多元、应用。这是一种有突破意义的贡献。同时,在传统的做法上又进行了一次创新性的尝试。将原来的"微分学""多元函数微分学"合并,统称为"微分学",这不仅仅出于结构上的考虑,也是一种教学体会的体现,是对传统的微积分知识结构的一次突破性尝试。

该教材于2018年2月进行了第六次修订,经过近四年的使用,伴随着高职教育改革的进一步深入,我们感到部分经济应用、例题、习题及网络共享等内容,仍有进一步充实的必要。因此,进行了第七次修订。

具体的改进和调整主要体现在以下几个方面:

1. 运用现行利率及现行个人所得税税率,更新了部分经济应用例题及相关的习题。

2. 落实立德树人根本任务,融入思政教育理念。教材全面贯彻落实党的二十大精神和习近平总书记系列重要讲话精神,在理论内容、案例选编、"职业素养"模块、"数学史话"模块中将爱国教育、职业精神和社会责任感培养融入教材,培养德才兼备的高素质人才。

3. 构建了网上答疑平台。为了便于学生对相关内容的进一步理解和预习,教材增加了相关概念的理解测试、特殊

类型题补充、相关习题测试等,以二维码的形式呈现,拓宽题库的覆盖范围,便于学生消化理解和课后综合复习。

4. 构建视频教学。针对较难理解的碎片化内容,本次修订制作了一系列生动的教学视频,以二维码的形式呈现,不仅增加了学生学习经济应用数学的兴趣,还将传统的课堂教学和互联网教学有机地结合在一起。

5. 搭建在线课程。秉承"学生中心、成果导向、持续改进"的教育教学理念,坚持"重过程、多元化、考能力"的指导思想,编者团队于2019年开始建设运行在线课程"经济数学与模型——一元微积分",实现线上线下双向教学,达到学生随时随地自主学习的目的。

通过改进和调整,本教材具有如下特点:

**1. 突出教材的实用特色**

本教材在编写的过程中充分考虑高职学生的特点及各学科的互通和交叉性,尽可能多地采用了经济方面的实例,体现了经济数学作为经济类专业基础课讲授的必要性。

**2. 突出教材的结构创新**

本教材将函数与极限的知识调整为全书的预备知识,增设了初等数学常用的公式及三角函数公式,有利于初等数学与高等数学的衔接和过渡。全书脉络清晰,知识由浅入深,将一元、多元、应用贯穿于每一篇的始终,便于教师讲授,更利于学生理解。

**3. 彰显教材的类型特点**

为了满足高等职业教育培养实用人才的需求,本教材对定理及理论性过强的内容做了适当的淡化处理,并利用图形及实例加以直观说明,降低了学生掌握同等程度知识的难度。以适应财经商贸大类相关专业需求为指引,突出了教材的经济性和应用性,所选数学模型从金融、会计、经济管理等方面进一步细分,便于不同经济类专业有侧重点地学习,使基础课的教学更贴近生活实际,每篇后配有知识结构图,便于学生对整个章节主要内容的掌握;书后配有综合测试题;增加了相关的数学趣味知识和数学史话等内容,以提高学生学习经济应用数学的兴趣。此外,本教材还介绍了Python软件在经济数学计算中的应用,通过对软件的介绍,进一步使学生了解应用计算机快捷地解决数学问题的方法,同时也为学生就业后从事相关工作奠定了一定的基础。

**4. 推进教材数字化建设**

为了配合教师讲解,我们编制了详细、生动的教学课件和电子教案。

为了便于学生学习,我们每篇配备了知识结构图和难易匹配的课后习题,附录中提供了初等数学常用公式。

为了便于学生期末综合复习,我们增加了十套综合复习题库。

为了便于学生自主学习,我们搭建了完整的在线学习平台,录制教学视频53个,上传题库620余道题,学习过程包含视频教学、随堂测验、在线讨论、章节测试等内容。

多种类数字资源的建设,不仅为传统课堂教学提供了扩展、补充,更拓展了教学的时间、空间。

**5. 体现基础课为专业课服务的原则**

根据经济类专业的特点细化经济应用,贯彻落实基础课以够用为原则,适应高职高专基础课教学改革的需要,突出经济性和应用性,使经济和数学恰到好处地结合在一起,通过不同的经济实例的引入，引导学生从生活的角度理解和使用数学工具，解决实际问题，使学生多掌握一些现代化管理技巧，为就业打下一定的基础。

**6. 初步实现网络共享**

本教材运用现代化信息技术，开发了一系列微课资源，呈现一系列碎片化的学习内容、知识测试及扩展素材，以此提高学生学习兴趣，挖掘学生潜能，不断拓展知识，积累经验，帮助学生达到最佳学习效果。

微课时间短，质量高，方便通过手机、平板电脑等终端设备观看学习，充分发挥"随时随地学习，随时随地提高"的网络学习优越性，更好地满足学生个性化学习、按需选择学习、移动学习、远程学习、在线学习等要求，是传统课堂学习的一种重要补充和扩展。

为了保证教材的修订质量，我们组建了优秀的编写团队。编写人员不仅有多所高职院校的骨干教师，也有省级优秀教师和省级优秀课程教师。团队中40岁以上高级职称五人，多年来他们一直从事经济应用数学课的教学工作，具有丰富的教学经验，业务能力强，了解什么样的教材更适合学生学习和教师讲授，对教材整体框架的设计、质量的保证起到了至关重要的作用。

《新编经济应用数学（微分学 积分学）》（第八版）由黑龙江职业学院李凤香、吉林交通职业技术学院程敬松任主编，由山西经贸职业学院贾小建、山西金融职业学院郭廷花、大连枫叶职业技术学院谢礼、河北石油职业技术大学刘颖华、吉林交通职业技术学院张婷婷任副主编，山西经贸职业学院景滨杰、吉林交通职业技术学院付尧、河北石油职业技术大学杨红梅参与了部分内容的编写工作。编写具体分工如下：第〇篇由程敬松、付尧编写，第一篇由李凤香、谢礼编写，第二篇第一部分由贾小建编写，第二篇第二部分由郭廷花编写。附录Ⅰ由张婷婷编写，附录Ⅲ由郭廷花编写，职业素养部分由谢礼编写。本书配有电子课件、电子教案、题库、二维码扫描测试题、微课、在线课程，其中第〇篇电子课件、二维码扫描测试题由程敬松、付尧编辑制作，第一篇电子课件、二维码扫描测试题由李凤香、谢礼编辑制作，第二篇电子课件、二维码扫描测试题由贾小建、郭廷花、景滨杰编辑制作，电子教案由程敬松、李凤香、贾小建编辑制作，题库由李凤香、贾小建编辑制作，微课由刘颖华、杨红梅编辑制作，在线课程由郭廷花开发制作。全书由李凤香负责统稿，石家庄铁路职业技术学院祁建华审稿。

在编写本教材的过程中，编者参考、引用和改编了国内外出版物中的相关资料以及网络资源，在此表示深深的谢意！相关著作权人看到本教材后，请与出版社联系，出版社将按照相关法律的规定支付稿酬。

尽管我们在本教材的特色建设方面做了很多的努力，但能力和水平所限，不当之处仍在所难免，恳请各相关教学单位和读者在使用本教材的过程中继续给予关注，并将意见和建议及时地反馈给我们，以便下次修订时改进。

编　者

所有意见和建议请发往：dutpgz@163.com
欢迎访问职教数字化服务平台：https://www.dutp.cn/sve/
联系电话：0411-84706672　84706581

# 目 录

## 第○篇　预备知识

### 第一部分　基本理论 ··· 3
- 0.1.1 函　数 ··· 3
- 0.1.2 初等函数 ··· 9
- 0.1.3 极限的概念 ··· 13
- 0.1.4 极限的运算 ··· 18
- 0.1.5 无穷小量与无穷大量 ··· 24
- 0.1.6 函数的连续性与间断点 ··· 27

### 第二部分　数学模型与应用 ··· 36
- 0.2.1 财贸、金融模型与应用 ··· 36
- 0.2.2 会计、统计模型与应用 ··· 40
- 0.2.3 经济管理、物流模型与应用 ··· 43

### 预备知识结构图 ··· 46

### 复习题○ ··· 47

## 第一篇　微分学

### 第一部分　基本理论 ··· 51
- 1.1.1 导数的概念 ··· 51
- 1.1.2 函数求导法则及基本公式 ··· 57
- 1.1.3 隐函数的求导 ··· 62
- 1.1.4 函数的微分 ··· 65
- 1.1.5 中值定理 ··· 70
- 1.1.6 洛必达法则 ··· 72
- 1.1.7 函数的单调性和极值 ··· 75
- 1.1.8 函数图形的描绘 ··· 81
- 1.1.9 偏导数与全微分 ··· 85

### 第二部分　数学模型与应用 ··· 98
- 1.2.1 财贸、金融模型与应用 ··· 98
- 1.2.2 会计、统计模型与应用 ··· 103

1.2.3　经济管理、物流模型与应用 …………………………………… 106
　　1.2.4　其他模型与应用 …………………………………………………… 118

**微分学知识结构图** ……………………………………………………………… 122

**复习题一** ………………………………………………………………………… 123

## 第二篇　积分学

### 第一部分　基本理论 …………………………………………………………… 127
　　2.1.1　不定积分的概念和性质 …………………………………………… 127
　　2.1.2　不定积分的基本公式 ……………………………………………… 131
　　2.1.3　换元积分法 ………………………………………………………… 134
　　2.1.4　分部积分法 ………………………………………………………… 142
　　2.1.5　定积分的概念 ……………………………………………………… 145
　　2.1.6　牛顿-莱布尼兹公式 ………………………………………………… 150
　　2.1.7　定积分的换元法和分部积分法 …………………………………… 155
　　2.1.8　广义积分 …………………………………………………………… 159
　　2.1.9　二重积分 …………………………………………………………… 162
　　2.1.10　微分方程 ………………………………………………………… 169

### 第二部分　数学模型与应用 …………………………………………………… 176
　　2.2.1　财贸、金融模型与应用 …………………………………………… 176
　　2.2.2　会计、统计模型与应用 …………………………………………… 182
　　2.2.3　经济管理、物流模型与应用 ……………………………………… 187
　　2.2.4　其他模型与应用 …………………………………………………… 194

**积分学知识结构图** ……………………………………………………………… 203

**复习题二** ………………………………………………………………………… 204

**综合测试题** ……………………………………………………………………… 206

**习题参考答案** …………………………………………………………………… 210

**附　录** …………………………………………………………………………… 225

**附录Ⅰ　高等数学实验 Python** ………………………………………………… 225

**附录Ⅱ　初等数学常用公式** …………………………………………………… 232

**附录Ⅲ　线上课程资源的开发及使用** ………………………………………… 234

# 第○篇

## 预备知识

　　高等数学与中学所学过的初等数学是有很大区别的,初等数学研究的对象基本上是不变的量(常量),而高等数学的研究对象则是变化的量(变量).函数是客观世界中变量与变量之间相互联系的一种数学抽象,它是高等数学研究的基本对象,而极限是贯穿高等数学始终的一个最重要的基本概念.高等数学中其他的一些重要概念,如微分、积分等,都是用极限来定义的.

　　本篇我们将从复习函数的概念及性质入手,补充介绍复合函数、分段函数及多元函数的概念,通过讨论数列极限,引出函数极限的概念及求极限的方法,并在此基础上讨论函数的连续性.本篇还对极限理论在经济领域的应用加以介绍.

　　通过学习,要求掌握求函数定义域的基本方法及函数性质的判定方法;会利用极限的运算法则和两个重要极限公式求函数的极限;会判定分段函数在分段点是否有极限、是否连续;掌握复利问题和抵押贷款问题的公式和计算.

# 第一部分 基本理论

## 0.1.1 函 数

### 职业素养

本节通过生活实例,引出函数的基本概念,认识概念的同时,可以深刻体会到函数在各领域应用的广泛性及科学性和严谨性. 通过大量生活实例由浅入深的引导,可以更深刻的理解概念,养成良好的学习习惯,树立求真务实,迎难而上的学风.

### 1. 常量与变量

在各种自然现象或过程中,经常遇到的量一般可以分为两类:一类在考察的过程中不发生变化,只取一个固定的值,我们称它为**常量**;另一类在考察的过程中是变化的,可以取不同的数值,我们称它为**变量**. 例如,北京到上海的直线距离,做匀速直线运动的物体的速度都是常量;一天中的气温,生产过程中的产量,都是不断变化的,它们都是变量.

在理解常量与变量时,应注意以下几点:

(1)常量和变量依赖于所研究的过程,同一个量,在某一过程中是常量,但在另一个过程中可能是变量;反过来也是同样的. 例如,某种商品的价格在某一时间段内是常量,但在较长的时间段内则是变量. 这说明常量和变量具有相对性.

(2)从几何意义上讲,常量对应着实数轴上的定点,变量则对应着实数轴上的动点.

(3)一个变量所能取的数值的集合叫作这个变量的变动区域.

世间万物唯一不变的就是变化. 当前,世界百年未有之大变局加速演进,我国的发展进入机遇与挑战并存、不确定难预料因素增多的时期,未来需要我们共同创造.

### 2. 函数的概念

在同一个自然现象或技术过程中,往往同时有几个量在变化着,这几个量的变化并不是孤立的,而是相互联系并遵循一定变化规律的,现在我们就两个变量的情形举几个例子.

> **例 1**　圆的面积与它的半径之间存在着相依关系，这种关系由公式
$$S=\pi R^2$$
给定，当半径 $R$ 在区间 $(0,+\infty)$ 内任意取定一个数值时，由上式就可以确定圆面积 $S$ 的相应数值．

> **例 2**　自由落体的路程 $S$ 与时间 $t$ 的关系由公式
$$S=\frac{1}{2}gt^2$$
给定，$t$ 的值确定了，$S$ 的值就随之确定了．设落体着地的时刻为 $T$，则当 $t$ 在闭区间 $[0,T]$ 上任意取定一个数值时，由上式就可以确定下落距离 $S$ 的相应数值．

> **例 3**　生产某种产品的固定成本为 6800 元，每生产一件产品，成本增加 70 元，那么该种产品的总成本 $y$ 与产量 $x$ 之间的相依关系由公式
$$y=70x+6800$$
给定，当产量 $x$ 取任何一个合理的值时，成本 $y$ 有相应的数值与之对应．

抽去上面几个例子中所考虑的量的实际意义，它们都表达了两个变量之间的相依关系，这种相依关系给出了一种对应法则．根据这一法则，当其中一个变量在其变化范围内任意取定一个数值时，另一个变量就有确定的值与之对应，而两个变量之间的这种对应关系就是函数概念的实质．

**定义 1**　如果在某变化过程中有两个变量 $x$、$y$，$D$ 是一个给定的数集，且对于 $D$ 中的每一个数值 $x$，按照某种对应法则总有确定的数值 $y$ 和它对应，那么称 $y$ 是 $x$ 的**函数**，记作 $y=f(x)$，其中 $x$ 称为**自变量**，$D$ 称为函数的**定义域**；当 $x$ 取数值 $x_0 \in D$ 时，与 $x_0$ 对应的 $y$ 的数值称为函数 $y=f(x)$ 在点 $x_0$ 处的**函数值**，记作 $f(x_0)$. 当 $x$ 取遍 $D$ 中的各个数值时，对应的函数值的全体组成的数集 $W=\{y|y=f(x), x\in D\}$ 称为函数的**值域**．

这里 $f$ 是函数符号，它表示 $y$ 与 $x$ 的对应法则，有时函数符号也可以用其他字母来表示，如 $y=g(x)$、$y=\varphi(x)$ 等．

当函数 $y=f(x)$ 的自变量 $x=x_0$ 时，若函数值 $f(x_0)$ 存在，我们称函数 $y=f(x)$ 在点 $x_0$ 有定义．如果函数 $y=f(x)$ 在区间 $(a,b)$ 内的每一点都有定义，那么我们称函数 $y=f(x)$ 在区间 $(a,b)$ 内有定义．

由定义 1 可以看出，确定函数有两个要素：定义域和对应法则．故对于两个函数来说，当且仅当它们的定义域和对应法则都分别相同时它们才表示同一函数，而与自变量及因变量用什么字母表示无关．例如，函数 $y=f(x)$ 也可以用 $\varphi=f(\theta)$ 表示．

> **例 4**　已知 $f(x)=\dfrac{1-x}{1+x}$，求 $f(0), f\left(\dfrac{1}{2}\right), f\left(\dfrac{1}{x}\right), f(x+1), f(t^2)$．

**解** $f(0)=\dfrac{1-0}{1+0}=1$, $f\left(\dfrac{1}{2}\right)=\dfrac{1-\dfrac{1}{2}}{1+\dfrac{1}{2}}=\dfrac{1}{3}$

$f\left(\dfrac{1}{x}\right)=\dfrac{1-\dfrac{1}{x}}{1+\dfrac{1}{x}}=\dfrac{x-1}{x+1}$, $f(x+1)=\dfrac{1-(x+1)}{1+(x+1)}=-\dfrac{x}{x+2}$

$f(t^2)=\dfrac{1-t^2}{1+t^2}$

▶ **例 5** 求下列函数的定义域：

(1) $f(x)=\dfrac{3}{5x^2+2x}$      (2) $f(x)=\sqrt{x+3}+\ln(x-2)$

(3) $f(x)=\lg(4x-3)-\arcsin(2x-1)$

**解** (1) 在分式 $\dfrac{3}{5x^2+2x}$ 中，分母不能为零，所以 $5x^2+2x\neq 0$，解得 $x\neq -\dfrac{2}{5}$ 且 $x\neq 0$. 即定义域为 $\left(-\infty,-\dfrac{2}{5}\right)\cup\left(-\dfrac{2}{5},0\right)\cup(0,+\infty)$.

(2) 该函数的定义域应满足不等式组

$$\begin{cases} x+3\geqslant 0 \\ x-2>0 \end{cases}$$

解为 $x>2$，即定义域为 $(2,+\infty)$.

(3) 该函数的定义域应满足不等式组

$$\begin{cases} 4x-3>0 \\ |2x-1|\leqslant 1 \end{cases}$$

解此不等式组，得其定义域为

$$\dfrac{3}{4}<x\leqslant 1, 即\left(\dfrac{3}{4},1\right]$$

课堂互动

应当指出，在实际问题中，除了要根据解析式本身来确定自变量的取值范围以外，还要考虑自变量的实际意义，一般来说，经济变量往往取正值，即变量都是大于零的.

## 3. 多元函数的概念

在很多自然现象和实际问题中所涉及的往往是多个变量之间的依存关系. 例如矩形面积公式 $S=xy$，描述了面积依赖于长 $x$ 与宽 $y$ 这两个量的关系. 一定质量的理想气体的压强 $P$、体积 $V$ 和绝对温度 $T$ 之间具有关系：$P=\dfrac{RT}{V}$（其中 $R$ 为常数）. 下面我们给出二元函数的定义.

**定义 2** 如果在某变化过程中有三个变量 $x$、$y$ 和 $z$，且当变量 $x$、$y$ 在一定范围内任取一对值 $(x,y)$ 时，按照某一确定的对应法则，变量 $z$ 总有唯一确定的值 $z$ 与其相对应，那么称变量 $z$ 为变量 $x$、$y$ 的**二元函数**，记作

$$z=f(x,y)$$

其中 $x$、$y$ 称为**自变量**，函数 $z$ 称为**因变量**. 自变量 $x$、$y$ 的变化范围称为函数 $z$ 的**定义域**. 对应的函数值的集合称为函数的**值域**.

同一元函数一样，对应法则与定义域是二元函数的两个要素．
类似地可以定义三元函数，进而推广到 $n$ 元函数．
二元及二元以上的函数统称为**多元函数**．
二元函数的定义域的几何表示往往是一个平面区域．

平面区域是坐标平面上满足某些条件的点的集合，围成平面区域的曲线称为该区域的边界，包含边界的平面区域称为**闭区域**（如图 0-1 所示），不含边界的平面区域称为**开区域**，包含部分边界的平面区域称为**半开区域**（如图 0-2 所示）．如果一个区域总可以被包含在一个以原点为圆心的圆域内部，则此区域称为**有界区域**（如图 0-1 和图 0-3 所示），否则称为**无界区域**（如图 0-2 所示）．

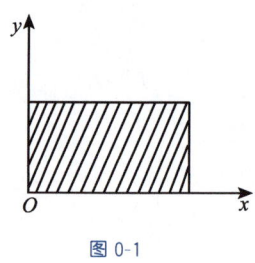

图 0-1

▶ **例 6** 某企业生产某种产品的产量 $Q$ 与投入的劳动力 $L$ 和资金 $K$ 有下面的关系：
$$Q = AL^\alpha \cdot K^\beta$$
其中 $A$、$\alpha$、$\beta$ 均为正常数，则产量 $Q$ 是劳动力投入 $L$ 和资金投入 $K$ 的函数．在经济学理论中，这一函数称为柯布-道格拉斯（Cobb-Douglas）函数．根据问题的经济意义，函数的定义域为
$$D = \{(L, K) \mid L \geqslant 0, K \geqslant 0\}$$（如图 0-2 所示）
值域为
$$Z = \{Q \mid Q = AL^\alpha \cdot K^\beta, (L, K) \in D\}$$

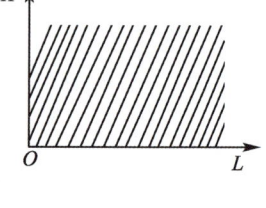

图 0-2

▶ **例 7** 求函数 $y = \arcsin(x^2 + y^2)$ 的定义域．

**解** 要使函数有意义，变量 $x$、$y$ 必须满足
$$x^2 + y^2 \leqslant 1$$
这就是所求函数的定义域，它是一个有界闭区域（如图 0-3 所示），是平面上的点集，可记为 $\{(x, y) \mid x^2 + y^2 \leqslant 1\}$．

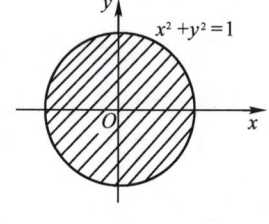

图 0-3

## 4．函数的表示法

函数的表示法有解析法、图示法及表格法等，本书不做详述．

## 5．分段函数

某市电话局规定市话收费标准为：当月所打电话次数不超过 30 次时，只收月租费 18 元，超过 30 次后每次加收 0.23 元，则电话费 $y$ 和用户当月打电话次数 $x$ 的关系可用下面的形式给出：
$$y = \begin{cases} 18 & (x \leqslant 30) \\ 18 + 0.23(x - 30) & (x > 30) \end{cases}$$

像这样把定义域分成若干部分，函数关系由不同的式子来分段表达的函数称为**分段函数**．分段函数是微积分中常见的一种函数．

▶ **例 8** 设有分段函数
$$f(x) = \begin{cases} x - 1 & (-1 < x \leqslant 0) \\ x^2 & (0 < x \leqslant 1) \\ 3 - x & (1 < x \leqslant 2) \end{cases}$$

(1)画出函数的图像；
(2)求此函数的定义域；
(3)求 $f\left(-\dfrac{1}{2}\right), f\left(\dfrac{1}{2}\right), f\left(\dfrac{3}{2}\right)$ 的值.

**解** (1)函数图像如图 0-4 所示；
(2)函数的定义域为 $(-1,2]$；
(3)$f\left(-\dfrac{1}{2}\right)=-\dfrac{3}{2}, f\left(\dfrac{1}{2}\right)=\dfrac{1}{4}, f\left(\dfrac{3}{2}\right)=\dfrac{3}{2}$.

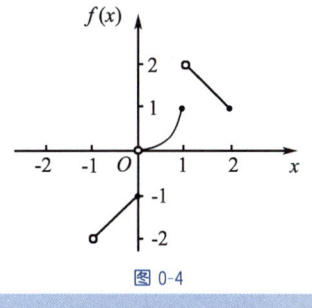

图 0-4

## 6. 函数的几种特征

(1)函数的单调性

**定义 3** 如果函数 $y=f(x)$ 在区间 $(a,b)$ 内有定义，且对于 $(a,b)$ 内任意两点 $x_1$ 和 $x_2$，当 $x_1<x_2$ 时，有 $f(x_1)<f(x_2)$，那么称函数 $f(x)$ 在 $(a,b)$ 内是**单调递增**的；如果对于 $(a,b)$ 内的任意两点 $x_1$ 和 $x_2$，当 $x_1<x_2$ 时，有 $f(x_1)>f(x_2)$，那么称函数 $f(x)$ 在 $(a,b)$ 内是**单调递减**的.

单调递增函数与单调递减函数统称为**单调函数**.

例如，函数 $f(x)=x^2$ 在区间 $[0,+\infty)$ 上是单调递增函数；在区间 $(-\infty,0]$ 上是单调递减函数；在区间 $(-\infty,+\infty)$ 内不是单调的（如图 0-5 所示）.

又例如，函数 $y=x^3$ 在 $(-\infty,+\infty)$ 内是单调递增的（如图 0-6 所示）.

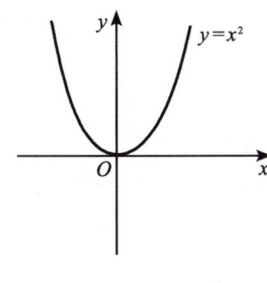

图 0-5

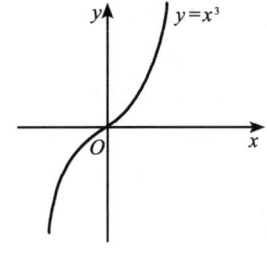

图 0-6

(2)函数的奇偶性

**定义 4** 如果函数 $f(x)$ 的定义域 $D$ 关于原点对称（即若 $x\in D$，则必有 $-x\in D$），且对于任一 $x\in D$ 都有

$$f(-x)=f(x)$$

恒成立，那么称 $f(x)$ 为**偶函数**；如果对于任一 $x\in D$ 都有

$$f(-x)=-f(x)$$

恒成立，那么称 $f(x)$ 为**奇函数**.

例如，$f(x)=x^2$ 是偶函数，因为 $f(-x)=(-x)^2=x^2=f(x)$. 又例如 $f(x)=x^3$ 是奇函数，因为 $f(-x)=(-x)^3=-x^3=-f(x)$.

偶函数的图像关于 $y$ 轴对称. 因为若 $f(x)$ 是偶函数，则 $f(-x)=f(x)$，所以如果 $A(x,f(x))$ 是图像上的点，那么它关于 $y$ 轴对称的点 $A'(-x,f(x))$ 也在图像上（如图 0-7 所示）.

奇函数的图像关于原点对称. 因为若 $f(x)$ 是奇函数，则 $f(-x)=-f(x)$，所以如果 $A(x,f(x))$ 是图像上的点，那么它关于原点对称的点 $A'(-x,-f(x))$ 也在图像上（如

图 0-8 所示).

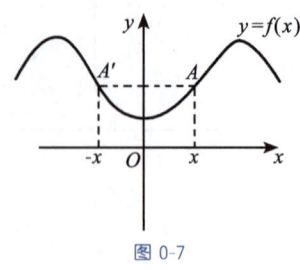

图 0-7

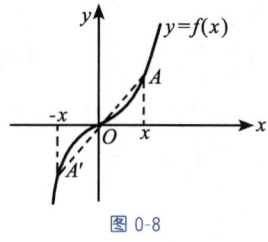

图 0-8

(3)函数的周期性

**定义 5** 如果对于给定的函数 $f(x)$,存在一个不为零的数 $T$,使得对于定义域 $D$ 内的任意 $x$,当 $(x \pm T) \in D$ 时,有

$$f(x+T)=f(x)$$

恒成立,那么称 $f(x)$ 为**周期函数**,$T$ 称为 $f(x)$ 的**周期**. 通常我们说周期函数的周期是指**最小正周期**.

例如,函数 $\sin x$、$\cos x$ 是以 $2\pi$ 为周期的周期函数;函数 $\tan x$、$\cot x$ 是以 $\pi$ 为周期的周期函数.

(4)函数的有界性

**定义 6** 如果对于函数 $f(x)$,存在一个正数 $M$,使得对于定义区间 $(a,b)$ 内的任意 $x$,对应的函数值均有 $|f(x)| \leqslant M$,那么称 $f(x)$ 在区间 $(a,b)$ 内**有界**;如果这样的正数不存在,那么称 $f(x)$ 在区间 $(a,b)$ 内**无界**.

对于函数的有界性,要注意以下两点:

①当一个函数 $y=f(x)$ 在区间 $(a,b)$ 内有界时,正数 $M$ 的取法不是唯一的. 例如 $y=\cos x$ 在 $(-\infty,+\infty)$ 内是有界的,有 $|\cos x| \leqslant 1$,但我们也可以取 $M=3$,即 $|\cos x|<3$ 总是成立的,实际上 $M$ 可以取任何大于 1 的数.

②有界性是依赖于区间的,例如 $y=\dfrac{1}{x}$ 在区间 $(1,2)$ 内是有界的,但在区间 $(0,1)$ 内是无界的.

## 7.反函数

某种商品的单价为 $P$,销售量为 $x$,则收入 $y$ 是 $x$ 的函数:$y=Px$. 这时 $x$ 是自变量,$y$ 是 $x$ 函数. 若已知收入 $y$,反过来求销售量 $x$,则有 $x=\dfrac{y}{P}$. 这时 $y$ 是自变量,$x$ 变成 $y$ 的函数了.

上面的两个式子是同一关系的两种写法,但从函数的角度来看,由于对应法则不同,它们是两个不同的函数,我们称它们互为反函数.

**定义 7** 设 $y=f(x)$ 是 $x$ 的函数,其值域为 $W$. 如果对于 $W$ 中的每一个值 $y$,都有唯一一个确定的且满足 $y=f(x)$ 的 $x$ 的值与之对应,则得到一个定义在 $W$ 上的以 $y$ 为自变量、$x$ 为因变量的新函数,称它为 $y=f(x)$ 的**反函数**,记作

$$x=f^{-1}(y)$$

并称 $y=f(x)$ 为**直接函数**.

当然,我们也可以说 $y=f(x)$ 是 $x=f^{-1}(y)$ 的反函数,也就是说,它们互为反函数.

显然,由定义可知,单调函数一定有反函数.习惯上,我们总是用 $x$ 表示自变量,用 $y$ 表示因变量,所以通常把 $x=f^{-1}(y)$ 改写为 $y=f^{-1}(x)$.

直接函数和反函数的图像关于直线 $y=x$ 是对称的.求反函数的过程可以分为两步:第一步是从 $y=f(x)$ 解出 $x=f^{-1}(y)$;第二步是交换 $x$ 和 $y$,并指明反函数的定义域.

## 习题 0.1.1

1. 判断下列函数是否相同,并说明理由.

(1) $f(x)=\dfrac{x^2+2x-3}{x+3}$ 与 $g(x)=x-1$

(2) $f(x)=x$ 与 $g(x)=\sqrt{x^2}$

2. 求下列函数的定义域:

(1) $y=\sqrt{x^2-4}+\ln(x-2)$

(2) $y=\dfrac{x^2}{1+x}$

(3) $z=\ln(x+y)$

3. 证明函数 $y=\lg x$ 在其定义域内单调上升.

4. 判断下列函数的奇偶性:

(1) $f(x)=x^3-4$

(2) $f(x)=a^x-a^{-x}(a>0)$

(3) $f(x)=\lg(x+\sqrt{1+x^2})$

5. 求下列函数的反函数:

(1) $f(x)=x^2(x\geqslant 0)$ 　　(2) $f(x)=2^x+1$

6. 指出下列函数的最小正周期:

(1) $y=\sin x\cos x$ 　　　　(2) $y=1+\cot x$

(3) $y=\sin^2 x$ 　　　　　(4) $y=\sin(x+1)$

7. 将直径为 $d$ 的圆木料锯成截面为矩形的木材(如图 0-9 所示),列出矩形截面的两条边长之间的函数关系.

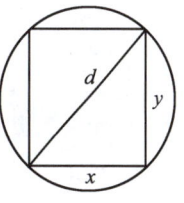

图 0-9

## 0.1.2　初等函数

### 职业素养

初等数学的理念就是利用概念、符号、性质、图像等进行抽象分析,转化问题和解决问题.由于涉及的基本初等函数的种类、取值范围、图像、性质繁多,在学习和运用中不仅需要足够的耐心与恒心,更重要的是要培养自己吃苦耐劳、精益求精、不怕挫折与困难的精神.

函数的图像

### 1. 基本初等函数

我们将已学过的常值函数、幂函数、指数函数、对数函数、三角函数和反三角函数统称为**基本初等函数**. 它们的定义域、值域、图像和性质见表 0-1.

表 0-1

| 函　数 | 定义域与值域 | 图　像 | 性　质 |
|---|---|---|---|
| 常值函数 $y=C$ （$C$ 为常数） | $x\in(-\infty,+\infty)$ $y=C$ | | 偶函数 |
| 幂函数 $y=x^\mu$ | 随 $\mu$ 而不同 | | 当 $\mu>0$ 时, 函数在第一象限单调递增 当 $\mu<0$ 时, 函数在第一象限单调递减 |
| 指数函数 $y=a^x$ ($a>0, a\neq 1$) | $x\in(-\infty,+\infty)$ $y\in(0,+\infty)$ | | 过点 $(0,1)$ 当 $a>1$ 时, 单调递增 当 $0<a<1$ 时, 单调递减 |
| 对数函数 $y=\log_a x$ ($a>0, a\neq 1$) | $x\in(0,+\infty)$ $y\in(-\infty,+\infty)$ | | 过点 $(1,0)$ 当 $a>1$ 时, 单调递增 当 $0<a<1$ 时, 单调递减 |
| 三角函数 正弦函数 $y=\sin x$ | $x\in(-\infty,+\infty)$ $y\in[-1,1]$ | | 奇函数, 周期为 $2\pi$, 有界 在 $\left[2k\pi-\dfrac{\pi}{2}, 2k\pi+\dfrac{\pi}{2}\right]$ ($k\in\mathbf{Z}$) 单调递增 在 $\left[2k\pi+\dfrac{\pi}{2}, 2k\pi+\dfrac{3\pi}{2}\right]$ ($k\in\mathbf{Z}$) 单调递减 |
| 三角函数 余弦函数 $y=\cos x$ | $x\in(-\infty,+\infty)$ $y\in[-1,1]$ | | 偶函数, 周期为 $2\pi$, 有界 在 $[2k\pi, 2k\pi+\pi]$ ($k\in\mathbf{Z}$) 单调递减 在 $[2k\pi-\pi, 2k\pi]$ ($k\in\mathbf{Z}$) 单调递增 |

(续表)

| 函　数 | 定义域与值域 | 图　像 | 性　质 |
|---|---|---|---|
| 三角函数 正切函数 $y=\tan x$ | $x \neq k\pi + \frac{\pi}{2}$ $(k \in \mathbf{Z})$ $y \in (-\infty, +\infty)$ | | 奇函数,周期为 $\pi$ 在 $\left(k\pi - \frac{\pi}{2}, k\pi + \frac{\pi}{2}\right)(k \in \mathbf{Z})$ 单调递增 |
| 三角函数 余切函数 $y=\cot x$ | $x \neq k\pi (k \in \mathbf{Z})$ $y \in (-\infty, +\infty)$ | | 奇函数,周期为 $\pi$ 在 $(k\pi, (k+1)\pi)(k \in \mathbf{Z})$ 单调递减 |
| 反三角函数 反正弦函数 $y=\arcsin x$ | $x \in [-1, 1]$ $y \in \left[-\frac{\pi}{2}, \frac{\pi}{2}\right]$ | | 奇函数,有界 单调递增 |
| 反三角函数 反余弦函数 $y=\arccos x$ | $x \in [-1, 1]$ $y \in [0, \pi]$ | | 有界 单调递减 |
| 反三角函数 反正切函数 $y=\arctan x$ | $x \in (-\infty, +\infty)$ $y \in \left(-\frac{\pi}{2}, \frac{\pi}{2}\right)$ | | 奇函数,有界 单调递增 |
| 反三角函数 反余切函数 $y=\text{arccot}\, x$ | $x \in (-\infty, +\infty)$ $y \in (0, \pi)$ | | 有界 单调递减 |

## 2. 复合函数和初等函数

（1）复合函数

在现实经济活动中,我们会遇到这样的问题:一般来说成本 $C$ 可以看作产量 $q$ 的函数.而产量 $g$ 又是时间 $t$ 的函数.时间 $t$ 通过产量 $g$ 间接影响成本 $C$,那么成本 $C$ 仍然可以看作时间 $t$ 的函数,$C$ 与 $t$ 的函数关系称作一种复合的函数关系.

**定义 1** 如果函数 $y=f(u),u=\varphi(x)$,且函数 $\varphi(x)$ 的值的全部或部分包含在函数 $f(u)$ 的定义域内,那么 $y$ 通过 $u$ 的联系成为 $x$ 的函数.我们把 $y$ 叫作 $x$ 的**复合函数**,记作

$$y=f[\varphi(x)]$$

其中,$u$ 叫作**中间变量**.

**例 1** 试求函数 $y=u^2$ 与 $u=\cos x$ 构成的复合函数.

**解** 将 $u=\cos x$ 代入 $y=u^2$ 中,即为所求的复合函数

$$y=\cos^2 x$$

其定义域为 $(-\infty,+\infty)$.

**例 2** 指出下列复合函数的结构:

(1) $y=(3x+5)^8$

(2) $y=\sqrt{\log_a(\sin x+3^x)}$

(3) $y=5^{\cot\frac{1}{x}}$

**解** (1) $y=u^8,u=3x+5$

(2) $y=\sqrt{u},u=\log_a v,v=\sin x+3^x$

(3) $y=5^u,u=\cot v,v=\dfrac{1}{x}$

(2) 初等函数

**定义 2** 由基本初等函数经过有限次四则运算和有限次复合运算构成,并且可以用一个解析式表达的函数,叫作**初等函数**.

例如,$y=\sqrt{1+x^2}$,$y=\sin^2 x$,$y=\sqrt{\cot\dfrac{x}{2}}$ 都是初等函数;但 $y=1+x+x^2+\cdots$ 不是初等函数(不满足有限次运算),$y=\begin{cases}3^x & (x\geqslant 0)\\ x^2 & (x<0)\end{cases}$ 也不是初等函数(不能由一个解析式表示).

## 习题 0.1.2

1. 指出下列函数的复合结构:

(1) $y=\sin 3x$ (2) $y=(2-3x)^{\frac{1}{2}}$ (3) $y=\ln(\arctan\sqrt{1+x^2})$

(4) $y=\sin^2\dfrac{1}{x}$ (5) $y=\ln(\sin e^{x+1})$ (6) $y=\cos\sqrt{3x+2}$

2. 求由所给函数复合而成的函数:

(1) $y=u^2,u=\cos x$

(2) $y=\tan u, u=2x$

(3) $y=e^u, u=\sin v, v=x^2+1$

3. 设 $f(\sin x)=\cos 2x+1$,求 $f(\cos x)$.

## 0.1.3 极限的概念

### 职业素养

本节重点讲解数列极限以及函数极限的定义、定理. 引入庄子中:一尺之棰,日取其半,万事不竭的实例,阐述极限概念的形成过程,通过丰富的背景资料感受数学的魅力,认识数学的发展以及它在人类社会进步中的重要作用,从而树立刻苦钻研、艰苦奋斗、勇于创新的理想信念.

在研究极限的概念之前,首先来看这样一个问题.有一支1米长的竹竿,将其对折,其长度为 $\frac{1}{2}$ 米,再将其对折,其长度为 $\frac{1}{4}$ 米,再对折,其长度为 $\frac{1}{8}$ 米……继续对折下去,就得到一系列竹竿的长度:

$$1, \frac{1}{2}, \frac{1}{4}, \frac{1}{8}, \frac{1}{16}, \cdots, \frac{1}{2^n}, \cdots$$

它们构成了一列有次序的数.设想无限对折下去,即 $n$ 无限增大,竹竿的长度将无限接近于一个确定的数值,不难推断,这个确定的数值就是 0. 实际上,这个问题隐含了极限方法,这种方法是微积分中的一种基本方法.

下面在进一步阐明这种方法之前,先说明数列的极限.

### 1. 数列的极限

**定义 1** 自变量为正整数的函数(整标函数) $x_n=f(n)$, $n=1,2,3$, $\cdots$,其函数值按自变量 $n$ 由小到大的顺序排成的一列数 $x_1, x_2, x_3, \cdots$, $x_n, \cdots$ 叫作**数列**,简记为 $\{x_n\}$. 数列中的每一个数叫作数列的项,第 $n$ 项 $x_n$ 叫作数列的**通项**或**一般项**.

函数的极限

考察以下三个数列:

(1) $\{x_n\} = \{1+\frac{1}{n}\}$,即数列 $2, \frac{3}{2}, \frac{4}{3}, \frac{5}{4}, \cdots, 1+\frac{1}{n}, \cdots$

(2) $\{x_n\} = \{\frac{1}{2}\}$,即数列 $\frac{1}{2}, \frac{1}{2}, \frac{1}{2}, \frac{1}{2}, \cdots$

(3) $\{x_n\} = \{\frac{1+(-1)^n}{2}\}$,即数列 $0, 1, 0, 1, \cdots$

因数列是函数,可将它们在直角坐标系中用点列表示出来,如图 0-10、图 0-11 和图 0-12 所示.

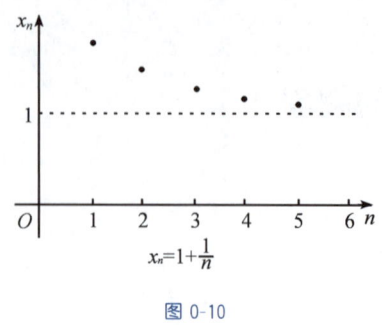

图 0-10

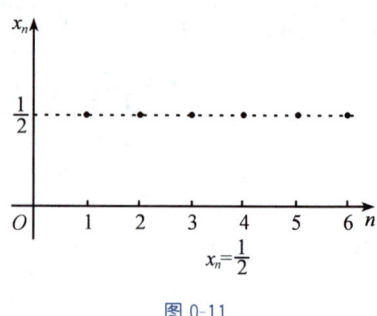

图 0-11

由图 0-10 和图 0-11 可知,当 $n$ 无限增大(即 $n\to\infty$)时,$1+\dfrac{1}{n}$ 的值无限接近于一个确定的常数 1;数列(2)恒等于确定的常数 $\dfrac{1}{2}$;由图 0-12 可知,当 $n$ 无限增大时,数列(3)的各项在 0 和 1 两数变动,不趋近于一个确定的常数.

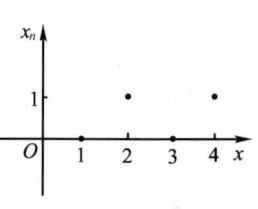

图 0-12

一般地,有如下定义.

**定义 2** 对于数列 $\{x_n\}$,当 $n$ 无限增大时,如果 $x_n$ 无限地趋近于一个常数 $A$,那么称当 $n$ 趋于无穷大时,数列 $\{x_n\}$ 以 $A$ 为**极限**,记作

$$\lim_{n\to\infty} x_n = A \text{ 或 } x_n \to A(n\to\infty)$$

亦称数列 $\{x_n\}$ 收敛于 $A$;如果数列 $\{x_n\}$ 没有极限,就称 $\{x_n\}$ 是发散的.

以上两个数列的极限可以分别记为 $\lim\limits_{n\to\infty}(1+\dfrac{1}{n})=1$ 和 $\lim\limits_{n\to\infty}\dfrac{1}{2}=\dfrac{1}{2}$.

如果数列 $\{x_n\}$ 对于每一个正整数 $n$,都有 $x_{n+1}>x_n$,那么称数列 $\{x_n\}$ 为**单调递增数列**.类似地,如果数列 $\{x_n\}$ 对于每一个正整数 $n$,都有 $x_{n+1}<x_n$,那么称数列 $\{x_n\}$ 为**单调递减数列**.如果对于数列 $\{x_n\}$,存在一个正的常数 $M$,使得对于每一项 $x_n$ 都有 $|x_n|\leqslant M$,那么称数列 $\{x_n\}$ 为**有界数列**.

**定理 1** (极限的唯一性)数列 $\{x_n\}$ 不能收敛于两个不同的极限.

**定理 2** (收敛数列的有界性)若数列收敛,则数列有界.

**定理 3** (单调有界定理)单调有界数列必有极限.

## 2. 函数的极限

前面讨论了数列的极限,现在讨论函数的极限.根据自变量 $x$ 的变化过程,函数的极限可分为两种基本情况来讨论:

第一,在自变量 $x$ 的绝对值无限增大的过程中,函数 $f(x)$ 的变化趋势,即当 $x\to\infty$ 时,函数 $f(x)$ 的极限;

第二,在自变量 $x$ 无限趋于定点 $x_0$ 的过程中,函数 $f(x)$ 的变化趋势,即当 $x\to x_0$ 时,函数 $f(x)$ 的极限.

(1) $x\to\infty$ 时函数的极限

首先,我们考察当 $x\to\infty$ 时函数 $y=\dfrac{1}{x}$ 的变化趋势.

由图 0-13 可知,当 $x\to\infty$(包括 $x\to+\infty$,$x\to-\infty$)时,函数趋近于确定的常数 0.

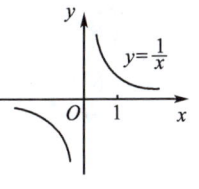

图 0-13

**定义 3** 如果 $x$ 的绝对值无限增大时,函数 $f(x)$ 趋于一个确定的常数 $A$,则称 $x\to\infty$ 时函数 $f(x)$ 以 $A$ 为极限,记作

$$\lim_{x\to\infty}f(x)=A \text{ 或 } f(x)\to A(x\to\infty)$$

如果从某一时刻起,$x$ 只能取正值或负值趋于无穷大,则有下面的定义:

**定义 4** 如果 $x>0$ 且无限增大时,函数 $f(x)$ 趋于一个确定的常数 $A$,则称 $x\to+\infty$ 时函数 $f(x)$ 以 $A$ 为极限,记作

$$\lim_{x\to+\infty}f(x)=A \text{ 或 } f(x)\to A(x\to+\infty)$$

**定义 5** 如果 $x<0$ 且 $x$ 的绝对值无限增大时,函数 $f(x)$ 趋于一个确定的常数 $A$,则称 $x\to-\infty$ 时函数 $f(x)$ 以 $A$ 为极限,记作

$$\lim_{x\to-\infty}f(x)=A \text{ 或 } f(x)\to A(x\to-\infty)$$

**例 1** 求 $\lim\limits_{x\to\infty}\left(1+\dfrac{1}{x^2}\right)$.

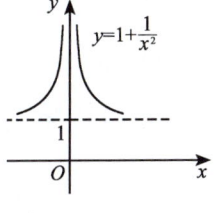

图 0-14

**解** 函数的图像如图 0-14 所示.$x\to+\infty$ 时,$\dfrac{1}{x^2}$ 无限变小趋于 0,则函数值趋于 1;$x\to-\infty$ 时,函数值同样趋于 1,所以有

$$\lim_{x\to\infty}\left(1+\dfrac{1}{x^2}\right)=1$$

**例 2** 求 $\lim\limits_{x\to-\infty}3^x$.

**解** 函数的图像如图 0-15 所示.当 $x\to-\infty$ 时,$3^x\to 0$,即 $\lim\limits_{x\to-\infty}3^x=0$. 而当 $x\to+\infty$ 时,$3^x\to+\infty$,即 $\lim\limits_{x\to+\infty}3^x=+\infty$. 显然,$\lim\limits_{x\to-\infty}3^x\neq\lim\limits_{x\to+\infty}3^x$,从而有如下定理.

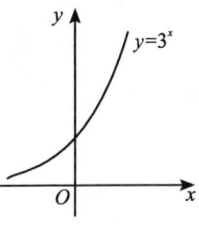

图 0-15

**定理 4** $\lim\limits_{x\to\infty}f(x)=A$ 的充要条件是

$$\lim_{x\to+\infty}f(x)=\lim_{x\to-\infty}f(x)=A$$

(2) $x\to x_0$ 时函数的极限

先介绍邻域的概念.设 $\delta$ 是某个正数,称开区间 $(x_0-\delta,x_0+\delta)$ 为以 $x_0$ 为中心,以 $\delta$ 为半径的邻域,简称为点 $x_0$ 的**邻域**,记为 $N(x_0,\delta)$. 称开区间 $(x_0-\delta,x_0)\bigcup(x_0,x_0+\delta)$ 为点 $x_0$ 的**空心邻域**,记为 $N(\hat{x}_0,\delta)$. 在空间直角坐标系中,设 $P_0(x_0,y_0)$ 是 $xOy$ 平面上的一个点,$\delta$ 是某一正数,与点 $P_0(x_0,$

课堂互动

$y_0$)距离小于 $\delta$ 的点 $P(x,y)$ 的全体,称为点 $P_0$ 的 **$\delta$ 邻域**,记为 $U(P_0,\delta)$,即
$$U(P_0,\delta)=\{(x,y)\mid \sqrt{(x-x_0)^2+(y-y_0)^2}<\delta\}$$

在几何上,$U(P_0,\delta)$ 就是 $xOy$ 平面上以点 $P_0(x_0,y_0)$ 为中心,$\delta$ 为半径的圆的内部的点 $P(x,y)$ 的全体.

▶ **例 3** 考察函数 $f(x)=\dfrac{2x^2-2}{x-1}$ 当 $x\to 1$ 时的变化趋势.

**解** 当 $x\ne 1$ 时,$f(x)=\dfrac{2x^2-2}{x-1}=2x+2$,由图 0-16 可知,当 $x\to 1$ 时,$f(x)\to 4$.

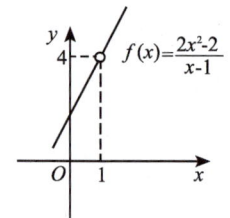

图 0-16

**定义 6** 如果函数 $f(x)$ 在 $x_0$ 的某一空心邻域 $N(\hat{x}_0,\delta)$ 内有定义,当自变量 $x$ 在 $N(\hat{x}_0,\delta)$ 内无限接近于 $x_0$ 时,相应的函数值无限接近于确定的常数 $A$,则称 $A$ 为 $x\to x_0$ 时函数 $f(x)$ 的极限,记作
$$\lim_{x\to x_0}f(x)=A \text{ 或 } f(x)\to A(x\to x_0)$$

从例 3 可知,$f(x)$ 在 $x_0$ 处的极限是否存在与其在 $x_0$ 处是否有定义无关.

▶ **例 4** 根据定义说明:

(1) $\lim\limits_{x\to x_0}x=x_0$     (2) $\lim\limits_{x\to x_0}C=C$

**解** (1) 当自变量 $x$ 趋于 $x_0$ 时,作为函数的 $x$ 也趋于 $x_0$,于是依照定义有
$$\lim_{x\to x_0}x=x_0$$

(2) 无论自变量取任何值,函数都取相同的值 $C$,它当然趋于常数 $C$,所以
$$\lim_{x\to x_0}C=C$$

这两个结论可以直接使用.

(3) 左极限与右极限

上面讨论的极限,是 $x$ 从 $x_0$ 的左右两侧同时趋于 $x_0$ 时函数值的变化趋势,但有时我们需要考虑 $x$ 只从 $x_0$ 的左侧趋于 $x_0$(记为 $x\to x_0^-$),或只从 $x_0$ 的右侧趋于 $x_0$(记为 $x\to x_0^+$)时函数值的变化趋势. 下面再给出 $x\to x_0^-$ 或 $x\to x_0^+$ 时函数极限的定义.

**定义 7** 如果 $x\to x_0^+(x\to x_0^-)$ 时,函数 $f(x)$ 的值无限接近于某一个确定的常数 $A$,则称 $A$ 为 $x\to x_0^+(x\to x_0^-)$ 时函数 $f(x)$ 的**右(左)极限**,记作
$$\lim_{x\to x_0^+}f(x)=A \quad (\lim_{x\to x_0^-}f(x)=A)$$

或      $f(x_0+0)=A$     $(f(x_0-0)=A)$

**定理 5** $\lim\limits_{x\to x_0}f(x)=A$ 的充分必要条件是
$$\lim_{x\to x_0^-}f(x)=\lim_{x\to x_0^+}f(x)=A$$

▶ **例 5** 设 $f(x)=\begin{cases} x+2 & (x\geq 1) \\ 3x & (x<1) \end{cases}$,画出该函数的图形,并讨论 $\lim\limits_{x\to 1^+}f(x)$, $\lim\limits_{x\to 1^-}f(x)$, $\lim\limits_{x\to 1}f(x)$ 是否存在.

**解** $f(x)$ 的图形如图 0-17 所示.可以看出
$$\lim_{x\to 1^-}f(x)=\lim_{x\to 1^-}3x=3$$
$$\lim_{x\to 1^+}f(x)=\lim_{x\to 1^+}(x+2)=3$$

左右极限存在且相等,所以 $\lim\limits_{x\to 1}f(x)$ 存在,且 $\lim\limits_{x\to 1}f(x)=3$.

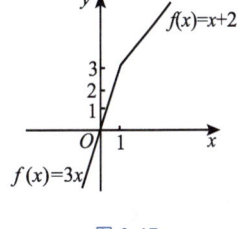

图 0-17

▶ **例 6** 设 $f(x)=\begin{cases} x-1 & (x<0) \\ 0 & (x=0) \\ x+1 & (x>0) \end{cases}$,画出该函数的图形,并判断 $\lim\limits_{x\to 0}f(x)$ 是否存在.

课堂互动

**解** $f(x)$ 的图形如图 0-18 所示.由图可以看出
$$\lim_{x\to 0^+}f(x)=\lim_{x\to 0^+}(x+1)=1$$
$$\lim_{x\to 0^-}f(x)=\lim_{x\to 0^-}(x-1)=-1$$

因为 $f(x)$ 的左极限和右极限存在但不相等,所以由定理 5 可知 $\lim\limits_{x\to 0}f(x)$ 不存在.

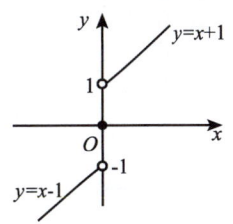

图 0-18

**(4)二元函数的极限**

在一元函数中,我们讨论了当自变量趋于某有限值 $x_0$ 时的函数的极限.对于二元函数 $z=f(x,y)$,同样可以讨论点 $(x,y)$ 趋于 $(x_0,y_0)$ 时函数 $z=f(x,y)$ 的变化趋势.由于在坐标面 $xOy$ 上点 $(x,y)$ 趋于 $(x_0,y_0)$ 的方式多种多样,因此,二元函数的情况要比一元函数复杂得多.

**定义 8** 对于二元函数 $z=f(x,y)$,如果点 $P(x,y)$ 以任意方式趋于点 $P_0(x_0,y_0)$ 时,$f(x,y)$ 总趋于一个确定的常数 $A$,那么称 $A$ 是二元函数 $f(x,y)$ 当 $(x,y)\to(x_0,y_0)$ 时的**极限**,记为
$$\lim_{(x,y)\to(x_0,y_0)}f(x,y)=A \text{ 或 } \lim_{\substack{x\to x_0 \\ y\to y_0}}f(x,y)=A$$

应当注意的是,在一元函数 $y=f(x)$ 的极限定义中,点 $x$ 只是沿 $x$ 轴趋于点 $x_0$,但二元函数极限的定义中,要求点 $P(x,y)$ 以任意方式趋于点 $P_0$.如果点 $P$ 只取某些特殊方式,例如,沿平行于坐标轴的直线或沿某一曲线趋于点 $P_0$,即使这时函数趋于某一确定值,我们也不能断定函数的极限就一定存在.因此,如果点 $P$ 沿不同路径趋于点 $P_0$ 时,函数趋于不同的值,那么函数的极限一定不存在.

▶ **例 7** 考察函数
$$g(x,y)=\begin{cases} \dfrac{xy}{x^2+y^2} & (x^2+y^2\neq 0) \\ 0 & (x^2+y^2=0) \end{cases}$$

当 $(x,y)\to(0,0)$ 时的极限是否存在.

**解** 当点$(x,y)$沿$x$轴趋向于原点,即当$y=0$,而$x\to 0$时,有
$$\lim_{\substack{x\to 0\\y\to 0}}g(x,y)=\lim_{x\to 0}g(x,0)=0$$

当点$(x,y)$沿$y$轴趋向于原点,即当$x=0$,而$y\to 0$时,有
$$\lim_{\substack{x\to 0\\y\to 0}}g(x,y)=\lim_{y\to 0}g(0,y)=0$$

但是,当点$(x,y)$沿直线$y=kx(k\neq 0)$趋向于点$(0,0)$,即当$y=kx$,而$x\to 0$时,有
$$\lim_{\substack{x\to 0\\y=kx\to 0}}g(x,y)=\lim_{x\to 0}g(x,kx)=\lim_{x\to 0}\frac{kx^2}{x^2+k^2x^2}=\frac{k}{1+k^2}$$

随着$k$的取值不同,$\frac{k}{1+k^2}$的值也不同,故极限$\lim_{\substack{x\to 0\\y\to 0}}g(x,y)$不存在.

## 习题 0.1.3

1. 观察一般项$x_n$如下的数列$\{x_n\}$的变化趋势,写出它们的极限:

(1) $x_n=\frac{1}{2^n}$      (2) $x_n=(-1)^n\frac{1}{n}$      (3) $x_n=2+\frac{1}{n^2}$

(4) $x_n=\frac{n-1}{n+1}$      (5) $x_n=n(-1)^n$

2. 设函数$f(x)=\begin{cases}2x-1 & (x<0)\\ 0 & (x=0)\\ x+2 & (x>0)\end{cases}$.作出这个函数的图像,并求$\lim\limits_{x\to 0^+}f(x),\lim\limits_{x\to 0^-}f(x)$和$\lim\limits_{x\to 0}f(x)$.

3. 设函数$f(x)=\frac{|x|}{x}$.求$f(x)$在$x=0$处的左、右极限,并讨论$f(x)$在$x=0$处的极限是否存在.

## 0.1.4 极限的运算

**职业素养**

本节重点介绍极限的运算法则以及两个重要极限.通过循序渐进的引入不同类型极限的运算,进一步提高分析问题、解决问题的能力,及对待科学严谨细致的态度,在激发学习兴趣的同时培养自己敢于探索、不断追求、精益求精的工匠精神.

利用极限的定义只能计算一些很简单的函数的极限,而实际问题中的函数却要复杂得多.本节将介绍极限的四则运算法则,并运用这些法则去求一些较复杂的函数的极限.

## 1. 极限的四则运算法则

若 $\lim f(x) = A$,$\lim g(x) = B$,则

**法则 1** $\lim[f(x) \pm g(x)] = \lim f(x) \pm \lim g(x) = A \pm B$

**法则 2** $\lim[f(x) \cdot g(x)] = \lim f(x) \cdot \lim g(x) = A \cdot B$

**推论 1** $\lim[C \cdot g(x)] = C \cdot \lim g(x) = C \cdot B$($C$ 为常数)

**法则 3** $\lim \dfrac{f(x)}{g(x)} = \dfrac{\lim f(x)}{\lim g(x)} = \dfrac{A}{B}$($\lim g(x) \neq 0$)

**推论 2** $\lim[f(x)]^n = [\lim f(x)]^n = A^n$

**注意** (1)对 $x \to x_0$,$x \to \infty$ 等情形,法则都成立.

(2)对数列极限法则也成立.

(3)法则1和法则2均可推广到有限个函数的情形.

▶ **例 1** 求 $\lim\limits_{x \to 1}(x^2 + 3x - 2)$.

**解** $\lim\limits_{x \to 1}(x^2 + 3x - 2) = \lim\limits_{x \to 1} x^2 + \lim\limits_{x \to 1} 3x - \lim\limits_{x \to 1} 2 = 2$

▶ **例 2** 求 $\lim\limits_{x \to -1} \dfrac{4x^2 - 3x + 1}{2x^2 - 6x + 4}$.

**解** 因为分母极限:$\lim\limits_{x \to -1}(2x^2 - 6x + 4) = 12 \neq 0$,所以

$$\lim_{x \to -1} \frac{4x^2 - 3x + 1}{2x^2 - 6x + 4} = \frac{\lim\limits_{x \to -1}(4x^2 - 3x + 1)}{\lim\limits_{x \to -1}(2x^2 - 6x + 4)} = \frac{4 \times (-1)^2 - 3 \times (-1) + 1}{12}$$

$$= \frac{8}{12} = \frac{2}{3}$$

▶ **例 3** 求 $\lim\limits_{x \to 3} \dfrac{x^2 - 4x + 3}{x^2 - 9}$.

**解** 先求分母极限:$\lim\limits_{x \to 3}(x^2 - 9) = 3^2 - 9 = 0$

分母极限为零,与例2不同,不能用上题的方法,我们发现分子和分母分解因式后出现公因式$(x-3)$,由极限定义可知,$x$ 趋于 3 并不等于 3,即 $x - 3 \neq 0$,故可以消去公因式后再求极限.于是有

$$\lim_{x \to 3} \frac{x^2 - 4x + 3}{x^2 - 9} = \lim_{x \to 3} \frac{(x-3)(x-1)}{(x-3)(x+3)} = \lim_{x \to 3} \frac{x-1}{x+3} = \frac{1}{3}$$

▶ **例 4** 求下列函数的极限:

(1) $\lim\limits_{x \to 1} \dfrac{2x - 3}{x^2 - 5x + 4}$ (2) $\lim\limits_{x \to 1}\left(\dfrac{3}{1 - x^3} - \dfrac{1}{1 - x}\right)$ (3) $\lim\limits_{x \to 0} \dfrac{\sqrt{1 + x} - 1}{x}$

**解** (1)当 $x \to 1$ 时,分母极限为 0,而分子极限不为 0,不能直接用商的极限法则,但 $\lim\limits_{x \to 1} \dfrac{x^2 - 5x + 4}{2x - 3} = 0$,所以

19

$$\lim_{x\to 1}\frac{2x-3}{x^2-5x+4}=\infty$$

(2)当 $x\to 1$ 时,原式两项极限都不存在,可先通分,再求极限.

$$\lim_{x\to 1}\left(\frac{3}{1-x^3}-\frac{1}{1-x}\right)=\lim_{x\to 1}\frac{3-(1+x+x^2)}{(1-x)(1+x+x^2)}$$
$$=\lim_{x\to 1}\frac{(2+x)(1-x)}{(1-x)(1+x+x^2)}=\lim_{x\to 1}\frac{2+x}{1+x+x^2}=1$$

(3)当 $x\to 0$ 时,分子分母极限均为零,不能用商的极限法则,可先对分子有理化,再求极限.

$$\lim_{x\to 0}\frac{\sqrt{1+x}-1}{x}=\lim_{x\to 0}\frac{(\sqrt{1+x}-1)(\sqrt{1+x}+1)}{x(\sqrt{1+x}+1)}=\lim_{x\to 0}\frac{x}{x(\sqrt{1+x}+1)}$$
$$=\lim_{x\to 0}\frac{1}{\sqrt{1+x}+1}=\frac{1}{2}$$

**例5** 求 $\lim_{x\to\infty}\frac{2x^2-x+3}{x^2+2x+2}$.

**解** 本例中,分子、分母的极限都不存在,所以不能运用极限的运算法则. 我们对这个分式作适当变形,分子分母同除以它们的最高次幂,然后可用运算法则求极限:

$$\lim_{x\to\infty}\frac{2x^2-x+3}{x^2+2x+2}=\lim_{x\to\infty}\frac{2-\frac{1}{x}+\frac{3}{x^2}}{1+\frac{2}{x}+\frac{2}{x^2}}=\frac{\lim_{x\to\infty}(2-\frac{1}{x}+\frac{3}{x^2})}{\lim_{x\to\infty}(1+\frac{2}{x}+\frac{2}{x^2})}=2$$

一般地,当 $x\to\infty$ 时,有理分式($a_0\neq 0,b_0\neq 0$)的极限有以下结果:

$$\lim_{x\to\infty}\frac{a_0x^n+a_1x^{n-1}+\cdots+a_n}{b_0x^m+b_1x^{m-1}+\cdots+b_m}=\begin{cases}0 & (n<m)\\ \dfrac{a_0}{b_0} & (n=m)\\ \infty & (n>m)\end{cases}$$

利用这个结果求有理分式当 $x\to\infty$ 时的极限非常方便.

**例6** 求下列极限:

(1) $\lim_{x\to\infty}\dfrac{4x^2+5x-3}{2x^3+8}$  (2) $\lim_{x\to\infty}\dfrac{3x^4-2x^2-7}{5x^2+3}$  (3) $\lim_{x\to\infty}\dfrac{(x-3)(2x^2+1)}{4-9x^3}$

**解** (1)因为分母的最高次幂大于分子的最高次幂,即 $m>n$,所以

$$\lim_{x\to\infty}\frac{4x^2+5x-3}{2x^3+8}=0$$

(2)因为分子的最高次幂大于分母的最高次幂,即 $m<n$,所以

$$\lim_{x\to\infty}\frac{3x^4-2x^2-7}{5x^2+3}=\infty$$

(3)分子不是一个多项式,而是两个多项式的乘积,一般来说不用把乘积计算出来,只需要观察出分子、分母的最高次幂的系数的运算结果即

可. 所以
$$\lim_{x\to\infty}\frac{(x-3)(2x^2+1)}{4-9x^3}=-\frac{2}{9}$$

**2. 两个重要极限**

计算一个函数的极限除了利用极限的定义和运算法则外,还经常用到以下两个重要极限.

(1) $\lim\limits_{x\to 0}\dfrac{\sin x}{x}=1$

函数 $\dfrac{\sin x}{x}$ 的定义域为 $x\neq 0$ 的全体实数. 当 $x\to 0$ 时,我们列出数值表(见表 0-2),观察其变化趋势.

表 0-2

| $x$(弧度) | $\pm 1.000$ | $\pm 0.100$ | $\pm 0.010$ | $\pm 0.001$ | $\cdots\to 0$ |
|---|---|---|---|---|---|
| $\dfrac{\sin x}{x}$ | 0.8417098 | 0.99833417 | 0.99998334 | 0.9999984 | $\cdots\to 1$ |

由表 0-2 可知,当 $x\to 0$ 时,$\dfrac{\sin x}{x}\to 1$,根据极限的定义有
$$\lim_{x\to 0}\frac{\sin x}{x}=1$$

**例 7** 求 $\lim\limits_{x\to 0}\dfrac{\tan x}{x}$.

**解** $\lim\limits_{x\to 0}\dfrac{\tan x}{x}=\lim\limits_{x\to 0}\dfrac{\sin x}{x}\cdot\dfrac{1}{\cos x}=\lim\limits_{x\to 0}\dfrac{\sin x}{x}\cdot\lim\limits_{x\to 0}\dfrac{1}{\cos x}=1$

**例 8** 求 $\lim\limits_{x\to 0}\dfrac{\sin 5x}{3x}$.

**解** 令 $5x=u$,当 $x\to 0$ 时,$u\to 0$. 因此有
$$\lim_{x\to 0}\frac{\sin 5x}{3x}=\lim_{u\to 0}\frac{\sin u}{\frac{3}{5}u}=\frac{5}{3}\lim_{u\to 0}\frac{\sin u}{u}=\frac{5}{3}\times 1=\frac{5}{3}$$

如果不写出中间变量,那么可按如下格式进行:
$$\lim_{x\to 0}\frac{\sin 5x}{3x}=\lim_{x\to 0}\frac{\sin 5x}{\frac{3}{5}\cdot 5x}=\frac{5}{3}\lim_{x\to 0}\frac{\sin 5x}{5x}=\frac{5}{3}\times 1=\frac{5}{3}$$

**例 9** 求 $\lim\limits_{x\to 0}\dfrac{1-\cos x}{x^2}$.

**解** $\lim\limits_{x\to 0}\dfrac{1-\cos x}{x^2}=\lim\limits_{x\to 0}\dfrac{2\sin^2\dfrac{x}{2}}{x^2}=\lim\limits_{x\to 0}\dfrac{1}{2}\left(\dfrac{\sin\dfrac{x}{2}}{\dfrac{x}{2}}\right)^2=\dfrac{1}{2}\lim\limits_{\frac{x}{2}\to 0}\left(\dfrac{\sin\dfrac{x}{2}}{\dfrac{x}{2}}\right)^2=\dfrac{1}{2}\times 1=\dfrac{1}{2}$

重要极限（二）

(2) $\lim\limits_{x\to\infty}(1+\dfrac{1}{x})^x=e$

当 $x\to\infty$ 时，我们列出 $(1+\dfrac{1}{x})^x$ 的数值表（见表 0-3），观察其变化趋势．

表 0-3

| $x$ | ⋯10 | 100 | 1000 | 10000 | 100000 | 1000000 | ⋯→+∞ |
|---|---|---|---|---|---|---|---|
| $(1+\dfrac{1}{x})^x$ | ⋯2.59374 | 2.70481 | 2.71692 | 2.71815 | 2.71827 | 2.71828 | ⋯→e |
| $x$ | ⋯−10 | −100 | −1000 | −10000 | −100000 | −1000000 | ⋯→−∞ |
| $(1+\dfrac{1}{x})^x$ | ⋯2.86797 | 2.73200 | 2.71964 | 2.7184 | 2.71830 | 2.71828 | ⋯→e |

从表 0-3 中不难看出，当 $x\to+\infty$ 或 $x\to-\infty$ 时，$\left(1+\dfrac{1}{x}\right)^x\to e$，根据极限的定义有

$$\lim_{x\to\infty}(1+\dfrac{1}{x})^x=e$$

其中，e 是一个无理数，其值为 2.718281828459045⋯．

如果令 $\dfrac{1}{x}=u$，当 $x\to\infty$ 时，$u\to 0$，于是有

$$\lim_{u\to 0}(1+u)^{\frac{1}{u}}=e$$

**例 10** 求 $\lim\limits_{x\to\infty}\left(1+\dfrac{2}{x}\right)^x$．

**解** 令 $\dfrac{2}{x}=u$，当 $x\to\infty$ 时 $u\to 0$，于是

$$\lim_{x\to\infty}\left(1+\dfrac{2}{x}\right)^x=\lim_{u\to 0}(1+u)^{\frac{2}{u}}=\lim_{u\to 0}[(1+u)^{\frac{1}{u}}]^2=[\lim_{u\to 0}(1+u)^{\frac{1}{u}}]^2=e^2$$

**例 11** 求 $\lim\limits_{x\to\infty}\left(1-\dfrac{1}{x}\right)^{2x+5}$．

**解** 令 $-\dfrac{1}{x}=u$，则 $x=-\dfrac{1}{u}$，当 $x\to\infty$ 时，$u\to 0$，则

$$\lim_{x\to\infty}\left(1-\dfrac{1}{x}\right)^{2x+5}=\lim_{u\to 0}(1+u)^{-\frac{2}{u}+5}$$

$$=\lim_{u\to 0}(1+u)^{-\frac{2}{u}}\cdot\lim_{u\to 0}(1+u)^5$$

$$=\dfrac{1}{\lim\limits_{u\to 0}[(1+u)^{\frac{1}{u}}]^2}\cdot[\lim_{u\to 0}(1+u)]^5=e^{-2}\cdot 1^5=e^{-2}$$

一般地，有下面的结论：

$$\lim_{x\to\infty}\left(1+\dfrac{a}{x}\right)^{bx+c}=e^{ab}$$

▶ **例 12** 求 $\lim\limits_{x\to\infty}\left(1+\dfrac{1}{2x}\right)^{4x-3}$.

**解** 因为 $a=\dfrac{1}{2},b=4$,所以,利用例 11 的结论可得
$$\lim_{x\to\infty}\left(1+\dfrac{1}{2x}\right)^{4x-3}=\mathrm{e}^{\frac{1}{2}\times 4}=\mathrm{e}^2$$

▶ **例 13** 求 $\lim\limits_{x\to\infty}\left(\dfrac{2x+3}{2x+1}\right)^{x+1}$.

**解** 因为 $\left(\dfrac{2x+3}{2x+1}\right)^{x+1}=\left(1+\dfrac{2}{2x+1}\right)^{x+1}$. 令 $u=2x+1$,则 $x=\dfrac{u-1}{2}$, 当 $x\to\infty$ 时,$u\to\infty$,于是

$$\lim_{x\to\infty}\left(\dfrac{2x+3}{2x+1}\right)^{x+1}=\lim_{x\to\infty}\left(1+\dfrac{2}{2x+1}\right)^{x+1}=\lim_{u\to\infty}\left(1+\dfrac{2}{u}\right)^{\frac{u-1}{2}+1}$$
$$=\lim_{u\to\infty}\left(1+\dfrac{2}{u}\right)^{\frac{u}{2}+\frac{1}{2}}$$

课堂互动

利用例 11 的结论,因为 $a=2,b=\dfrac{1}{2}$,所以
$$\lim_{x\to\infty}\left(\dfrac{2x+3}{2x+1}\right)^{x+1}=\mathrm{e}^{2\times\frac{1}{2}}=\mathrm{e}$$

## 习题 0.1.4

1. 求下列极限:

(1) $\lim\limits_{x\to 2}\dfrac{x^2+5}{x^2-3}$  (2) $\lim\limits_{x\to\sqrt{3}}\dfrac{x^2-3}{x^4+x^2+1}$  (3) $\lim\limits_{x\to 1}\dfrac{x^2-2x+1}{x^3-x}$

(4) $\lim\limits_{x\to -2}\dfrac{x^3+3x^2+2x}{x^2-x-6}$  (5) $\lim\limits_{x\to\infty}\dfrac{2+x^6}{x^2+5x^4}$  (6) $\lim\limits_{x\to\infty}\dfrac{x^2+2x-5}{x^3+x+5}$

(7) $\lim\limits_{x\to\infty}\left(\dfrac{2x}{3-x}-\dfrac{2}{3x}\right)$  (8) $\lim\limits_{x\to 1}\dfrac{\sqrt{x+2}-\sqrt{3}}{x-1}$  (9) $\lim\limits_{n\to\infty}\dfrac{1+2+\cdots+n}{(n+3)(n+4)}$

2. 已知 $\lim\limits_{n\to\infty}\dfrac{an^2+bn-5}{3n-2}=2$,求 $a,b$.

3. 求下列函数极限:

(1) $\lim\limits_{x\to 0}\dfrac{\sin 5x}{x}$  (2) $\lim\limits_{x\to\infty}x\cdot\tan\dfrac{1}{x}$  (3) $\lim\limits_{x\to -1}\dfrac{\sin(x+1)}{2(x+1)}$

(4) $\lim\limits_{x\to 0}(1-x)^{\frac{1}{x}}$  (5) $\lim\limits_{x\to 0}\dfrac{\sin 2x}{\sin 5x}$  (6) $\lim\limits_{x\to 0}\dfrac{\tan 4x}{x}$

(7) $\lim\limits_{x\to\infty}2^x\sin\dfrac{1}{2^x}$  (8) $\lim\limits_{x\to\infty}\left(\dfrac{1+x}{x}\right)^{2x}$  (9) $\lim\limits_{x\to\infty}\left(\dfrac{2x-1}{2x+1}\right)^{x+1}$

(10) $\lim\limits_{x\to 0}\left(1+\dfrac{x}{2}\right)^{2-\frac{1}{x}}$

4. 求下列函数极限:

(1) $\lim\limits_{\substack{x\to 0\\y\to 1}}\dfrac{1-xy}{x^2+y^2}$ 　　　(2) $\lim\limits_{\substack{x\to 1\\y\to 0}}\dfrac{\ln(x+e^y)}{\sqrt{x^2+y^2}}$ 　　　(3) $\lim\limits_{\substack{x\to 0\\y\to 0}}\dfrac{2-\sqrt{xy+4}}{xy}$

## 0.1.5 无穷小量与无穷大量

**职业素养**

无穷大和无穷小起源于古代人的直观,通过他们的加工提炼,形成数学概念.无穷的研究不仅是高等数学的重要课题,同时也是哲学和天文学的的重要课题.在理解时不能笼统的说某个函数是无穷大或者无穷小,必须指出它的极限过程,这就需要在学习高等数学概念的同时,辩证的理解相互之间的联系与区别,求真务实地理解概念形成的背景及内涵.训练自己的思维模式,为成为国家有用的人才打下良好的基础.

### 1. 无穷小量

无穷小的概念

有一类函数在变化过程中,其绝对值可以无限变小,也就是说,它的极限为零,这样的函数在微分学中很重要,我们称它为无穷小量.

**定义1** 如果 $x\to x_0$ (或 $x\to\infty$)时,函数 $f(x)$ 的极限为零,则称 $f(x)$ 为 $x\to x_0$ (或 $x\to\infty$)时的**无穷小量**,简称**无穷小**.

例如当 $x\to 0$ 时,$\sin x$、$\sqrt[3]{x}$ 是无穷小;当 $x\to 1$ 时,$3x-3$ 为无穷小;当 $x\to\infty$ 时,$\dfrac{1}{x}$ 是无穷小.

**注意** (1)无穷小是以零为极限的变量,不要把一个很小的数误认为是无穷小.例如,$10^{-40}$ 这个数虽然非常小,但它不是以 0 为极限的变量,所以不是无穷小.只有数 0 是唯一可以作为无穷小的常数.

(2)不能笼统地说某个函数是无穷小,必须指出它的极限过程.因为无穷小是与极限过程相联系的.在某个变化过程中的无穷小,在其他变化过程中,则不一定是无穷小.例如,当 $x\to\infty$ 时,$\dfrac{1}{x}$ 是无穷小,但 $x\to 1$ 时,$\dfrac{1}{x}$ 就不是无穷小.

(3)当 $x\to x_0^+$,$x\to x_0^-$,$x\to +\infty$,$x\to -\infty$ 时可得到相应的无穷小的定义.无穷小的定义对数列也适用.例如数列 $\left\{\dfrac{1}{n}\right\}$,当 $n\to\infty$ 时就是无穷小.

建立了无穷小的概念之后,我们可以找到极限、函数和无穷小的一个关系,看下面的定理.

**定理 1** 函数 $f(x)$ 以 $A$ 为极限的充分必要条件是:$f(x)$ 可以表示为 $A$ 与一个无穷小量 $\alpha$ 之和,即

$$\lim f(x)=A \Leftrightarrow f(x)=A+\alpha$$

其中,$\lim \alpha = 0$.

### 2. 无穷大量

与无穷小量相反,有一类函数在变化过程中其绝对值可以无限增大,我们称它为无穷大量.

**定义 2** 如果 $x \to x_0$(或 $x \to \infty$)时,$|f(x)|$ 无限增大,则称 $f(x)$ 为 $x \to x_0$(或 $x \to \infty$)时的**无穷大量**,简称**无穷大**,记作

$$\lim_{x \to x_0} f(x)=\infty \quad (\text{或} \lim_{x \to \infty} f(x)=\infty)$$

如果在无穷大的定义中,把 $|f(x)|$ 无限增大换成 $f(x)$(或 $-f(x)$)无限增大,就记作

$$\lim_{x \to x_0} f(x)=+\infty \quad (\text{或} \lim_{x \to x_0} f(x)=-\infty)$$

需要说明的是,这里我们虽然使用了极限符号,但并不意味着 $f(x)$ 有极限,因为根据极限的定义,极限值必须是常数,而 $\infty$ 不是数,它只表示一种状态,即 $f(x)$ 的绝对值无限变大的那样一种状态. 例如当 $x \to 0$ 时,$\dfrac{1}{x^3}$ 是无穷大;当 $x \to \infty$ 时,$x^2$ 是无穷大.

**注意** (1)无穷大是变化的量,一个数无论多大(例如一千万)都不能作为无穷大.
(2)函数在变化过程中其绝对值越来越大且可以无限增大时,才能称为无穷大.
(3)当说某个函数是无穷大时,必须同时指出它的极限过程.
(4)当 $x \to x_0^+, x \to x_0^-, x \to +\infty, x \to -\infty$ 时可得到相应的无穷大的定义. 无穷大的定义对数列也适用.

### 3. 无穷小与无穷大的关系

**定理 2** 在自变量的同一变化过程 $x \to x_0$(或 $x \to \infty$)中,如果 $f(x)$ 为无穷大,则 $\dfrac{1}{f(x)}$ 为无穷小;反之,如果 $f(x)$ 为无穷小,且 $f(x) \neq 0$,则 $\dfrac{1}{f(x)}$ 为无穷大.

### 4. 无穷小的性质

**性质 1** 有限个无穷小的代数和仍是无穷小.
**性质 2** 有限个无穷小的乘积仍是无穷小.
**性质 3** 有界函数与无穷小的乘积仍是无穷小.
**推论** 常数与无穷小的乘积仍是无穷小.

> **例 1** 求极限 $\lim\limits_{x \to \infty} \dfrac{\sin x}{x}$.

**解** 当 $x \to \infty$ 时,$|\sin x| \leqslant 1$,所以 $\sin x$ 是有界量. 又因为 $\lim\limits_{x \to \infty} \dfrac{1}{x}=0$,故当 $x \to \infty$ 时,

$y=\dfrac{\sin x}{x}$ 是有界量与无穷小的乘积,由性质 3,有

$$\lim_{x\to\infty}\dfrac{\sin x}{x}=0.$$

**例 2** 求极限 $\lim\limits_{x\to\infty}\dfrac{2x+1}{x^2+x}$.

**解** $\lim\limits_{x\to\infty}\dfrac{2x+1}{x^2+x}=\lim\limits_{x\to\infty}\dfrac{x+(x+1)}{x(x+1)}=\lim\limits_{x\to\infty}\left(\dfrac{1}{x+1}+\dfrac{1}{x}\right)=0+0=0.$

### 5. 无穷小的阶

如前所述,两个无穷小的和、差及乘积仍然是无穷小,但两个无穷小之比,却会出现不同的情况.例如,当 $x\to 0$ 时,$3x$、$x^2$ 都是无穷小,但是 $\lim\limits_{x\to 0}\dfrac{x^2}{3x}=0$,$\lim\limits_{x\to 0}\dfrac{3x}{x^2}=\infty$.比的极限不同,反映了不同的无穷小趋于零的速度的差异.为了比较无穷小趋于零的速度的快慢,我们给出下面的定义.

**定义 3** 设在自变量的同一变化过程中,$\alpha$ 和 $\beta$ 都是无穷小.

(1) 若 $\lim\dfrac{\beta}{\alpha}=0$,则称 $\beta$ 是比 $\alpha$ 高阶的无穷小,记作 $\beta=o(\alpha)$;

(2) 若 $\lim\dfrac{\beta}{\alpha}=\infty$,则称 $\beta$ 是比 $\alpha$ 低阶的无穷小;

(3) 若 $\lim\dfrac{\beta}{\alpha}=C(C\ne 0)$,则称 $\beta$ 与 $\alpha$ 是同阶无穷小.特别地,若 $\lim\dfrac{\beta}{\alpha}=1$,则称 $\beta$ 与 $\alpha$ 是等价无穷小,记作 $\alpha\sim\beta$.

等价无穷小在求两个无穷小之比的极限时,有重要作用,对此有如下定理.

**定理 3** 设 $\alpha\sim\alpha'$,$\beta\sim\beta'$,且 $\lim\dfrac{\beta'}{\alpha'}$ 存在,则 $\lim\dfrac{\beta'}{\alpha'}=\lim\dfrac{\beta}{\alpha}$.

**证明** $\lim\dfrac{\beta}{\alpha}=\lim\left(\dfrac{\beta}{\beta'}\cdot\dfrac{\beta'}{\alpha'}\cdot\dfrac{\alpha'}{\alpha}\right)=\lim\dfrac{\beta}{\beta'}\cdot\lim\dfrac{\beta'}{\alpha'}\cdot\lim\dfrac{\alpha'}{\alpha}=\lim\dfrac{\beta'}{\alpha'}.$

下面是常用的几个等价无穷小代换:当 $x\to 0$ 时有

$\sin x\sim x$,$\tan x\sim x$,$\arcsin x\sim x$,$\arctan x\sim x$,$1-\cos x\sim\dfrac{x^2}{2}$,$\ln(1+x)\sim x$,$e^x-1\sim x$,$\sqrt{1+x}-1\sim\dfrac{1}{2}x$.

**例 3** 求下列极限.

(1) $\lim\limits_{x\to 0}\dfrac{\tan 2x}{\sin 5x}$    (2) $\lim\limits_{x\to 0}\dfrac{\sin x}{x^3+3x}$

**解** (1) 当 $x\to 0$ 时,$\tan 2x\sim 2x$,$\sin 5x\sim 5x$,所以

$$\lim_{x\to 0}\dfrac{\tan 2x}{\sin 5x}=\lim_{x\to 0}\dfrac{2x}{5x}=\dfrac{2}{5}.$$

(2) 当 $x\to 0$ 时,$\sin x\sim x$,所以

$$\lim_{x\to 0}\frac{\sin x}{x^3+3x}=\lim_{x\to 0}\frac{x}{x^3+3x}=\lim_{x\to 0}\frac{1}{x^2+3}=\frac{1}{3}$$

## 习题 0.1.5

1. 指出下列各题中的函数，哪些是无穷大？哪些是无穷小？

(1) $\dfrac{1+2x}{x}(x\to 0)$ 　　(2) $e^{-x}(x\to +\infty)$

(3) $\dfrac{x+1}{x^2-9}(x\to 3)$ 　　(4) $\dfrac{1+2x}{x^2}(x\to \infty)$

2. 函数 $f(x)=\dfrac{x+1}{x-1}$ 在什么条件下是无穷大，在什么条件下是无穷小？

3. 当 $x\to 0$ 时，下列变量中哪些是无穷小量？

$$\frac{x}{10^8},\ 2^x,\ 100000x,\ x\cos\frac{2}{x}$$

4. 求下列函数的极限：

(1) $\lim\limits_{x\to 0} x\cdot\sin\dfrac{1}{x}$ 　　(2) $\lim\limits_{x\to \infty}\dfrac{\arctan x}{x}$ 　　(3) $\lim\limits_{x\to 0}\dfrac{\tan 3x}{2x}$

(4) $\lim\limits_{x\to 0}\dfrac{\arcsin x}{x}$ 　　(5) $\lim\limits_{x\to 0}\dfrac{e^x-1}{2x}$ 　　(6) $\lim\limits_{x\to 0}\dfrac{\tan 2x}{\sin 3x}$

(7) $\lim\limits_{x\to \infty}\dfrac{x-\cos x}{x}$ 　　(8) $\lim\limits_{n\to \infty}\dfrac{\cos n^2}{n}$ 　　(9) $\lim\limits_{x\to 0}\dfrac{1-\cos x}{x\sin x}$

## 0.1.6 函数的连续性与间断点

### 职业素养

本节结合生活实例引入概念，在生活点滴中发现数学并热爱数学，学习中需培养自身的人文素养和辩证思维，同时形成良好的学习习惯、思维严谨以及实事求是的工作作风，通过学习培养学生知难而进、迎难而上的斗争精神。

### 1. 连续函数的概念

自然界中的许多现象，如气温的变化，河水的流动，植物的生长等等，都是连续地变化着的，这些现象在函数关系上的反映就是函数的连续性。例如，就气温的变化来看，当时间变动微小时，气温的变化也很微小，这种特点就是所谓的连续性。下面我们先引入增量的概念，然后用增量来描述连续性，并引出函数的连续性的定义。

**定义 1** 如果变量 $u$ 从它的初值 $u_0$ 变到终值 $u_1$，则终值与初值之差 $u_1-u_0$ 就叫作

变量 $u$ 的**增量**,又叫作**改变量**,记作 $\Delta u$,即
$$\Delta u = u_1 - u_0$$
增量可以是正的,也可以是负的,也可以是零.当 $u_1 > u_0$ 时,$\Delta u$ 是正的;而当 $u_1 < u_0$ 时,$\Delta u$ 是负的.

**注意** $\Delta u$ 是一个完整的记号,不能看作是符号 $\Delta$ 与变量 $u$ 的乘积,这里变量 $u$ 可以是自变量 $x$,也可以是函数 $y$.如果是 $x$,则称 $\Delta x = x_1 - x_0$ 为自变量的改变量;如果是 $y$,则称 $\Delta y = y_1 - y_0$ 为函数的改变量.有时为了方便,自变量 $x$ 与函数 $y$ 获得的终值不写成 $x_1$ 和 $y_1$,而直接写作 $x_0 + \Delta x$ 和 $y_0 + \Delta y$.

如果函数 $y = f(x)$ 在 $x_0$ 的某个邻域内有定义,当自变量 $x$ 在 $x_0$ 处有一改变量 $\Delta x$ 时,函数 $y$ 的相应改变量则为
$$\Delta y = f(x_0 + \Delta x) - f(x_0)$$
其几何意义如图 0-19 所示.

函数 $f(x)$ 在 $x_0$ 点连续,表现在图形上指曲线 $y = f(x)$ 在 $x = x_0$ 邻近是不间断的,如图 0-19 所示,而图 0-20 所示的曲线则明显不同,容易看到,曲线在 $x_0$ 点是断开的.那么,如何用数学语言来描述这种不同呢?

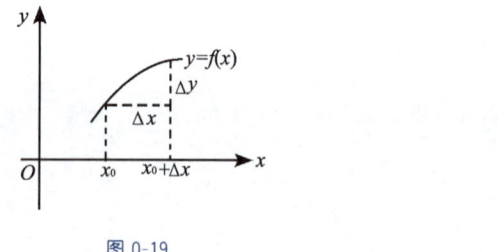

图 0-19 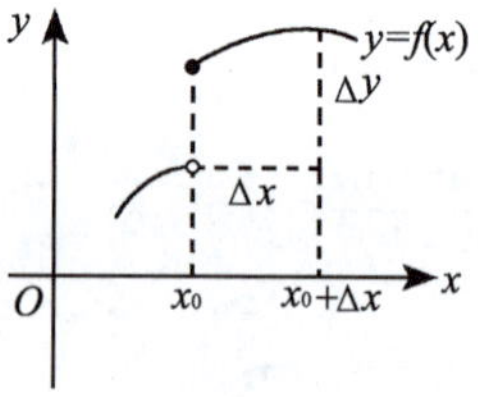                    图 0-20

对比两个图形,我们发现,在图 0-19 所示的图形中,当自变量 $x$ 的改变量 $\Delta x \to 0$ 时,函数的相应改变量 $\Delta y$ 的绝对值可以无限变小;在图 0-20 中,我们观察到:当 $\Delta x > 0$(即 $x$ 在 $x_0$ 的右侧)时,函数值有一个突然的改变,显然当 $\Delta x \to 0$ 时,$\Delta y$ 的绝对值不能够无限变小.于是我们可以用增量来定义函数的连续性.

**定义 2** 假设 $y = f(x)$ 在点 $x_0$ 处的某个邻域内有定义.如果自变量的改变量 $\Delta x$ 趋于零时,相应的函数的改变量 $\Delta y$ 也趋于零,即
$$\lim_{\Delta x \to 0} \Delta y = \lim_{\Delta x \to 0} [f(x_0 + \Delta x) - f(x_0)] = 0$$
则称函数 $f(x)$ 在点 $x_0$ 处**连续**.

令 $x_0 + \Delta x = x$,则当 $\Delta x \to 0$ 时,$x \to x_0$,定义 2 中的表达式可记为
$$\lim_{\Delta x \to 0} [f(x_0 + \Delta x) - f(x_0)] = \lim_{x \to x_0} [f(x) - f(x_0)] = 0$$
即
$$\lim_{x \to x_0} f(x) = f(x_0)$$
因此,函数 $y = f(x)$ 在点 $x_0$ 处连续的定义又可叙述为定义 3.

**定义 3** 如果函数 $y = f(x)$ 在点 $x_0$ 处的某一邻域内有定义,且
$$\lim_{x \to x_0} f(x) = f(x_0)$$
则称函数 $f(x)$ 在点 $x_0$ 处**连续**.

若函数 $y=f(x)$ 在点 $x_0$ 处有
$$\lim_{x\to x_0^-}f(x)=f(x_0) \text{ 或 } \lim_{x\to x_0^+}f(x)=f(x_0)$$
则分别称 $y=f(x)$ 在点 $x_0$ 处**左连续**或**右连续**. 由此可知, 函数 $y=f(x)$ 在点 $x_0$ 处连续的充要条件是函数在 $x_0$ 处左、右连续.

下面给出函数在区间上连续的定义.

若函数 $y=f(x)$ 在开区间 $(a,b)$ 内的各点均连续, 则称 $f(x)$ 在开区间 $(a,b)$ 内连续; 若函数 $y=f(x)$ 在开区间 $(a,b)$ 内连续, 在 $x=a$ 处右连续且在 $x=b$ 处左连续, 则称 $f(x)$ 在闭区间 $[a,b]$ 内连续.

连续的定义表明, 函数在某点连续要同时满足以下三个条件:
(1) 函数 $f(x)$ 在 $x_0$ 处有定义;
(2) 函数 $f(x)$ 的极限 $\lim\limits_{x\to x_0}f(x)$ 存在;
(3) $\lim\limits_{x\to x_0}f(x)=f(x_0)$.

上面我们给出了一元连续函数的定义. 事实上, 连续函数的定义也可以推广到多元函数, 下面我们给出二元连续函数的定义.

**定义 4** 设函数 $z=f(x,y)$ 在点 $P_0(x_0,y_0)$ 的一个邻域内有定义. 如果点 $P(x,y)$ 趋于点 $P_0(x_0,y_0)$ 时, 函数 $z=f(x,y)$ 的极限存在, 且等于它在点 $P_0$ 处的函数值, 即
$$\lim_{\substack{x\to x_0 \\ y\to y_0}}f(x,y)=f(x_0,y_0)$$
则称函数 $z=f(x,y)$ 在点 $P_0(x_0,y_0)$ 处**连续**, 否则称 $f(x,y)$ 在点 $P_0(x_0,y_0)$ 处**间断**, 点 $P_0(x_0,y_0)$ 称为该函数的**间断点**.

如果 $f(x,y)$ 在区域 $D$ 内的每一点都连续, 则称 $f(x,y)$ 在区域 $D$ 内连续, 或称 $f(x,y)$ 是 $D$ 内的**连续函数**.

如果函数 $z=f(x,y)$ 在点 $P_0(x_0,y_0)$ 处不连续, 则称 $P_0(x_0,y_0)$ 为函数 $f(x,y)$ 的**不连续点**或**间断点**.

**例 1** 用定义证明 $y=5x^2-3$ 在给定点 $x_0$ 处连续.

**证明** $\Delta y = f(x_0+\Delta x)-f(x_0)=[5(x_0+\Delta x)^2-3]-(5x_0^2-3)$
$\qquad\quad = 10x_0\Delta x+5(\Delta x)^2$
$\lim\limits_{\Delta x\to 0}\Delta y=\lim\limits_{\Delta x\to 0}[10x_0\Delta x+5(\Delta x)^2]=0$

所以 $y=5x^2-3$ 在给定点 $x_0$ 处连续.

**例 2** 试证明函数 $f(x)=\begin{cases}2x+1 & (x\leqslant 0) \\ \cos x & (x>0)\end{cases}$ 在 $x=0$ 处连续.

**证明** 因为 $\lim\limits_{x\to 0^+}f(x)=\lim\limits_{x\to 0^+}\cos x=1$
$\qquad\qquad \lim\limits_{x\to 0^-}f(x)=\lim\limits_{x\to 0^-}(2x+1)=1$, 且 $f(0)=1$

所以 $\lim\limits_{x\to 0}f(x)$ 存在, 且 $\lim\limits_{x\to 0}f(x)=f(0)=1$, 即 $f(x)$ 在 $x=0$ 处连续.

## 2. 连续函数的性质与初等函数的连续性

**定理 1** 若函数 $f(x)$ 和 $g(x)$ 在 $x_0$ 处均连续, 则 $f(x)\pm g(x)$、$f(x)\cdot g(x)$ 在该点

也连续,又若 $g(x_0) \neq 0$,则 $\dfrac{f(x)}{g(x)}$ 在 $x_0$ 处也连续.

**证明** 我们仅证明 $f(x) \cdot g(x)$ 的情形.

因为 $f(x)$、$g(x)$ 在 $x_0$ 处连续,所以有
$$\lim_{x \to x_0} f(x) = f(x_0), \quad \lim_{x \to x_0} g(x) = g(x_0)$$

由极限运算法则可得
$$\lim_{x \to x_0}[f(x) \cdot g(x)] = \lim_{x \to x_0} f(x) \cdot \lim_{x \to x_0} g(x) = f(x_0) \cdot g(x_0)$$

因此 $f(x) \cdot g(x)$ 在 $x_0$ 处连续.

其他情况读者自己证明.

**定理 2** 设函数 $y = f(u)$ 在 $u_0$ 处连续,函数 $u = \varphi(x)$ 在 $x_0$ 处连续,且 $u_0 = \varphi(x_0)$,则复合函数 $y = f[\varphi(x)]$ 在 $x_0$ 处连续.

这个定理说明了连续函数的复合函数仍为连续函数,并可得到如下结论:
$$\lim_{x \to x_0} f[\varphi(x)] = f[\varphi(x_0)] = f[\lim_{x \to x_0} \varphi(x)]$$

这表示对连续函数来说,极限符号与函数符号可以交换次序.

**定理 3** 初等函数在其定义区间内是连续的.

证明略.

因此,求初等函数在其定义域内某点处的极限时,只需求函数在该点的函数值即可;求初等函数的连续区间,只需求函数的定义区间即可.

同一元连续函数一样,二元连续函数的和、差、积、商(分母不为零)及复合函数仍是连续函数.由此还可得出"多元初等函数在其定义区域内连续."

**例 3** 求函数 $y = \sqrt{x+4} - \dfrac{1}{x^2-1}$ 的连续区间.

**解** 由定理 3,只需求函数的定义区间.

因为函数 $y = \sqrt{x+4} - \dfrac{1}{x^2-1}$ 的定义域为 $[-4, -1) \cup (-1, 1) \cup (1, +\infty)$,所以它的连续区间即为 $[-4, -1) \cup (-1, 1) \cup (1, +\infty)$.

**例 4** 求 $\lim\limits_{x \to 3} \sqrt{\dfrac{x-3}{x^2-9}}$.

**解** 函数 $y = \sqrt{\dfrac{x-3}{x^2-9}}$ 可视为由 $y = \sqrt{u}$ 与 $u = \dfrac{x-3}{x^2-9}$ 复合而成,又因为 $\lim\limits_{x \to 3} \dfrac{x-3}{x^2-9} = \dfrac{1}{6}$,而 $y = \sqrt{u}$ 在点 $u = \dfrac{1}{6}$ 处连续,所以
$$\lim_{x \to 3} \sqrt{\dfrac{x-3}{x^2-9}} = \sqrt{\lim_{x \to 3} \dfrac{x-3}{x^2-9}} = \sqrt{\dfrac{1}{6}} = \dfrac{\sqrt{6}}{6}$$

**例 5** 求 $\lim\limits_{x \to \frac{\pi}{6}} \ln(2\cos 2x)$.

**解** 因为 $\ln(2\cos 2x)$ 是初等函数,且 $x = \dfrac{\pi}{6}$ 是它定义区间内的一点,所以有

$$\lim_{x \to \frac{\pi}{6}} \ln(2\cos 2x) = \ln\left[2\cos\left(2 \cdot \frac{\pi}{6}\right)\right] = \ln\left(2 \cdot \frac{1}{2}\right) = \ln 1 = 0$$

### 3. 闭区间上连续函数的性质

**定理 4** （最值定理）闭区间上的连续函数一定存在最大值和最小值.

如果函数在开区间内连续，或函数在闭区间上有间断点，那么函数在该区间上就不一定有最大值或最小值. 例如，函数 $y=x$ 在开区间 $(a,b)$ 内是连续的，但在开区间 $(a,b)$ 内既无最大值又无最小值. 又例如函数 $y=f(x)=\begin{cases} -x+1 & (0 \leqslant x<1) \\ 1 & (x=1) \\ -x+3 & (1<x \leqslant 2) \end{cases}$ 在闭区间 $[0,2]$ 上有间断点 $x=1$，此函数 $f(x)$ 在闭区间 $[0,2]$ 上既无最大值又无最小值，如图 0-21 所示.

**定理 5** （零值定理）若函数 $f(x)$ 在闭区间 $[a,b]$ 上连续，且 $f(a)$ 与 $f(b)$ 异号，则至少存在一点 $\xi \in (a,b)$，使得 $f(\xi)=0$，如图 0-22 所示.

图 0-21

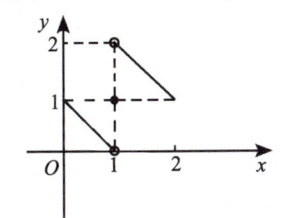

图 0-22

**定理 6** （介值定理）若函数 $f(x)$ 在闭区间 $[a,b]$ 上连续，且 $f(a) \neq f(b)$，$\mu$ 为介于 $f(a)$ 与 $f(b)$ 之间的任意一个常数，则至少存在一点 $\xi \in (a,b)$，使得 $f(\xi)=\mu$. 如图 0-23 所示.

从图 0-22，图 0-23 中可明显地看出定理 5 和定理 6 的几何意义.

> **例 6** 证明方程 $x^3-4x^2+1=0$ 在 $(0,1)$ 内至少有一个实根.

图 0-23

**证明** 设 $f(x)=x^3-4x^2+1$. 由于它在 $[0,1]$ 上连续且 $f(0)=1>0$，$f(1)=-2<0$，因此，由定理 5 可知，至少存在一点 $\xi \in (0,1)$，使得 $f(\xi)=0$，这表明所给方程在 $(0,1)$ 内至少有一个实根.

与闭区间上的一元连续函数的性质相类似，在有界闭区域上的二元连续函数有如下性质：

(1) 最值定理　在有界闭区域上的二元连续函数在该域上一定能取到最大值和最小值.

(2) 介值定理　在有界闭区域上的二元连续函数必能取得介于它的两个不同函数值之间的任何值至少一次.

### 4. 函数的间断点及其分类

**定义 5** 设函数 $y=f(x)$ 在点 $x_0$ 的空心邻域内有定义，如果函数 $f(x)$ 有下列三种情况之一：

(1) 在 $x=x_0$ 处没有定义；

间断点的分类

(2) 在 $x=x_0$ 处有定义,但 $\lim\limits_{x \to x_0} f(x)$ 不存在;

(3) 在 $x=x_0$ 处有定义且 $\lim\limits_{x \to x_0} f(x)$ 存在,但 $\lim\limits_{x \to x_0} f(x) \neq f(x_0)$.

则称函数 $f(x)$ 在点 $x_0$ 处**不连续**,点 $x_0$ 称为函数 $f(x)$ 的**不连续点**或**间断点**.

通常间断点分成两大类:第一类间断点和第二类间断点.

**定义 6** 若 $x_0$ 为函数 $y=f(x)$ 的间断点,且 $\lim\limits_{x \to x_0^-} f(x)$ 和 $\lim\limits_{x \to x_0^+} f(x)$ 都存在,则称 $x_0$ 为 $f(x)$ 的**第一类间断点**,即左、右极限都存在的间断点为**第一类间断点**.

> **例 7** 证明 $x=0$ 为函数 $f(x)=\dfrac{-x}{|x|}$ 的第一类间断点.

**证明** 因为该函数在 $x=0$ 处没有定义,所以 $x=0$ 是它的间断点,又因为

$$\lim_{x \to 0^-} \frac{-x}{|x|} = \lim_{x \to 0^-} \frac{-x}{-x} = 1$$

$$\lim_{x \to 0^+} \frac{-x}{|x|} = \lim_{x \to 0^+} \frac{-x}{x} = -1$$

图 0-24

所以 $x=0$ 为该函数的第一类间断点,如图 0-24 所示,由于 $y=f(x)$ 在 $x=0$ 处的左、右极限不相等,使函数图形在 $x=0$ 处产生跳跃现象,因而这类间断点又称为**跳跃间断点**.

> **例 8** 证明 $x=0$ 是 $f(x)=\begin{cases} \dfrac{\sin x}{x} & (x \neq 0) \\ 0 & (x=0) \end{cases}$ 的第一类间断点.

**证明** 因为 $\lim\limits_{x \to 0} \dfrac{\sin x}{x} = 1$,即该函数在 $x=0$ 处的左、右极限存在,但是由于

$$f(0)=0$$
$$\lim_{x \to 0} f(x) \neq f(0)$$

因此 $x=0$ 是该函数的第一类间断点.这类间断点又称为可去间断点,即左、右极限相等的间断点称为可去间断点.

**定义 7** 不是第一类间断点的任何间断点称为**第二类间断点**.

> **例 9** 正切函数 $y=\tan x$ 在 $x=\dfrac{\pi}{2}$ 处无定义,且

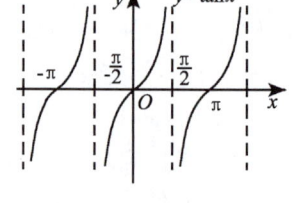

图 0-25

$\lim\limits_{x \to \frac{\pi}{2}} \tan x = \infty$,所以 $x=\dfrac{\pi}{2}$ 是函数的第二类间断点,如图 0-25 所示.

---

### 习题 0.1.6

1. 用连续性定义证明 $y=\ln x$ 在 $(0,+\infty)$ 内连续.

2. 求函数 $y = \dfrac{x^3+4x^2+2x+1}{x^2-2x-3}$ 的连续区间.

3. 求下列函数的间断点:

(1) $y = \dfrac{1}{1+x}$; (2) $y = \dfrac{1}{\ln^2 x}$; (3) $y = \dfrac{x}{\sin x}$; (4) $y = \tan 3x$.

4. 研究下列函数的连续性,若有间断点指出间断点的类型:

(1) $y = \dfrac{1}{x^2-5x+4}$ (2) $y = \dfrac{2^{\frac{1}{x}}-1}{2^{\frac{1}{x}}+1}$ (3) $y = \begin{cases} \dfrac{1}{x}\sin x & (x<0) \\ 2 & (x=0) \\ x\sin\dfrac{1}{x} & (x>0) \end{cases}$

5. 在下列函数中,$a$ 取什么值时函数连续?

(1) $f(x) = \begin{cases} \dfrac{x^2-16}{x-4} & (x \neq 4) \\ a & (x=4) \end{cases}$ (2) $f(x) = \begin{cases} e^x & (x<0) \\ a+x & (x \geqslant 0) \end{cases}$

6. 求下列函数极限:

(1) $\lim\limits_{x \to \frac{\pi}{4}} \dfrac{\sin x - \cos x}{\cos 2x}$; (2) $\lim\limits_{x \to \infty} e^{\frac{1}{x}}$; (3) $\lim\limits_{x \to 0} \ln \dfrac{\sin x}{x}$; (4) $\lim\limits_{x \to 0} \dfrac{\ln(1+x)}{x}$.

7. 证明方程 $x^5 - 3x - 1 = 0$ 在区间 $(1,2)$ 内至少有一个实根.

 数学史话

### 函数概念和极限概念的起源①

函数概念是17世纪的数学家们在对运动的研究过程中逐渐形成的.伽利略(Galileo Galilei,1564—1642)创立近代力学的著作《两门新科学》一书,几乎从头至尾包含着这个概念.他用文字和比例的语言表达相当于今天的函数关系的那些内容."函数"(function)一词最早出现在莱布尼兹(G. W. Leibniz,1646—1716)1673年的一篇手稿中,表示与曲线上的动点相应的变动的几何量,他用"函数"一词表示依赖于一个变量的量.函数概念可以看做是由傅里叶开始、由狄利克雷加以深化并更为清晰地表述的.

极限是现代数学分析奠基的基本概念,函数的连续性、导数、积分以及无穷级数的和等都是用极限来定义的.直观的极限思想起源很早.公元前5世纪,希腊数学家安提丰(Antiphon)在研究化圆为方问题时创立了割圆术,即从一个简单的圆内接正多边形(如正方形或正六边形)出发,把每边所对的圆弧二等分,连接分点,得到一个边数加倍的圆内接正多边形,当重复这一步骤足够多次时,所得圆内接正多边形面积与圆面积之差将小于任何给定的限度.应该指出,17世纪中叶以前,原始的极限思想与方法曾在世界上一些不同地区和不同时代多次出现,特别是在17世纪早期,一些杰出的数学家从极限概念出发,发展了各种高超的技巧,解决了许多关于求瞬时速度、加速度、切线、极值、复杂的面积与

---

①林艺.数学小百科.北京:机械工业出版社,1999

体积等方面的问题.最早试图明确定义和严格处理极限概念的数学家是作为微积分学创始人之一的牛顿(I. Newton,1643—1727).他在完成于1676年的《论曲线的求积》(部分发表于1693年,全文发表于1704年)中使用了"初始比和终极比"方法,它实际上就是极限方法.在18世纪,牛顿的上述思想被进一步明确和完善,已形成了微分学的基本要领,但在19世纪以前,它仍缺乏精确的表达形式.极限概念和理论的真正严格化是由柯西开始,而由魏尔斯特拉斯(K. Weierstrass,1815—1897)完成的.

### 导数和微分的起源

求变量的导数是微分学的核心问题,但在微积分的初创阶段,这个概念是十分模糊的,不仅在牛顿和莱布尼兹的工作中找不到导数的明确定义,在此后相当长的一个时期这个概念都没有被认真处理.1750年达朗贝尔(J. Le R. D'Alembert,1717—1783)在为法国科学院出版的《百科全书》第四版写的"微分"条目中提出了关于导数的一种概念,可以用现代符号简单地表示为

$$\frac{\mathrm{d}y}{\mathrm{d}x} = \lim_{\Delta x \to 0} \frac{\Delta y}{\Delta x}$$

也就是说,他把导数看作增量之比的极限,而不是看作微分或流数之比,这是十分值得注意的.由于他坚持微分学只能严格地用极限来理解,这才接近了导数的现代概念.但是,他的思想仍然受到几何直观的束缚.拉格朗日(J. Lagrange,1736—1813)在《解析函数论》(1797)中首次给出了"导数"这一名称,并用 $f'(x)$ 来表示.19世纪60年代以后,魏尔斯特拉斯创造了 ε-δ 语言,对微积分中出现的各种类型的极限重加表述,导数的定义也就获得了今天通常见到的形式.

1675年10月在莱布尼兹的一篇手稿中,他首次引入了微分的概念和符号,也就是今天我们使用的符号.1677年,他未加证明地给出了两个函数的和、差、积、商以及幂和方根的微分法则.1684年,莱布尼兹发表了题为《一种求极大值与极小值和切线的新方法,它也适用于无理数,以及这种新方法的奇妙类型的计算》的论文,这是最早发表的微积分文献.1823年,法国数学家柯西在《无穷小分析教程概论》中首先用因变量与自变量差商之比的极限定义了导数,并使之成了微分学的核心概念.然后,他通过把 $\mathrm{d}x$ 定义为任一有限量而把 $\mathrm{d}y$ 定义为 $f'(x)\mathrm{d}x$,从而把导数概念与微分概念统一起来.这样,微分通过导数也就有了意义.

### 积分的起源

中国古代数学家对面积、体积问题进行过大量研究,其中一些工作可以被看作积分思想的萌芽.公元263年,魏晋间杰出数学家刘徽为《九章算术》作注,在关于面积、体积的多处注文中体现了初步的积分思想.14世纪20年代至40年代,牛津大学默顿学院(Merton College)的一批逻辑学家和自然哲学家在研究所谓"形态幅度"时得到一个重要结果:如果一个物体在给定的一段时间内进行匀加速运动,那么它经过的总的距离 $s$ 等于它在这一段时间内以初速度 $v_0$ 和末速度 $v_t$ 的平均速度(即在这一段时间的中点的瞬时速度)进行匀速运动所经过的距离.14世纪中叶,法国学者奥尔斯姆(N. Oresme,约1325—1382)应用他的均匀变化率概念和图解表示法给出了上述例题的几何证明.他的证明虽然在近代意义下不太严格,但其基本思想与后来的定积分相当接近.17世纪上半叶,欧洲一些数

学家继承并发展了历史上的"不可分量"方法以处理面积、体积问题,成为积分方法的直接先导. 意大利数学家卡瓦列里的《用新的方法推进连续体的不可分量几何学》(1635)标志着求积方法的一个重要进展. 在这部著作中,卡瓦列里提出了一个较为一般的求积方法. 大约在 1637 年,法国数学家费马(P. de Fermat,1601—1665)完成了一篇手稿《求最大值与最小值的方法》. 在积分概念与方法的早期发展中,这一工作占有极其重要的地位. 费马不仅成功地克服了卡瓦列里不可分量方法的致命弱点,而且几乎采用了近代定积分的全部过程. 1666 年 10 月,牛顿完成了他在微积分学方面的开创性论文《流数短论》,在这篇短文中,牛顿不仅讨论了如何借助于反微分来解决积分问题,即微积分基本定理,而且明确指出反微分"总能做出可以解决的一切问题". 与牛顿的积分概念不同,莱布尼兹的积分概念是在曲线下面积的分割求和或者说是微分的无穷和,也就是今天所说的定积分. 明确地将积分 $\int y \mathrm{d}x$ 等同于高为 $y$、宽为 $\mathrm{d}x$ 的一些无穷小矩形面积之和. 1686 年莱布尼兹发表了他的第一篇积分学论文《深奥的几何与不可分量及无限的分析》,这篇论文论述了积分与微分或切线问题的互逆关系. 正是在这篇论文中,积分号 $\int$ 第一次出现于印刷出版物上. 后来获得普遍的接受并沿用至今.

# 第二部分 数学模型与应用

## 0.2.1 财贸、金融模型与应用

**职业素养**

高等数学在不同工作领域中有着广泛的应用,它源于生活又服务于生活.本节内容中的案例从不同角度培养学习者独立分析问题及解决问题的能力,通过实际问题的引入和分析,感受高等数学知识在现实生活中的重要性,同时激发学习兴趣,提升学习的严谨性及精益求精、不断进取的工匠精神.

### 1. 单利与复利

利息是指借款者向贷款者支付的报酬,它是根据本金的数额按一定比例计算出来的.利息又有存款利息、贷款利息、债券利息、贴现利息等几种主要形式.

①单利计算公式

设初始本金为 $A_0$,利率为 $r$,则

第一个计息期末的本利和为

$$A_1 = A_0 + A_0 r = A_0(1+r)$$

第二个计息期末的本利和为

$$A_2 = A_0(1+r) + rA_0 = A_0(1+2r)$$

$$\vdots$$

第 $n$ 个计息期末的本利和为

$$A_n = A_0(1+nr)$$

②复利计算公式

复利是指不仅对本金计算利息,而且还要计算利息的利息.也就是说,本期的本金加上利息作为下期计算利息的基数,俗称"利滚利".

设初始本金为 $A_0$,利率为 $r$,则

第一个计息期末的本利和为
$$A_1 = A_0 + A_0 r = A_0(1+r)$$
第二个计息期末的本利和为
$$A_2 = A_0(1+r) + [A_0(1+r)]r = A_0(1+r)^2$$
$$\vdots$$
第 $n$ 个计息期末的本利和为
$$A_n = A_0(1+r)^n \tag{1}$$

若每期结算 $m$ 次,则此时每期的利率可认为是 $\dfrac{r}{m}$,容易推得 $t$ 期末的本利和为
$$A_n = A_0\left(1+\dfrac{r}{m}\right)^{mt} \tag{2}$$

若每期的计算次数 $m \to \infty$(即每时每刻结算)时,$t$ 期末的本利和为
$$A = \lim_{m\to\infty} A_0\left(1+\dfrac{r}{m}\right)^{mt} = A_0 e^{rt}$$
即
$$A = A_0 e^{rt} \tag{3}$$

公式(1)、(2)称为离散复利公式,公式(3)称为连续复利公式. 其中 $A_0$ 称为现值(或初值),$A$ 称为终值(或未来值). 显然,用公式(3)计算的结果比用公式(1)、(2)计算的结果要大些.

同理,若用 $r$ 表示人口的年平均增长率,$A_0$ 表示原有人口数,则 $A_0 e^{rt}$ 表示 $t$ 年末的人口数.

> **例1** 某厂1980年末的产值为1000万元,到2000年末产值翻两番,利用连续复利公式求出每年的平均增长率.

**解** 已知 $A = 4000, A_0 = 1000, t = 20$,代入公式 $A = A_0 e^{rt}$,得
$$4000 = 1000 e^{20r}, e^{20r} = 4, r \approx 6.93\%$$

> **例2** 设年投资收益率为9%,按连续复利计算,现投资多少元,10年末可达200万元?

**解** 已知 $A = 200, r = 0.09, t = 10$,代入公式 $A = A_0 e^{rt}$,得
$$A_0 = 200 e^{-0.9} \approx 81.314(万元)$$

> **例3** 设有本金10000元,年利率1.9%,存期5年,通常有几种计算利息的方法?相应的5年末本息和是多少?

**解** (1)单利计息

本利和为 $\quad 10000 + 10000 \times 1.9\% \times 5 = 10000 \times (1+1.9\% \times 5) = 10950(元)$

(2)复利计息

本利和为 $\quad 10000 \times (1+1.9\%)^5 \approx 10987(元)$

(3) 连续复利

复利一年计算一次,则一年末本利和为 $10000(1+1.9\%)^1$,$x$ 年末本利和为 $10000(1+1.9\%)^x$.

若复利三个月为一期计算,则 $x$ 年末本利和为 $10000\left(1+\dfrac{1.9\%}{4}\right)^{4x}$.

同理,若复利一年计算 $n$ 次,则 $x$ 年末本利和为 $10000\left(1+\dfrac{1.9\%}{n}\right)^{nx}$.

现设想 $n$ 无限增大,以致复利接连不断地计算,则当 $n\to\infty$ 时,称为连续复利,其极限为

$$\lim_{n\to\infty}10000\left(1+\dfrac{1.9\%}{n}\right)^{nx}=10000e^{0.019x}$$

$x=5$ 时,本利和约为 10997 元.

从上计算可以看出:复利计息比单利计息多收入 37 元,而连续复利计息比复利计息多收入 10 元,比单利计息多收入 47 元.

以上三种利息的计算方法中,单利计算最为简单易算,但很不精确;复利记息用的最多,银行计息、住房贷款等都用此计息方法;连续复利的计算虽然比较复杂,却最为科学,大笔资金的存贷会选择连续复利的计算方法.

## 2. 抵押贷款问题

**例 4** 设两室一厅商品房价值 60 万元,王某自筹了 18 万元,要购房还需贷款 42 万元,贷款月利率为 0.63%,条件是每月还一些,20 年内还清,假如还不起,房子归债权人.问王某具有什么能力才能贷款购房呢?

**分析** 起始贷款 42 万元,贷款月利率 $r=0.0063$,贷款 $n$(月)$=20$(年)$\times 12$(月/年)$=240$(月),每月还 $x$ 元,$y_n$ 表示第 $n$ 个月仍欠债主的钱.

建立模型:

$$y_0=420000$$

$$y_1=y_0(1+r)-x$$

$$y_2=y_1(1+r)-x=y_0(1+r)^2-x[(1+r)+1]$$

$$y_3=y_2(1+r)-x=y_0(1+r)^3-x[(1+r)^2+(1+r)+1]$$

$$\vdots$$

$$y_n=y_0(1+r)^n-x[(1+r)^{n-1}+(1+r)^{n-2}+\cdots+(1+r)+1]$$

$$=y_0(1+r)^n-\dfrac{x[(1+r)^n-1]}{r}$$

当贷款还清时,$y_n=0$,可得

$$x=\dfrac{y_0r(1+r)^n}{(1+r)^n-1}$$

把 $n=240, r=0.0063, y_0=420000$ 代入得

$$x = \frac{420000 \times 0.0063 \times (1+0.0063)^{240}}{(1+0.0063)^{240}-1} \approx 3398.92$$

即王某如不具备每月还贷 3398.92 元的能力,就不能贷款.

### 3. 融资问题

**例 5** 某企业获投资 50 万元,该企业将投资作为抵押品向银行贷款,得到相当于抵押品价值的 0.75 的贷款,该企业将此贷款再进行投资,并将再投资作为抵押品又向银行贷款,仍得到相当于抵押品的 0.75 的贷款,企业又将此贷款再进行投资,这样贷款—投资—再贷款—再投资,如此反复进行扩大再生产. 问该企业共计可获投资多少万元?

**分析** 设企业投资本金为 $A$,贷款额占抵押品价值的百分比为 $r(0<r<1)$,第 $n$ 次投资获再投资(贷款)额为 $a_n$,$n$ 次投资与再投资的资金总和为 $S_n$,投资与再投资的资金总和为 $S$.

建立模型:

$$a_1 = A$$
$$a_2 = Ar$$
$$a_3 = Ar^2$$
$$\vdots$$
$$a_n = Ar^{n-1}$$

则

$$\begin{aligned} S_n &= a_1 + a_2 + a_3 + \cdots + a_n \\ &= A + Ar + Ar^2 + \cdots + Ar^{n-1} \\ &= \frac{A(1-r^n)}{1-r} \end{aligned}$$

$$S = \lim_{n \to \infty} S_n = \lim_{n \to \infty} \frac{A(1-r^n)}{1-r} = \frac{A}{1-r} \quad (\lim_{n \to \infty} r^n = 0)$$

将 $A=50$ 万元,$r=0.75$ 代入得

$$S = \frac{50}{1-0.75} = 200 (万元)$$

## 习题 0.2.1

1. 某人 5 年内,每年年底存入银行 100 元,存款利率为 1.9%,问按复利计算第 5 年年末终值为多少元?

2. 假设江南公司拟在 3 年后还清 100 万元的债务,从现在起每年末等额存入理财公司一笔款项. 假设存款利率为 10%,每年需要存入多少元?

3. 某公司拟购买新设备,供应商有两套付款方案. 方案一是采用分期付款方式,每年年初付款 20000 元,分 10 年付清. 方案二是一次性付款 15 万元. 若公司的资金回报率为 6%,你将选择何种付款方式(假设有充裕的资金).

4. 设银行存款年利率为 2.25%,每年结息一次,若 3 年后要得到本利和 6 万元,则当年应存入银行多少元?

5. 一对夫妇准备为孩子存款积攒学费,目前银行的存款年利率为 2%,以连续复利计息,若他们打算 10 年后攒够 5 万元,计算这对夫妇每年应等额地为孩子存入多少钱?

## 0.2.2 会计、统计模型与应用

### 职业素养

本节通过引入个人所得税的核算以及企业生产过程中的变动成本分析,将高等数学、会计学、统计学有机地结合在一起,充分体现了数学在现实生活中的无处不在. 通过这些实例的学习,不断提升学习热情和学习兴趣,进一步培养自己提高理解事物的内涵和外延的能力,为今后学习专业课程打下良好的基础.

### 1. 交纳个人所得税问题

**例 1** 某人每月在缴纳各项社会保险金之后的月工资、薪金所得不超过 8000 元,试列出他应缴纳的税款 $y$ 与其工资薪金所得 $x$ 之间的函数关系.

**解** 自 2011 年 9 月 1 日起实施的个税法修正案规定,工资、薪金所得适用七级超额累进税率,税率为 3% 至 45%,个税免征额(起征点)为 3500 元. 税率如表 0-4 所示:

表 0-4　　　　　个人所得税率(工资、薪金所得适用)

| 级数 | 应纳税所得额(含税) | 税率(%) | 速算扣除数 |
| --- | --- | --- | --- |
| 1 | 不超过 1500 元的部分 | 3 | 0 |
| 2 | 超过 1500 元至 4500 元的部分 | 10 | 105 |
| 3 | 超过 4500 元至 9000 元的部分 | 20 | 555 |
| 4 | 超过 9000 元至 35000 元的部分 | 25 | 1005 |
| 5 | 超过 35000 元至 55000 元的部分 | 30 | 2755 |
| 6 | 超过 55000 元至 80000 元的部分 | 35 | 5505 |
| 7 | 超过 80000 元的部分 | 45 | 13505 |

个人所得税计算方法:

应纳税所得额 = 每月收入金额 − 各项社会保险 − 起征点 3500 元

应纳个人所得税税额＝应纳税所得额× 适用税率－速算扣除数

按上述规定,当 $x \leqslant 3500$ 元时,不必纳税,这时 $y=0$.

当 $3500 < x \leqslant 5000$ 时,应纳税所得额为 $x-3500$,税率为 3%,因此
$$y=(x-3500)3\%$$

当 $5000 < x \leqslant 8000$ 时,应纳税所得额为 $x-3500$,税率为 10%,速算扣除数为 105,因此
$$y=(x-3500)10\%-105$$

可列出下面的函数关系:
$$y=\begin{cases} 0 & (x \leqslant 3500) \\ (x-3500)3\% & (3500 < x \leqslant 5000) \\ (x-3500)10\%-105 & (5000 < x \leqslant 8000) \end{cases}$$

定义域 $x \in [0, 8000]$.

## 2. 平均指标

在社会经济统计中,平均指标是最常用的一种综合指标.在计算一组数据的平均值时,若考虑数据中各数据的出现次数,或权衡数据的作用程度,则需引入加权平均数的概念.其计算公式为

$$\bar{x} = \frac{\sum xf}{\sum f}$$

式中,$f$ 为数据出现的次数.

▶ **例 2** 设某建筑工地上有 10 台起重机在工作,其中一台的起重量为 40 吨,两台为 25 吨,三台为 10 吨,其余四台为 5 吨,则每台起重机平均起重量计算如表 0-5:

表 0-5

| 起重量 $x$/吨 | 台数 $f$ | 总起重量 $xf$/吨 |
| --- | --- | --- |
| 40 | 1 | 40 |
| 25 | 2 | 50 |
| 10 | 3 | 30 |
| 5 | 4 | 20 |
| 合计 | 10 | 140 |

$$\bar{x} = \frac{\sum xf}{\sum f} = \frac{140}{10} = 14(吨)$$

这说明加权平均数是在分配数列的条件下计算,它必须首先求出每组的数据总量,并加总取得总体的数据总量,然后除以总体单位总数.

## 3. 变动成本法

所谓变动成本法是指在产品成本的计算上,只包括产品生产过程中所消耗的直接材料、直接人工和变动性制造费用,而固定性制造费用则被视为期间成本而从相应期间的收

入中全部扣除.

(1) 贡献毛益(制造部分) $p$：

$p = w - u$ （$w$ 为销售收入，$u$ 为变动生产成本）

(2) 贡献毛益(全部) $v$：

$v = p - m$ （$m$ 为变动销售管理成本）

(3) 税前净利 $f$：

$f = v - d$ （$d$ 为固定成本）

**例 3** 某企业最近 3 年只生产一种甲产品，资料如表 0-6：

表 0-6

| 项目 | 第一年 | 第二年 | 第三年 | 合计 |
|---|---|---|---|---|
| 初期存货量 | 500 | 500 | 1500 | |
| 本期生产量 | 8000 | 8000 | 8000 | 24000 |
| 本期销售量 | 8000 | 7000 | 9000 | 24000 |
| 期末存货量 | 500 | 1500 | 500 | |

甲产品每件售价 12 元，单位变动生产成本为 5 元，固定性制造费用 24000 元，固定性销售及管理费用总额 25000 元．列出变动成本法下的收益表．

**解** 变动成本法下的收益表如表 0-7 所示：

表 0-7

| 序号 | 项目 | 第一年 | 第二年 | 第三年 | 合计 |
|---|---|---|---|---|---|
| (1) | 销售收入(销售量×12) | 96000 | 84000 | 108000 | 288000 |
| (2) | 销售成本(销售量×5) | 40000 | 35000 | 45000 | 120000 |
| (3) | 贡献毛益((1)−(2)) | 56000 | 49000 | 63000 | 168000 |
| (4) | 固定性制造费用 | 24000 | 24000 | 24000 | 72000 |
| (5) | 固定性销售及管理费用 | 25000 | 25000 | 25000 | 75000 |
| (6) | 固定成本((4)+(5)) | 49000 | 49000 | 49000 | 147000 |
| (7) | 税前净利((3)−(6)) | 7000 | 0 | 14000 | 21000 |

## 习题 0.2.2

2013 年某作家出版一部长篇小说，1 月份取得预付稿酬 2 万元，4 月份小说正式出版，取得稿酬 2 万元，10 月份将该小说手稿公开拍卖获得收入 10 万元，同年该小说在一家晚报连载 100 次，每次稿酬 420 元．请上网查阅《个人所得税法》有关规定，列出该作家应缴纳的税款 $y$ 与稿酬 $x$ 之间的函数关系，并计算其应缴纳个人所得税．

## 0.2.3 经济管理、物流模型与应用

**职业素养**

引入库存成本分析以及产品利润分析相关案例,明确数学模型与实际应用的关系.深刻体会高等数学的科学性、严谨性及应用的广泛性,培养勇于探索、实事求是的精神.

### 1. 量、本、利分析

量本利分析是以成本性态分析和变动成本法为基础的,其基本公式是变动成本法下计算利润的公式,该公式反映了价格、成本、业务量和利润各因素之间的相互关系.即

税前利润=销售收入-总成本=销售价格×销售量-(变动成本+固定成本)

=销售单价×销售量-单位变动生产成本×销售量-固定成本

即
$$P = px - bx - a = (p-b)x - a$$

其中,$P$ 为税前利润,$p$ 为销售单价,$b$ 为单位变动生产成本,$a$ 为固定成本,$x$ 为销售量.

该公式是量、本、利分析的基本出发点,以后的所有量、本、利分析可以说都是在该公式基础上进行的.

(1)贡献毛益总额=税前利润+固定成本,即 $TCM = P + a$($TCM$ 为贡献毛益总额英文缩写).

(2)单位贡献毛益=销售单价-单位变动成本,即 $UCM = p - b$($UCM$ 为单位贡献毛益英文缩写).

(3)贡献毛益率($CMR$),$CMR = \dfrac{TCM}{px} \times 100\% = \dfrac{UCM}{p} \times 100\% = \dfrac{p-b}{p} \times 100\%$.

(4)变动成本率($VCR$),$VCR = \dfrac{b}{p} \times 100\%$.

(5)盈亏临界点销售量($xo$),$xo = \dfrac{a}{p-b} = \dfrac{a}{UCM}$(单一产品的盈亏临界点).

**例1** 某企业销售甲、乙、丙三种产品,全年预计固定成本总额为 210000 元,预计销售量分别为 8000 件、5000 件、10000 件,预计销售单价分别为 25 元、80 元、40 元,单位变动成本分别为 15 元、50 元、28 元,则该企业的盈亏临界点是多少?

**解** 全部产品销售总额为 1000000 元,销售比重为:甲 20%,乙 40%,丙 40%,则

$$CMR_甲 = 40\%, CMR_乙 = 37.5\%, CMR_丙 = 30\%$$

综合贡献毛益率 $= 40\% \times 20\% + 37.5\% \times 40\% + 30\% \times 40\% = 35\%$

企业盈亏临界点销售额 $= 210000 \div 35\% = 600000$(元)

甲产品企业盈亏临界点销售额 $= 600000 \times 20\% = 120000$(元)

乙产品企业盈亏临界点销售额 $= 600000 \times 40\% = 240000$(元)

丙产品企业盈亏临界点销售额 $= 600000 \times 40\% = 240000$(元)

相应地,可以计算出每种产品盈亏临界点销售量:

甲产品盈亏临界点销售量 $= 120000/25 = 4800$(件)

乙产品盈亏临界点销售量 $= 240000/80 = 3000$(件)

丙产品盈亏临界点销售量 $= 240000/40 = 6000$(件)

### 2. 库存管理

库存成本指与取得用于存货有关的一切成本的总和.库存成本有许多种分类,但是为了建立模型,将库存成本分为取得成本、储存成本和缺货成本.

(1)取得成本

取得成本 = 订货成本 + 购置成本 = 订货固定成本 + 订货变动成本 + 购置成本

$$TC_a = F_1 + \frac{D}{Q} \cdot K + D \cdot U$$

其中,$F_1$ 为订货固定成本,$D$ 为年需求量,$Q$ 为每次进货量,$K$ 为每次订货的变动成本,$U$ 表示单价.

(2)储存成本

$$TC_c = F_2 + K_c \cdot \frac{Q}{2}$$

其中,$F_2$ 表示固定成本,$K_c$ 表示单位储存变动成本.

(3)缺货成本 $TC_s$

存货总成本为

$$TC = TC_a + TC_c + TC_s = F_1 + \frac{D}{Q} \cdot K + D \cdot U + F_2 + K_c \cdot \frac{Q}{2} + TC_s$$

**例2** 设一种物品单位时间内需求率 $D$ 为 10000 件,每次进货量 $Q$ 为 200 件,订货周期 $T$ 为一年,商品的单价 $U$ 为 50 元,每次订货的变动成本 $K$ 为 5 元,每次订货固定成本 $F_1$ 为 100 元,单位时间内每件商品的库存固定费用 $F_2$ 为 2 元,单位储存变动成本 $K_c$ 为 1.5 元,如果不许缺货,求总的费用为多少?

**解** $TC = TC_a + TC_c + TC_s$

$$= F_1 + \frac{D}{Q} \cdot K + D \cdot U + F_2 + K_c \cdot \frac{Q}{2} + TC_s$$

因为不许缺货

$$TC_s = 0$$

所以

$$TC = TC_a + TC_c + TC_s$$
$$= 100 + \frac{10000}{200} \times 5 + 10000 \times 50 + 2 + 1.5 \times \frac{200}{2} + 0$$
$$= 100 + 250 + 500000 + 2 + 150$$
$$= 500502(元)$$

### 3. 送货中心选址决策

**例 3** 某公司由于仓库容量有限,决定再建一个新仓库,有 A、B 两个地点可供选择.它们的有关情况评价(百分制)如下表 0-8 所示.已知各项考虑因素的权重系数分别为 0.25、0.20、0.10、0.35、0.10,试确定 A、B 哪一个地点更好些.

表 0-8

| 考虑因素 | A 地 | B 地 |
|---|---|---|
| 劳动成本 | 70 | 60 |
| 运输费用 | 50 | 60 |
| 教育健康 | 85 | 80 |
| 税收结构 | 75 | 70 |
| 资源和生产率 | 60 | 70 |

**解** 计算结果如表 0-9：

表 0-9

| 考虑因素 | 权重 | A 地评价 | B 地评价 | A 地加权分数 | B 地加权分数 |
|---|---|---|---|---|---|
| 劳动成本 | 0.25 | 70 | 60 | 17.5 | 15.0 |
| 运输成本 | 0.20 | 50 | 60 | 10.0 | 12.0 |
| 教育健康 | 0.10 | 85 | 80 | 8.5 | 8.0 |
| 税收结构 | 0.35 | 75 | 70 | 26.25 | 24.5 |
| 资源劳动率 | 0.10 | 60 | 70 | 6.0 | 7.0 |
| 总计 | 1.00 | 340 | 340 | 68.25 | 66.5 |

因为,A 地加权分数大于 B 地加权分数,故 A 地要好些.

### 习题 0.2.3

某企业产品固定费用为 10 万元,销售单价为 100 元,单位变动成本为 80 元,据市场预测年度销售量为 8000 件,企业可获得利润多少？

## 预备知识结构图

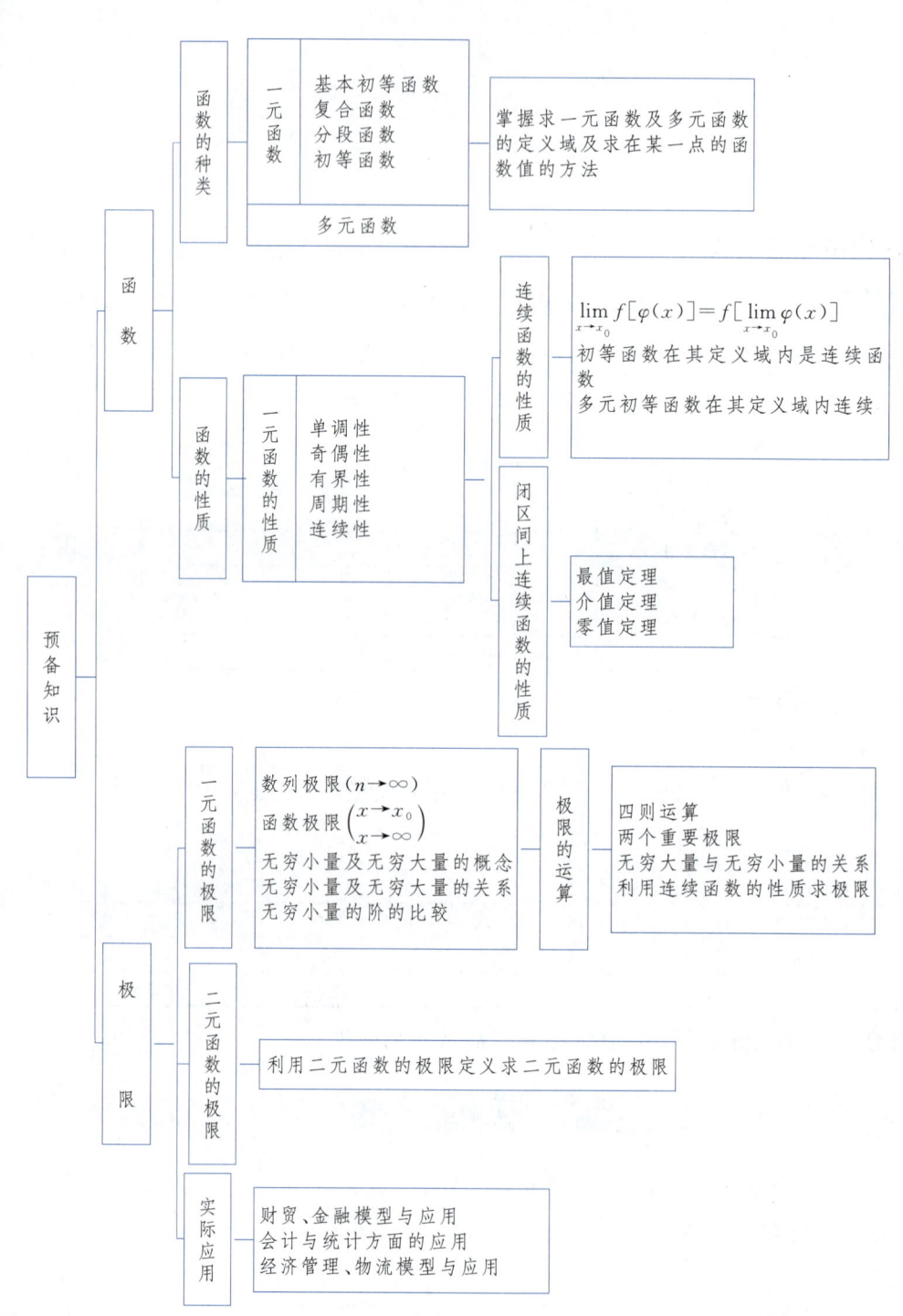

## 复习题 〇

### 一、填空题

1. 函数 $f(x)=\begin{cases}1 & (|x|\leqslant 1)\\ 0 & (|x|>1)\end{cases}$，则 $f[f(x)]=$ _____.

2. 考虑函数的奇偶性，$f(x)=x\cos x$ 是 _____ 函数.

3. $f(x)=\sin x \cdot \sin\dfrac{1}{x}$ 的间断点是 _____，是第 _____ 类间断点.

4. 若 $\lim\limits_{x\to\infty}\left(\dfrac{x^2+1}{x+1}-ax-b\right)=0$，则 $a=$ _____，$b=$ _____.

5. 设 $f(x)=\begin{cases}\mathrm{e}^{\frac{1}{x}} & (x<0)\\ 0 & (x=0)\\ \arcsin\dfrac{1}{x} & (x>0)\end{cases}$，则 $x=0$ 是 $f(x)$ 的第 _____ 类间断点.

### 二、选择题

1. 若 $\varphi(t)=t^3+1$，则 $\varphi(t^3+1)=$ (　　).

  A. $t^3+1$    B. $t^6+2$    C. $t^9+2$    D. $t^9+3t^6+3t^3+2$

2. 设 $\alpha=1-\cos x$，$\beta=2x^2$，则当 $x\to 0$ 时，(　　).

  A. $\alpha$ 与 $\beta$ 是同阶无穷小
  B. $\alpha$ 与 $\beta$ 是等价无穷小
  C. $\alpha$ 是较 $\beta$ 高阶的无穷小
  D. $\alpha$ 是较 $\beta$ 低阶的无穷小

3. $\lim\limits_{x\to 1}\dfrac{\sin(x^2-1)}{x-1}=$ (　　).

  A. 1    B. 0    C. 2    D. $\dfrac{1}{2}$

4. $f(x)=\begin{cases}x & (0<x<1)\\ 2 & (x=1)\\ 2-x & (1<x\leqslant 2)\end{cases}$ 的连续区间为 (　　).

  A. $[0,2]$    B. $(0,2)$    C. $[0,1)\cup(1,2]$    D. $(0,1)\cup(1,2]$

5. $f(x)=\begin{cases}\dfrac{1}{x}\sin 3x & (x\neq 0)\\ a & (x=0)\end{cases}$，若使 $f(x)$ 在 $(-\infty,+\infty)$ 内连续，则 $a=$ (　　).

  A. 0    B. 1    C. $\dfrac{1}{3}$    D. 3

### 三、计算题

1. $\lim\limits_{x\to -2}\dfrac{x^3+3x^2+2x}{x^2-x-6}$

2. $\lim\limits_{x\to\infty}(\sqrt{x^2+1}-\sqrt{x^2-1})$

3. $\lim\limits_{x\to\infty} \dfrac{(2x-3)^{20}(3x+5)^{30}}{(5x+1)^{50}}$

4. $\lim\limits_{x\to\infty}\left(\dfrac{x}{1+x}\right)^x$

5. $\lim\limits_{x\to 0} \dfrac{(1-\cos x)\arcsin x}{x^3}$

6. $\lim\limits_{x\to +\infty}(\sin\sqrt{x}-\sin\sqrt{x+1})$

**四、应用题**

1. 设 $f(x)=\begin{cases}\dfrac{1}{x}\sin x & (x<0)\\ k(\text{常数}) & (x=0)\\ x\sin x+1 & (x>0)\end{cases}$

问当 $k$ 为何值时,函数 $f(x)$ 在其定义域内连续?为什么?

2. 证明方程 $x^5-3x^2+1=0$ 在区间 $(0,1)$ 内至少有一实根.

# 第一篇

# 微分学

微分学是微积分的重要组成部分,它的基本概念是导数与微分,其中导数反映函数相对于自变量的变化快慢的程度,而微分则指明当自变量有微小变化时,函数大体上变化多少.

本篇将介绍导数和微分的概念、计算方法,并应用导数来研究函数及曲线的某些性质,同时对微分学的有关数学模型和实际应用加以介绍.

通过学习要求能熟记导数的基本公式和运算法则;会求复合函数及隐函数的导数;会求偏导数和全微分;能熟练地利用洛必达法则求"$\dfrac{0}{0}$"型和"$\dfrac{\infty}{\infty}$"型极限;会求函数的单调区间、极值、凹凸性、拐点;熟练掌握导数在经济中的应用.

# 第一部分 基本理论

## 1.1.1 导数的概念

**职业素养**

微分学的发展历史曲折跌宕,撼人心灵,可以帮助学习者树立正确的世界观、科学的方法论,通过实际案例的引入可以了解导数在高等数学领域中的重要地位,通过简略地介绍古代科学家的发明过程,可以锻炼思维能力,为数学建模做铺垫,也可以激发爱发明、爱祖国的热情.

### 1. 变化率问题举例

当我们研究变量时,不仅需要研究变量与变量之间的对应关系(即函数关系),变量的变化趋势(即极限),还要研究变量变化的快慢程度.例如,物体运动的速度,曲线切线的斜率,国民经济发展的速度,劳动生产率等,这类问题通常叫作变化率问题.

(1)变速直线运动的速度

在物理学中,当物体做匀速直线运动时,它在任何时刻的速度为

$$速度 = \frac{路程}{时间} \left(v = \frac{S}{t}\right)$$

变化率模型

但在实际问题中,运动往往是非匀速的,因此,上述公式反映的只能是物体在某段时间内的平均速度,而不能准确地反映物体在某一时刻的速度,即瞬时速度.

设一质点做变速直线运动,以数轴表示质点运动的直线,在运动过程中,质点在数轴上的位置的坐标 $S$ 与时间 $t$ 的函数关系为 $S=S(t)$,求质点在时刻 $t_0$ 的瞬时速度 $v(t_0)$.

设在 $t_0$ 时刻质点的位置的坐标为 $S(t_0)$,在 $t_0+\Delta t$ 时刻质点的位置的坐标为 $S(t_0+\Delta t)$,于是在 $t_0$ 到 $t_0+\Delta t$ 这段时间内,质点所经过的路程为(如图 1-1 所示)

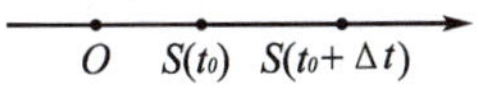

$$\Delta S = S(t_0+\Delta t) - S(t_0)$$

图 1-1

则在 $\Delta t$ 时间内的平均速度为

$$\bar{v} = \frac{\Delta S}{\Delta t} = \frac{S(t_0+\Delta t)-S(t_0)}{\Delta t}$$

当质点做匀速直线运动时,这个平均速度是时刻 $t_0$ 的瞬时速度;但对于变速直线运动,它只能近似地反映 $t_0$ 时刻的瞬时速度,对确定的 $t_0$,显然 $|\Delta t|$ 越小, $\bar{v}$ 越接近时刻 $t_0$ 的瞬时速度.

因此,令 $\Delta t \to 0$,若 $\frac{\Delta S}{\Delta t}$ 的极限存在,则此极限称为质点在时刻 $t_0$ 的瞬时速度,即

$$v(t_0) = \lim_{\Delta t \to 0} \frac{\Delta S}{\Delta t} = \lim_{\Delta t \to 0} \frac{S(t_0+\Delta t)-S(t_0)}{\Delta t}$$

变速直线运动在时刻 $t_0$ 的瞬时速度反映了路程 $S$ 在时刻 $t_0$ 变化快慢的程度,因此速度 $v(t_0)$ 称为路程 $S(t)$ 在时刻 $t_0$ 的变化率.

(2) 曲线切线的斜率

设点 $M$ 是曲线 $c$ 上的一个定点,在曲线 $c$ 上另取一点 $N$,作割线 $MN$,当动点 $N$ 沿着曲线 $c$ 向定点 $M$ 移动时,割线 $MN$ 绕点 $M$ 旋转,其极限位置为 $MT$,则直线 $MT$ 称为曲线 $c$ 在点 $M$ 处的切线(如图1-2所示).

设曲线 $c$ 的方程为 $y=f(x)$,求曲线 $c$ 在点 $M(x_0,y_0)$ 处切线的斜率. 在曲线上取与 $M(x_0,y_0)$ 邻近的另一点 $N(x_0+\Delta x,y_0+\Delta y)$,作曲线的割线 $MN$,则割线 $MN$ 的斜率为

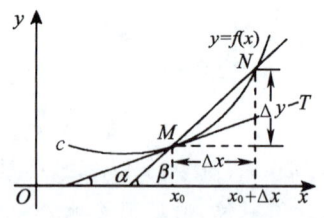

图 1-2

$$\tan\beta = \frac{\Delta y}{\Delta x} = \frac{f(x_0+\Delta x)-f(x_0)}{\Delta x}$$

其中 $\beta$ 为割线 $MN$ 的倾斜角. 当点 $N$ 沿曲线 $c$ 趋向点 $M$ 时, $x \to x_0(\Delta x \to 0)$. 如果 $\Delta x \to 0$ 时,上式的极限存在,设其为 $k$,即

$$k = \lim_{\Delta x \to 0} \frac{f(x_0+\Delta x)-f(x_0)}{\Delta x}$$

这时 $k = \tan\alpha \ (\alpha \neq \frac{\pi}{2})$,其中 $\alpha$ 是切线 $MT$ 的倾斜角.

曲线 $c$ 在点 $M$ 处的切线的斜率反映了曲线 $y=f(x)$ 在点 $M$ 处升降的快慢程度. 因此,极限 $k$ 又称为曲线 $y=f(x)$ 在 $x=x_0$ 处的变化率.

## 2. 导数的定义

**定义** 设函数 $y=f(x)$ 在点 $x_0$ 的某个邻域内有定义,当自变量在点 $x_0$ 处取得增量 $\Delta x(\Delta x \neq 0)$ 时,函数 $f(x)$ 取得相应的增量

$$\Delta y = f(x_0+\Delta x) - f(x_0)$$

如果 $\Delta x \to 0$ 时,若

$$\lim_{\Delta x \to 0} \frac{\Delta y}{\Delta x} = \lim_{\Delta x \to 0} \frac{f(x_0+\Delta x)-f(x_0)}{\Delta x}$$

存在,则称此极限值为函数 $y=f(x)$ 在点 $x_0$ 处的**导数**,记作

导数的概念

$$f'(x_0), \text{或} \ y' \bigg|_{x=x_0}, \text{或} \ \frac{\mathrm{d}y}{\mathrm{d}x}\bigg|_{x=x_0}, \text{或} \ \frac{\mathrm{d}f}{\mathrm{d}x}\bigg|_{x=x_0}$$

并称函数 $f(x)$ 在点 $x_0$ 处**可导**；如果 $\lim\limits_{\Delta x \to 0} \dfrac{\Delta y}{\Delta x}$ 不存在，则称函数 $f(x)$ 在点 $x_0$ 处**不可导**.

如果函数 $f(x)$ 在区间 $(a,b)$ 内的每一点都可导，则称函数 $y=f(x)$ 在区间 $(a,b)$ 内可导. 这时对于区间 $(a,b)$ 内的每一个 $x$ 值，都有唯一确定的导数值 $f'(x)$，则称 $f'(x)$ 为函数 $y=f(x)$ 对 $x$ 的**导函数**，记作

$$f'(x), \text{或} \ y', \text{或} \ \frac{\mathrm{d}y}{\mathrm{d}x}, \text{或} \ \frac{\mathrm{d}f}{\mathrm{d}x}$$

显然函数 $y=f(x)$ 在点 $x_0$ 处的导数 $f'(x_0)$ 就是导函数 $f'(x)$ 在点 $x=x_0$ 处的函数值，即

$$f'(x_0) = f'(x)\bigg|_{x=x_0}$$

今后在不会发生混淆的情况下，**导函数**也简称为**导数**.

根据导数的定义，变速直线运动的瞬时速度 $v(t_0)$ 就是路程函数 $S=S(t)$ 在 $t_0$ 处对时间 $t$ 的导数，即

$$v(t_0) = \frac{\mathrm{d}S}{\mathrm{d}t}\bigg|_{t=t_0}$$

曲线在点 $M_0(x_0, f(x_0))$ 处的切线斜率 $k$，就是曲线方程 $y=f(x)$ 在点 $x_0$ 处对横坐标 $x$ 的导数，即

$$k = \frac{\mathrm{d}y}{\mathrm{d}x}\bigg|_{x=x_0}$$

根据函数 $f(x)$ 在点 $x_0$ 处的导数 $f'(x_0)$ 的定义

$$f'(x_0) = \lim_{\Delta x \to 0} \frac{f(x_0+\Delta x) - f(x_0)}{\Delta x}$$

及极限存在的充要条件可知：

$f(x)$ 在点 $x_0$ 处可导的充要条件是左极限 $\lim\limits_{\Delta x \to 0^-} \dfrac{f(x_0+\Delta x)-f(x_0)}{\Delta x}$ 和右极限 $\lim\limits_{\Delta x \to 0^+} \dfrac{f(x_0+\Delta x)-f(x_0)}{\Delta x}$ 都存在且相等. 其中，$\lim\limits_{\Delta x \to 0^-} \dfrac{f(x_0+\Delta x)-f(x_0)}{\Delta x}$ 称为函数 $f(x)$ 在点 $x_0$ 处的**左导数**，记作 $f'(x_0-0)$；$\lim\limits_{\Delta x \to 0^+} \dfrac{f(x_0+\Delta x)-f(x_0)}{\Delta x}$ 称为函数 $f(x)$ 在点 $x_0$ 处的**右导数**，记作 $f'(x_0+0)$.

如果函数 $f(x)$ 在开区间 $(a,b)$ 内可导，且 $f'(a+0)$ 和 $f'(b-0)$ 都存在，则称 $f(x)$ 在闭区间 $[a,b]$ 上可导.

## 3. 求导数举例

根据导数的定义，求函数 $f(x)$ 的导数的一般步骤如下：

(1) 写出函数的增量 $\Delta y = f(x+\Delta x) - f(x)$；

(2)计算比值 $\dfrac{\Delta y}{\Delta x} = \dfrac{f(x+\Delta x)-f(x)}{\Delta x}$;

(3)求极限 $y' = f'(x) = \lim\limits_{\Delta x \to 0} \dfrac{f(x+\Delta x)-f(x)}{\Delta x}$.

> **例 1** 求函数 $y = C$($C$ 为常数)的导数.

**解** (1)求增量 $\Delta y = f(x+\Delta x)-f(x) = C-C = 0$

(2)算比值 $\dfrac{\Delta y}{\Delta x} = 0$

(3)取极限 $y' = \lim\limits_{\Delta x \to 0} \dfrac{\Delta y}{\Delta x} = 0$

即常数的导数为零.

> **例 2** 求函数 $y = x^n$($n$ 为正整数)的导数.

**解** (1)求增量 $\Delta y = f(x+\Delta x)-f(x)$
$= (x+\Delta x)^n - x^n$
$= x^n + C_n^1 x^{n-1}(\Delta x)^1 + C_n^2 x^{n-2}(\Delta x)^2 + \cdots + (\Delta x)^n - x^n$
$= nx^{n-1}\Delta x + C_n^2 x^{n-2}(\Delta x)^2 + \cdots + (\Delta x)^n$

(2)算比值 $\dfrac{\Delta y}{\Delta x} = nx^{n-1} + C_n^2 x^{n-2}(\Delta x)^1 + \cdots + (\Delta x)^{n-1}$

(3)取极限 $y' = \lim\limits_{\Delta x \to 0} \dfrac{\Delta y}{\Delta x} = \lim\limits_{\Delta x \to 0}[nx^{n-1} + C_n^2 x^{n-2}(\Delta x)^1 + \cdots + (\Delta x)^{n-1}]$
$= nx^{n-1}$

即
$$y' = (x^n)' = nx^{n-1}$$

一般地,对于幂函数 $y = x^a$($a$ 为实数),有下面的导数公式:
$$(x^a)' = a \cdot x^{a-1}$$

例如,$(\sqrt{x})' = \dfrac{1}{2\sqrt{x}}$,$\left(\dfrac{1}{x}\right)' = -\dfrac{1}{x^2}$,今后常用,可作公式记忆.

> **例 3** 求 $y = \sin x$ 的导数.

**解** (1)求增量 $\Delta y = f(x+\Delta x)-f(x) = \sin(x+\Delta x) - \sin x$
$= 2\cos\left(x + \dfrac{\Delta x}{2}\right)\sin\dfrac{\Delta x}{2}$

(2)算比值 $\dfrac{\Delta y}{\Delta x} = \dfrac{2\cos\left(x+\dfrac{\Delta x}{2}\right)\sin\dfrac{\Delta x}{2}}{\Delta x} = \cos\left(x+\dfrac{\Delta x}{2}\right) \cdot \dfrac{\sin\dfrac{\Delta x}{2}}{\dfrac{\Delta x}{2}}$

(3)取极限 当 $\Delta x \to 0$ 时,$\dfrac{\Delta x}{2} \to 0$,则有

$$y' = \lim\limits_{\Delta x \to 0} \dfrac{\Delta y}{\Delta x} = \lim\limits_{\Delta x \to 0} \cos\left(x+\dfrac{\Delta x}{2}\right) \cdot \dfrac{\sin\dfrac{\Delta x}{2}}{\dfrac{\Delta x}{2}}$$

$$= \lim_{\Delta x \to 0} \cos(x + \frac{\Delta x}{2}) \cdot \lim_{\Delta x \to 0} \frac{\sin \frac{\Delta x}{2}}{\frac{\Delta x}{2}} = \cos x \cdot 1 = \cos x$$

即
$$(\sin x)' = \cos x$$

用类似的方法,可求得
$$(\cos x)' = -\sin x$$

▶**例 4** 求对数函数 $y = \log_a x (a > 0, 且 a \neq 1)$ 的导数.

**解** (1)求增量 $\Delta y = f(x + \Delta x) - f(x) = \log_a(x + \Delta x) - \log_a x$
$$= \log_a\left(1 + \frac{\Delta x}{x}\right)$$

(2)算比值 $\dfrac{\Delta y}{\Delta x} = \dfrac{\log_a\left(1 + \frac{\Delta x}{x}\right)}{\Delta x} = \log_a\left(1 + \dfrac{\Delta x}{x}\right)^{\frac{1}{\Delta x}}$

(3)取极限 $y' = \lim\limits_{\Delta x \to 0} \dfrac{\Delta y}{\Delta x} = \lim\limits_{\Delta x \to 0} \log_a\left(1 + \dfrac{\Delta x}{x}\right)^{\frac{1}{\Delta x}} = \lim\limits_{\Delta x \to 0} \log_a\left[\left(1 + \dfrac{\Delta x}{x}\right)^{\frac{x}{\Delta x}}\right]^{\frac{1}{x}}$

$$= \lim_{\Delta x \to 0} \frac{1}{x} \log_a \left(1 + \frac{\Delta x}{x}\right)^{\frac{x}{\Delta x}} = \frac{1}{x} \log_a \lim_{\Delta x \to 0} \left(1 + \frac{\Delta x}{x}\right)^{\frac{x}{\Delta x}}$$

$$= \frac{1}{x} \log_a e = \frac{1}{x \ln a}$$

即
$$(\log_a x)' = \frac{1}{x \ln a}$$

特别地,当 $a = e$ 时,有 $(\ln x)' = \dfrac{1}{x}$.

## 4. 导数的几何意义

前面我们讨论了曲线 $y = f(x)$ 在点 $M(x_0, y_0)$ 处的切线的斜率
$$k = \lim_{\Delta x \to 0} \frac{\Delta y}{\Delta x} = f'(x_0)$$

从上式可以看出,函数 $y = f(x)$ 在点 $x_0$ 处的导数 $f'(x_0)$ 就是曲线 $y = f(x)$ 在点 $M(x_0, y_0)$ 处的切线的斜率.这就是导数的几何意义(如图 1-2 所示).

如果 $y = f(x)$ 在 $x_0$ 处的导数无穷大,这时曲线 $y = f(x)$ 的割线以垂直于 $x$ 轴的直线 $x = x_0$ 为极限位置,即曲线 $y = f(x)$ 在点 $M(x_0, f(x_0))$ 处具有垂直于 $x$ 轴的切线 $x = x_0$.

根据导数的几何意义可写出曲线 $y = f(x)$ 在点 $M(x_0, y_0)$ 处的切线方程为
$$y - f(x_0) = f'(x_0)(x - x_0)$$

过切点 $M(x_0, y_0)$ 且与切线垂直的直线为曲线 $y = f(x)$ 在点 $M$ 处的法线,当 $f'(x_0) \neq 0$ 时,其法线方程为
$$y - f(x_0) = -\frac{1}{f'(x_0)}(x - x_0)$$

> **例 5** 求曲线 $y=\dfrac{1}{\sqrt{x}}$ 在点 $(1,1)$ 处的切线方程和法线方程.

**解** $\left(\dfrac{1}{\sqrt{x}}\right)'=(x^{-\frac{1}{2}})'=-\dfrac{1}{2}x^{-\frac{3}{2}}$，由导数几何意义，所求切线的斜率为

$$k=y'\Big|_{x=1}=-\dfrac{1}{2}x^{-\frac{3}{2}}\Big|_{x=1}=-\dfrac{1}{2}$$

所求切线方程为 $y-1=-\dfrac{1}{2}(x-1)$，即 $x+2y-3=0$.

所求法线方程为 $y-1=2(x-1)$，即 $2x-y-1=0$.

### 5.可导与连续的关系

函数 $y=f(x)$ 在点 $x_0$ 处连续是指 $\lim\limits_{\Delta x\to 0}\Delta y=0$，而在点 $x_0$ 处可导是指 $\lim\limits_{\Delta x\to 0}\dfrac{\Delta y}{\Delta x}$ 存在. 这两种极限有如下关系.

**定理** 如果函数 $y=f(x)$ 在点 $x_0$ 处可导，则 $f(x)$ 在点 $x_0$ 处连续.

上述定理的逆命题不成立，即函数 $y=f(x)$ 在点 $x_0$ 处连续时，在点 $x_0$ 处不一定可导.

例如，函数 $y=\sqrt[3]{x}$ 在点 $x=0$ 处连续，但不可导.

因为
$$\Delta y=\sqrt[3]{0+\Delta x}-\sqrt[3]{0}=\sqrt[3]{\Delta x}$$

$$\lim_{\Delta x\to 0}\dfrac{\Delta y}{\Delta x}=\lim_{\Delta x\to 0}\dfrac{\sqrt[3]{\Delta x}}{\Delta x}=\lim_{\Delta x\to 0}\dfrac{1}{\sqrt[3]{(\Delta x)^2}}=\infty$$

所以，在 $x=0$ 处 $y=\sqrt[3]{x}$ 连续，但不可导. 事实上，函数 $y=\sqrt[3]{x}$ 的导函数 $y'=\dfrac{1}{3\sqrt[3]{x^2}}$ 在 $x=0$ 处没有定义，即 $y'\big|_{x=0}$ 不存在.

可见函数连续是可导的必要条件，但不是充分条件.

## 习题 1.1.1

1.应用导数的定义，求 $\dfrac{\mathrm{d}y}{\mathrm{d}x}$.

(1) $y=3x^2$　　(2) $y=ax+b$　　(3) $y=\cos x$

2.下列各题均假定 $f'(x_0)$ 存在，按照导数定义观察下列极限，指出 $A$ 表示什么？

(1) $\lim\limits_{\Delta x\to 0}\dfrac{f(x_0+\Delta x)-f(x_0)}{\Delta x}=A$

(2) $\lim\limits_{x\to 0}\dfrac{f(x)}{x}=A$，其中 $f(0)=0$，且 $f'(0)$ 存在

(3) $\lim\limits_{h\to 0}\dfrac{f(x_0+h)-f(x_0-h)}{h}=A$

3. 设 $f(x)=\cos x$,求 $f'\left(\dfrac{\pi}{6}\right)$ 和 $f'\left(\dfrac{\pi}{3}\right)$.

4. 求曲线 $y=\cos x$ 在点 $\left(\dfrac{\pi}{3},\dfrac{1}{2}\right)$ 处的切线方程和法线方程.

5. 利用幂函数的求导公式,求下列函数的导数:

(1) $y=\sqrt[6]{x}$    (2) $y=x^3 \cdot \sqrt[5]{x}$    (3) $y=x^{-3}$    (4) $y=\dfrac{x^2\sqrt{x}}{\sqrt[4]{x}}$

6. 讨论下列函数在 $x=0$ 处的连续性和可导性.

(1) $y=\begin{cases} x\sin\dfrac{1}{x} & (x\neq 0) \\ 0 & (x=0) \end{cases}$

(2) $y=\begin{cases} x^2\sin\dfrac{1}{x} & (x\neq 0) \\ 0 & (x=0) \end{cases}$

## 1.1.2 函数求导法则及基本公式

课堂互动

### 职业素养

导数的运算法则在计算中尤为重要,正确的利用法则进行求解,不仅可以提高自信心,还能够达到事半功倍的效果.更重要的是,在学习的同时,还能锻炼思维能力,提高转换不同方式、方法来思考和解决问题的能力.

前一节中,我们根据导数的定义,求出了一些简单函数的导数,但是对于某些函数用定义求它们的导数往往很困难,有时甚至不可能,这就需要讨论求函数导数的方法.从本节开始,将介绍一些求导法则,借助于这些法则,我们就能比较方便地求出初等函数的导数.

### 1. 导数的四则运算

**定理 1** 如果函数 $u=u(x)$ 和 $v=v(x)$ 在点 $x$ 处均可导,那么

(1) $u(x)\pm v(x)$ 在点 $x$ 处也可导,且

$$[u(x)\pm v(x)]'=u'(x)\pm v'(x)$$

(2) $u(x)v(x)$ 在点 $x$ 处也可导,且

$$[u(x)v(x)]'=u'(x)v(x)+u(x)v'(x)$$

特别地,若 $u(x)=C$($C$ 为常数),则

$$[Cv(x)]'=Cv'(x)$$

导数的乘除法则

(3) $\dfrac{u(x)}{v(x)}(v(x) \neq 0)$ 在点 $x$ 处也可导，且

$$\left[\dfrac{u(x)}{v(x)}\right]' = \dfrac{u'(x)v(x) - u(x)v'(x)}{v^2(x)}$$

上述结论的(1)和(2)可以推广到有限个可导函数的情况．
下面只对(2)给出证明．

**证明** 根据导数的定义有

$$\begin{aligned}
[u(x)v(x)]' &= \lim_{\Delta x \to 0} \dfrac{[u(x+\Delta x)v(x+\Delta x)] - [u(x)v(x)]}{\Delta x} \\
&= \lim_{\Delta x \to 0} \dfrac{[u(x+\Delta x)v(x+\Delta x) - u(x)v(x+\Delta x)] + [u(x)v(x+\Delta x) - u(x)v(x)]}{\Delta x} \\
&= \lim_{\Delta x \to 0} \dfrac{[u(x+\Delta x) - u(x)]v(x+\Delta x) + u(x)[v(x+\Delta x) - v(x)]}{\Delta x} \\
&= \lim_{\Delta x \to 0} \dfrac{\Delta u \cdot v(x+\Delta x) + u(x)\Delta v}{\Delta x} \\
&= \lim_{\Delta x \to 0} \dfrac{\Delta u}{\Delta x} \lim_{\Delta x \to 0} v(x+\Delta x) + \lim_{\Delta x \to 0} u(x) \lim_{\Delta x \to 0} \dfrac{\Delta v}{\Delta x} \\
&= u'(x)v(x) + u(x)v'(x)
\end{aligned}$$

定理 1 中(1)和(3)的证明与(2)类似，这里从略．

▶ **例 1** 已知 $y = x^4 + \sin x - \ln 3$，求 $y'$．

**解** $y' = (x^4)' + (\sin x)' - (\ln 3)' = 4x^3 + \cos x$

▶ **例 2** 设 $y = \sqrt{x} \sin x$，求 $y'$．

**解** $y' = (\sqrt{x} \sin x)' = (\sqrt{x})' \sin x + \sqrt{x}(\sin x)'$

$= \dfrac{1}{2\sqrt{x}} \sin x + \sqrt{x} \cos x$

▶ **例 3** 设 $y = x \sin x \ln x$，求 $y'$．

**解** $y' = (x)' \sin x \ln x + x(\sin x)' \ln x + x \sin x (\ln x)'$

$= \ln x \sin x + x \cos x \ln x + x \left(\dfrac{1}{x} \sin x\right)$

$= \ln x \sin x + x \cos x \ln x + \sin x$

▶ **例 4** 已知 $f(x) = \dfrac{x^2 - x + 2}{x + 3}$，求 $f'(1)$．

**解** $f'(x) = \dfrac{(x^2 - x + 2)'(x+3) - (x^2 - x + 2)(x+3)'}{(x+3)^2}$

$= \dfrac{(2x-1)(x+3) - (x^2 - x + 2) \cdot 1}{(x+3)^2}$

$= \dfrac{x^2 + 6x - 5}{(x+3)^2}$

$$f'(1)=\frac{1^2+6\times1-5}{(1+3)^2}=\frac{1}{8}$$

**例 5** 求 $y=\tan x$ 的导数.

**解** $y'=(\tan x)'=\left(\dfrac{\sin x}{\cos x}\right)'=\dfrac{(\sin x)'\cos x-\sin x(\cos x)'}{\cos^2 x}$

$$=\frac{\cos^2 x+\sin^2 x}{\cos^2 x}=\frac{1}{\cos^2 x}=\sec^2 x$$

即 $(\tan x)'=\sec^2 x$

类似地 $(\cot x)'=-\csc^2 x$

**例 6** 求 $y=\sec x$ 的导数.

**解** $y'=(\sec x)'=\left(\dfrac{1}{\cos x}\right)'=\dfrac{-(\cos x)'}{\cos^2 x}=-\dfrac{-\sin x}{\cos^2 x}=\sec x\cdot\tan x$

即 $(\sec x)'=\sec x\cdot\tan x$

类似地 $(\csc x)'=-\csc x\cdot\cot x$

## 2. 复合函数的求导法则

**定理 2** 如果函数 $u=\varphi(x)$ 在点 $x$ 处可导,函数 $y=f(u)$ 在对应点 $u=\varphi(x)$ 处也可导,则复合函数 $y=f(\varphi(x))$ 在点 $x$ 处可导,且

$$\frac{\mathrm{d}y}{\mathrm{d}x}=\frac{\mathrm{d}y}{\mathrm{d}u}\cdot\frac{\mathrm{d}u}{\mathrm{d}x}$$

上式也可写成

$$y'_x=y'_u\cdot u'_x \text{ 或 } y'(x)=f'(u)\cdot\varphi'(x)$$

这个定理说明,复合函数的导数等于复合函数对中间变量的导数,乘以中间变量对自变量的导数. 定理 2 还可以推广到含有多个中间变量的复合函数的情况.

复合函数
求导法则

例如,设 $y=f(u),u=\varphi(v),v=\psi(x)$ 都可导,则有

$$\frac{\mathrm{d}y}{\mathrm{d}x}=\frac{\mathrm{d}y}{\mathrm{d}u}\cdot\frac{\mathrm{d}u}{\mathrm{d}v}\cdot\frac{\mathrm{d}v}{\mathrm{d}x} \text{ 或 } y'_x=y'_u\cdot u'_v\cdot v'_x$$

**例 7** 求下列函数的导数:

(1) $y=\sin^2 x$      (2) $y=(1+x^2)^5$      (3) $y=\ln\cos x$

**解** (1) $y=\sin^2 x$ 可看作由 $y=u^2,u=\sin x$ 复合而成,由定理 2,得

$$y'_x=y'_u\cdot u'_x=2u\cdot\cos x=2\sin x\cdot\cos x=\sin 2x$$

(2) $y=(1+x^2)^5$ 可看作由 $y=u^5,u=1+x^2$ 复合而成,得

$$y'_x=y'_u\cdot u'_x=5u^4\cdot 2x=10x(1+x^2)^4$$

(3) $y=\ln\cos x$ 可看作由 $y=\ln u,u=\cos x$ 复合而成,得

$$y'_x=y'_u\cdot u'_x=\frac{1}{u}\cdot(-\sin x)=-\frac{\sin x}{\cos x}=-\tan x$$

在比较熟练地掌握了复合函数的求导公式以后,可以不必写出中间变量而直接利用

公式求导.

> 例 8  求下列函数的导数：

(1) $y = (ax+b)^n$    (2) $y = \sin^2(2-3x)$    (3) $y = \log_3 \cos\sqrt{x^2+1}$

**解** (1) $y' = n(ax+b)^{n-1}(ax+b)' = n \cdot a \cdot (ax+b)^{n-1} = an(ax+b)^{n-1}$

(2) $y' = 2\sin(2-3x)[\sin(2-3x)]' = 2\sin(2-3x) \cdot \cos(2-3x) \cdot (2-3x)'$
$= -3\sin(4-6x)$

(3) $y' = \dfrac{1}{\cos\sqrt{x^2+1} \cdot \ln 3}(-\sin\sqrt{x^2+1}) \cdot \dfrac{2x}{2\sqrt{x^2+1}}$

$= -\dfrac{x}{\ln 3 \cdot \sqrt{x^2+1}} \tan\sqrt{x^2+1}$

> 例 9  已知 $y = (x+1)\sqrt{3-4x}$，求 $y'$.

**解** $y' = (x+1)'\sqrt{3-4x} + (x+1)(\sqrt{3-4x})'$

$= \sqrt{3-4x} + (x+1)\dfrac{-4}{2\sqrt{3-4x}}$

$= \dfrac{3-4x-2x-2}{\sqrt{3-4x}} = \dfrac{1-6x}{\sqrt{3-4x}}$

## 3. 高阶导数

**定义**  如果函数 $y = f(x)$ 的导数 $y' = f'(x)$ 仍是 $x$ 的可导函数，则称 $f'(x)$ 的导数为 $f(x)$ 的**二阶导数**，记作

$$y'', \text{ 或 } f''(x), \text{ 或 } \dfrac{\mathrm{d}^2 y}{\mathrm{d}x^2}, \text{ 或 } \dfrac{\mathrm{d}^2 f}{\mathrm{d}x^2}$$

相应地，把 $f(x)$ 的导数 $f'(x)$ 称为函数 $f(x)$ 的**一阶导数**.

类似地，函数 $y = f(x)$ 的二阶导数 $y''$ 的导数叫作 $f(x)$ 的**三阶导数**，函数 $y = f(x)$ 的三阶导数 $y'''$ 的导数叫作 $f(x)$ 的**四阶导数**，…

一般地，函数 $y = f(x)$ 的 $n-1$ 阶导数的导数叫作函数 $y = f(x)$ 的 $n$ **阶导数**，三阶至 $n$ 阶导数分别记作

$$y''', y^{(4)}, \cdots, y^{(n)} \text{ 或 } f'''(x), f^{(4)}(x), \cdots, f^{(n)}(x)$$

或

$$\dfrac{\mathrm{d}^3 y}{\mathrm{d}x^3}, \dfrac{\mathrm{d}^4 y}{\mathrm{d}x^4}, \cdots, \dfrac{\mathrm{d}^n y}{\mathrm{d}x^n}$$

二阶及二阶以上的导数统称为**高阶导数**.

> 例 10  求 $y = \sin x$ 的 $n$ 阶导数.

**解** $y' = \cos x = \sin(x + \dfrac{\pi}{2})$

$y'' = \cos(x + \dfrac{\pi}{2}) = \sin(x + 2 \cdot \dfrac{\pi}{2})$

$$y''' = \cos(x + 2 \cdot \frac{\pi}{2}) = \sin(x + 3 \cdot \frac{\pi}{2})$$

……

一般地,可得
$$y^{(n)} = \sin(x + n \cdot \frac{\pi}{2})$$

即
$$(\sin x)^{(n)} = \sin(x + n \cdot \frac{\pi}{2})$$

用类似的方法,可得
$$(\cos x)^{(n)} = \cos(x + n \cdot \frac{\pi}{2})$$

## 习题 1.1.2

1. 求下列函数的导数:

(1) $y = 3x^2 - \dfrac{2}{x^2} + 5$

(2) $y = x^2(2 + \sqrt{x})$

(3) $y = \dfrac{3x^2 + 7x - 1}{\sqrt{x}}$

(4) $y = x^2 \cos x$

(5) $y = x \tan x - 2\sec x$

(6) $y = \dfrac{\ln x}{x^2}$

(7) $y = \dfrac{\sin x}{x} + \dfrac{x}{\sin x}$

(8) $y = (1 - x^2)\tan x \cdot \ln x$

2. 求下列函数的导数:

(1) $y = (2x - 3)^6$

(2) $y = \cot \dfrac{1}{x}$

(3) $y = \sin \sqrt{1 - x^6}$

(4) $y = 3\cos(5x + \dfrac{\pi}{4})$

(5) $y = \ln(1 - 2x)$

(6) $y = \ln(2x) \cdot \sin 3x$

(7) $y = \sin^n x \cos nx$

(8) $y = \ln[\ln(\ln x)]$

(9) $y = \sqrt{\cos x^2}$

(10) $y = \ln\sqrt{\dfrac{x+1}{x-1}}$

(11) $y = \dfrac{\sin^2 x}{\sin x^2}$

(12) $y = \sqrt{x} \sec^2 x$

(13) $y = \sin^2 \dfrac{x}{3} \cot \dfrac{x}{2}$

(14) $y = \ln(x + \sqrt{x^2 + a^2})$

3. 求下列函数的二阶导数:

(1) $y = 2x^2 + \ln x$

(2) $y = x \cos x$

4. 求 $y = x \ln x$ 的 $n$ 阶导数.

## 1.1.3 隐函数的求导

**职业素养**

本节给出了隐函数不同的求导方法.引导学习的同时,也教会我们要透过现象看本质,即:看待问题时能够抓住事件背后的根本性运作逻辑,培养正确理解问题的能力,在遇到难以解决的问题时,要透过现象看本质,树立全心全意投入,认认真真、尽职尽责、攻坚克难的工匠精神.

前面讨论的函数都可以表示为 $y=f(x)$ 的形式,这样的函数称为**显函数**.但在实际问题中,还会遇到用方程表示函数关系的情形,如 $x^2+y^2=R^2$,$\ln x=xy$,像这样由方程 $F(x,y)=0$ 所确定的函数叫作**隐函数**.

有些隐函数不能表示成显函数,或者说没有必要表示成显函数,运用复合函数求导法则,在等式两端对 $x$ 求导,得到一个含有 $y'$ 的方程,解出 $y'$ 即为所求**隐函数的导数**.

**例1** 求由方程 $x^2+y^2=R^2$ 所确定的隐函数的导数 $\dfrac{\mathrm{d}y}{\mathrm{d}x}$.

**解** 将方程两边同时对 $x$ 求导,这里 $y$ 是 $x$ 的函数,$y^2$ 是 $x$ 的复合函数,根据复合函数的求导法则,得

$$(x^2)'+(y^2)'=(R^2)'$$

$$2x+2y\frac{\mathrm{d}y}{\mathrm{d}x}=0$$

解得

$$\frac{\mathrm{d}y}{\mathrm{d}x}=-\frac{x}{y}$$

**例2** 求由方程 $y=\sin(x+y)$ 所确定的隐函数的导数 $\dfrac{\mathrm{d}y}{\mathrm{d}x}$.

**解** 将方程两边同时对 $x$ 求导,得

$$\frac{\mathrm{d}y}{\mathrm{d}x}=\cos(x+y)\cdot\left(1+\frac{\mathrm{d}y}{\mathrm{d}x}\right)$$

解得

$$\frac{\mathrm{d}y}{\mathrm{d}x}=\frac{\cos(x+y)}{1-\cos(x+y)}$$

**例3** 求函数 $y=\sqrt[4]{\dfrac{x(x-1)}{(x-2)(x+3)}}$ 的导数.

**解** 将等式两边取对数得

$$\ln y = \frac{1}{4}[\ln x + \ln(x-1) - \ln(x-2) - \ln(x+3)]$$

两边对 $x$ 求导得

$$\frac{1}{y} \cdot y'_x = \frac{1}{4}\left(\frac{1}{x} + \frac{1}{x-1} - \frac{1}{x-2} - \frac{1}{x+3}\right)$$

所以

$$y'_x = \frac{1}{4}y\left(\frac{1}{x} + \frac{1}{x-1} - \frac{1}{x-2} - \frac{1}{x+3}\right)$$

$$= \frac{1}{4}\sqrt[4]{\frac{x(x-1)}{(x-2)(x+3)}}\left(\frac{1}{x} + \frac{1}{x-1} - \frac{1}{x-2} - \frac{1}{x+3}\right)$$

▶ **例 4** 求 $y = x^{\sin x}$ $(x > 0)$ 的导数.

**解** 两边取对数得

$$\ln y = \sin x \cdot \ln x$$

两边同时对 $x$ 求导得

$$\frac{1}{y} \cdot y'_x = (\sin x)' \cdot \ln x + \sin x \cdot (\ln x)'$$

$$y'_x = x^{\sin x}\left(\cos x \ln x + \frac{1}{x}\sin x\right)$$

例 3、例 4 中,我们将不易求导的显函数,通过两边取对数转化为隐函数,然后按隐函数求导的方法求出导数,这样做常常会使计算简单得多,这种方法称为**对数求导法**.

▶ **例 5** 求指数函数 $y = a^x$ $(a > 0,$ 且 $a \neq 1)$ 的导数.

**解** 把 $y = a^x$ 改写成 $x = \log_a y$,两边对 $x$ 求导得

$$(x)' = (\log_a y)'$$

$$1 = \frac{1}{y \ln a} \cdot y'_x$$

于是

$$y'_x = y \ln a = a^x \ln a$$

即

$$(a^x)' = a^x \cdot \ln a$$

当 $a = e$ 时

$$(e^x)' = e^x$$

▶ **例 6** 证明 $(\arcsin x)' = \dfrac{1}{\sqrt{1-x^2}}$.

**证明** 设 $y = \arcsin x$,则 $x = \sin y$,两边对 $x$ 求导得

$$(x)' = (\sin y)'$$

$$1 = \cos y \cdot y'_x$$

即

$$y'_x = \frac{1}{\cos y}$$

又

$$\cos y = \sqrt{1 - \sin^2 y} = \sqrt{1 - x^2} \quad \left(-\frac{\pi}{2} < y < \frac{\pi}{2}\right)$$

代入上式得

$$y'_x = \frac{1}{\sqrt{1-x^2}}$$

类似地可证
$$(\arccos x)' = -\frac{1}{\sqrt{1-x^2}}$$
$$(\arctan x)' = \frac{1}{1+x^2}$$
$$(\text{arccot}\, x)' = -\frac{1}{1+x^2}$$

从上例可以看出,一般的反函数求导有如下法则.

**定理** 如果单调函数 $x=\varphi(y)$ 在某区间内可导,并且 $\varphi'(y) \neq 0$,那么它的反函数 $y=f(x)$ 在对应区间内也可导,并且

$$f'(x) = \frac{1}{\varphi'(y)} \text{ 或 } \frac{dy}{dx} = \frac{1}{\frac{dx}{dy}}$$

即反函数的导数等于其原函数的导数的倒数.

前面,我们介绍了所有的基本初等函数的导数公式及函数的和、差、积、商的求导法则,从而解决了初等函数的求导问题.

为了方便查阅,我们把前面的求导公式和求导法则归纳如下:

(1)基本初等函数的导数公式(见表 1-1)

表 1-1

| (1) | $(C)'=0$ | (8) | $(\csc x)' = -\csc x \cdot \cot x$ |
|---|---|---|---|
| (2) | $(x^a)' = ax^{a-1}$,当 $a=1$ 时有 $(x)'=1$ | (9) | $(a^x)' = a^x \ln a$,当 $a=e$ 时有 $(e^x)'=e^x$ |
| (3) | $(\sin x)' = \cos x$ | (10) | $(\log_a x)' = \frac{1}{x \ln a}$,当 $a=e$ 时有 $(\ln x)' = \frac{1}{x}$ |
| (4) | $(\cos x)' = -\sin x$ | (11) | $(\arcsin x)' = \frac{1}{\sqrt{1-x^2}}$ |
| (5) | $(\tan x)' = \sec^2 x$ | (12) | $(\arccos x)' = -\frac{1}{\sqrt{1-x^2}}$ |
| (6) | $(\cot x)' = -\csc^2 x$ | (13) | $(\arctan x)' = \frac{1}{1+x^2}$ |
| (7) | $(\sec x)' = \sec x \cdot \tan x$ | (14) | $(\text{arccot}\, x)' = -\frac{1}{1+x^2}$ |

(2)函数的和、差、积、商的求导法则

① $(u \pm v)' = u' \pm v'$

② $(u \cdot v)' = u'v + uv'$,当 $u=C$ 时 $(Cv)' = Cv'$

③ $\left(\dfrac{u}{v}\right)' = \dfrac{u'v - uv'}{v^2} (v \neq 0)$

(3)复合函数的求导法则

设 $y=f(u), u=\varphi(x)$,则复合函数 $y=f(\varphi(x))$ 的导数为

$$y_x' = y_u' \cdot u_x' \text{ 或 } \frac{dy}{dx} = \frac{dy}{du} \cdot \frac{du}{dx}$$

(4)反函数的求导法则

设 $y=f(x)$ 是 $x=\varphi(y)$ 的反函数,且 $\varphi'(y) \neq 0$,则

$$f'(x) = \frac{1}{\varphi'(y)} \text{ 或 } \frac{dy}{dx} = \frac{1}{\frac{dx}{dy}}$$

### 习题 1.1.3

1. 求下列函数的导数：

(1) $y = x^{10} + 10^x$

(2) $y = \dfrac{5^x}{2^x} + 5^x \cdot 2^{3x}$

(3) $y = e^{x^2+1}$

(4) $y = \sin 2^x$

(5) $y = \arctan\sqrt{x^2 + 2x}$

(6) $y = e^{2x}\cos 3x$

(7) $y = \arccos\sqrt{x}$

(8) $y = \operatorname{arccot}\dfrac{x^2}{a}$

(9) $y = \ln(\arccos 2x)$

(10) $y = (\arcsin x)^2$

(11) $y = \sqrt{x}\operatorname{arccot} x$

(12) $y = \dfrac{a^2}{2}\arcsin\dfrac{x}{a} + \dfrac{x}{2}\sqrt{a^2 - x^2}\ (a > 0)$

(13) $y = \sec^3(e^{2x})$

(14) $y = \arcsin\sqrt{\sin x}$

2. 用对数求导法求下列函数的导数：

(1) $y = \dfrac{\sqrt{x+2}(2-x)^3}{(x+1)^5}$

(2) $y = \sqrt{x\sin x\sqrt{1 - e^x}}$

(3) $y = \left(\dfrac{x}{1+x}\right)^x$

(4) $y = x^{\cos x}$

3. 求下列隐函数的导数 $y_x'$：

(1) $ye^x + \ln y = 1$

(2) $y = \cos(x + y)$

(3) $y = x + \dfrac{1}{2}\ln y$

(4) $x = y + \arctan y$

4. 设函数 $y = y(x)$ 由方程 $y^2 + 2\ln y = x^4$ 所确定，求 $\dfrac{dy}{dx}$.

## 1.1.4 函数的微分

**职业素养**

通过实际案例的引入给出微分的基本概念及运算规律，消费模型的建立有助于提高分析问题和解决问题的能力。培养从源头出发，从基础点滴做起，精益求精，对每个案例、每道例题都凝神聚力、追求极致、一丝不苟的良好品质。

### 1. 微分的概念

导数反映函数相对于自变量的变化快慢程度.下面我们讨论当自变量有微小变化时,如何计算函数的增量,并由此引出微分的概念.

先看一个例子.

设正方形薄片边长为 $x_0$,受热后边长增加 $\Delta x$,如图 1-3 所示,那么面积 $y$ 相应的增量 $\Delta y$ 为

$$\Delta y = (x_0 + \Delta x)^2 - x_0^2 = 2x_0 \Delta x + (\Delta x)^2$$

上式中,$\Delta y$ 由两部分组成,第一部分 $2x_0 \Delta x$ 是 $\Delta x$ 的线性函数,第二部分 $(\Delta x)^2$ 是 $\Delta x$ 的高阶无穷小.当 $|\Delta x|$ 很小时,$(\Delta x)^2$ 可以忽略不计,面积 $y$ 的增量 $\Delta y$ 可以近似地用 $2x_0 \Delta x$ 来代替,即

$$\Delta y \approx 2x_0 \Delta x$$

图 1-3

由于面积 $y = x^2$,$\dfrac{\mathrm{d}y}{\mathrm{d}x}\bigg|_{x=x_0} = 2x_0$,即 $f'(x_0) = 2x_0$,所以

$$\Delta y \approx f'(x_0) \Delta x$$

这个结论具有一般性.

设函数 $y = f(x)$ 在点 $x_0$ 处可导,且 $f'(x_0) \neq 0$(我们不考虑 $f'(x_0) = 0$ 的特殊情形),即 $\lim\limits_{\Delta x \to 0} \dfrac{\Delta y}{\Delta x} = f'(x_0) \neq 0$,根据函数的极限与无穷小的关系,得

$$\dfrac{\Delta y}{\Delta x} = f'(x_0) + \alpha \quad (\alpha \text{ 是 } \Delta x \to 0 \text{ 时的无穷小})$$

于是

$$\Delta y = f'(x_0) \cdot \Delta x + \alpha \cdot \Delta x$$

其中,$f'(x_0) \cdot \Delta x$ 与 $\Delta x$ 是同阶的无穷小;$\alpha \cdot \Delta x$ 是较 $\Delta x$ 高阶的无穷小.

微分的概念

在函数的增量 $\Delta y$ 中,起主要作用的是 $f'(x_0) \cdot \Delta x$,它与 $\Delta y$ 仅相差一个较 $\Delta x$ 高阶的无穷小.因此,当 $|\Delta x|$ 很小时,就可以用 $f'(x_0) \cdot \Delta x$ 近似代替 $\Delta y$,即

$$\Delta y \approx f'(x_0) \cdot \Delta x$$

我们把函数增量的线性部分 $f'(x_0) \cdot \Delta x$ 叫作函数在点 $x_0$ 处的**微分**.

**定义** 如果函数 $y = f(x)$ 在 $x_0$ 处具有导数 $f'(x_0)$,那么称 $f'(x_0) \cdot \Delta x$ 为函数 $y = f(x)$ 在点 $x_0$ 处的**微分**,记作 $\mathrm{d}y|_{x=x_0}$,即

$$\mathrm{d}y|_{x=x_0} = f'(x_0) \cdot \Delta x$$

函数 $y = f(x)$ 在任意点 $x$ 的微分,称为**函数的微分**,记作 $\mathrm{d}y$ 或 $\mathrm{d}f(x)$,有

$$\mathrm{d}y = f'(x) \cdot \Delta x$$

若 $y = x$,则

$$\mathrm{d}y = \mathrm{d}x = (x)' \cdot \Delta x = \Delta x$$

这说明,自变量的微分等于自变量的增量.于是函数 $y = f(x)$ 的微分又可记作

$$\mathrm{d}y = f'(x)\mathrm{d}x \quad \text{或} \quad \mathrm{d}y = y'\mathrm{d}x$$

从而有
$$\frac{dy}{dx} = f'(x)$$
就是说函数的微分 $dy$ 与自变量的微分 $dx$ 之商等于该函数的导数,因此导数又叫作"**微商**". 一元函数的可导和可微是等价的.

▷ **例1** 求函数 $y = x^2$ 在 $x = 1, \Delta x = 0.01$ 时的增量及微分.

**解** $\Delta y = (1 + 0.01)^2 - 1^2 = 1.0201 - 1 = 0.0201$

$dy = y'\big|_{x=1} \cdot \Delta x = 2 \times 1 \times 0.01 = 0.02$

可见
$$\Delta y \approx dy$$

## 2. 微分的几何意义

设函数 $y = f(x)$ 的图形(如图 1-4 所示),在曲线上取一点 $M(x_0, y_0)$,过点 $M$ 引切线 $MT$,其倾角为 $\alpha$,则其斜率为 $\tan\alpha = f'(x_0)$.

令 $x$ 取增量 $\Delta x$,则在曲线上得到另一点 $N(x_0 + \Delta x, y_0 + \Delta y)$,由图 1-4 可知

$$MQ = \Delta x, \quad QN = \Delta y$$

另外,在三角形 $MQP$ 中

$$QP = MQ \cdot \tan\alpha = f'(x_0)\Delta x = dy$$

由此可知,微分 $dy = f'(x_0)\Delta x$ 是 $x$ 有改变量 $\Delta x$ 时,曲线 $y = f(x)$ 在点 $(x_0, y_0)$ 处的切线的纵坐标的改变量,这就是函数 $y = f(x)$ 在点 $(x_0, y_0)$ 处的微分的几何意义.

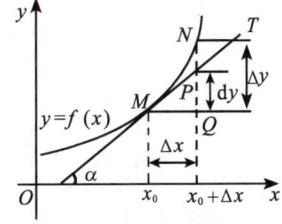

图 1-4

## 3. 微分的运算法则

由函数微分的定义
$$dy = f'(x)dx$$
可以知道,要计算函数的微分,只要求出函数的导数,再乘以自变量的微分即可. 因此,基本初等函数的微分公式,还可以由基本初等函数的导数直接写出,这里不一一列举了. 此外,还可从导数的四则运算法则推出微分的运算法则.

设 $u, v$ 都是 $x$ 的函数,且都可微,则有

(1) $d(u \pm v) = du \pm dv$;

(2) $d(uv) = u dv + v du, d(Cu) = C du$ ($C$ 为常数);

(3) $d\left(\dfrac{u}{v}\right) = \dfrac{v du - u dv}{v^2}$ ($v \neq 0$).

▷ **例2** 求函数 $y = \dfrac{\sin 2x}{x}$ 的微分.

**解** $dy = d\left(\dfrac{\sin 2x}{x}\right) = \dfrac{x d(\sin 2x) - \sin 2x dx}{x^2}$

$= \dfrac{2x \cos 2x dx - \sin 2x dx}{x^2} = \dfrac{2x \cos 2x - \sin 2x}{x^2} dx$

下面讨论复合函数的微分.

设 $y=f(u), u=\varphi(x)$,则函数 $y=f[\varphi(x)]$ 的微分为
$$dy = y'dx = f'(u)\varphi'(x)dx$$
由于
$$\varphi'(x)dx = du$$
所以 $dy$ 又可写成
$$dy = f'(u)du$$
由此可见,对于函数 $y=f(u)$ 来说,不管 $u$ 是自变量还是中间变量,总有
$$dy = f'(u)du$$
这个性质称为**一阶微分形式不变性**.利用这一性质,求复合函数的微分较为方便.

> **例 3** 求函数 $y = \arctan \dfrac{x}{1+x}$ 的微分.

**解** $dy = \dfrac{1}{1+\left(\dfrac{x}{1+x}\right)^2} d\left(\dfrac{x}{1+x}\right)$

$= \dfrac{(x+1)^2}{2x^2+2x+1} \cdot \dfrac{(x+1)dx - xd(x+1)}{(x+1)^2}$

$= \dfrac{xdx + dx - xdx}{2x^2+2x+1} = \dfrac{dx}{2x^2+2x+1}$

> **例 4** 设 $y = \ln(1+e^{x^2})$,求 $dy$.

**解** $dy = d\ln(1+e^{x^2}) = \dfrac{1}{1+e^{x^2}} d(1+e^{x^2})$

$= \dfrac{1}{1+e^{x^2}} e^{x^2} d(x^2)$

$= \dfrac{2xe^{x^2}}{1+e^{x^2}} dx$

### 4. 微分在近似计算中的应用

对于一元函数 $y=f(x)$,当 $|\Delta x|$ 很小时,有近似计算公式
$$\Delta y \approx dy = f'(x)dx \tag{1}$$
这个公式可以直接用来计算函数增量的近似值.

又因为
$$\Delta y = f(x_0 + \Delta x) - f(x_0)$$
所以得
$$f(x_0 + \Delta x) - f(x_0) \approx f'(x_0)\Delta x$$
即
$$f(x_0 + \Delta x) \approx f(x_0) + f'(x_0)\Delta x \tag{2}$$
这个公式可以用来计算函数在某一点附近的函数值的近似值.

**例5** 设某国的国民经济消费模型为

$$y = 10 + 0.4x + 0.01x^{\frac{1}{2}}$$

其中,$y$ 为总消费(单位:十亿元),$x$ 为可支配收入(单位:十亿元). 当 $x=100.05$ 时,问总消费是多少?

**解** 令 $x_0=100$,$\Delta x=0.05$,因为 $\Delta x$ 相对于 $x_0$ 很小,用公式(2)得

$$f(x_0+\Delta x) \approx f(x_0) + f'(x_0)\Delta x$$

$$= (10+0.4\times 100+0.01\times 100^{\frac{1}{2}}) + (10+0.4x+0.01x^{\frac{1}{2}})'\Big|_{x=100} \times 0.05$$

$$= 50.1 + \left(0.4 + \frac{0.01}{2\sqrt{x}}\right)\Big|_{x=100} \times 0.05$$

$$= 50.120025(\text{十亿元})$$

下面推导一些常用的近似公式. 为此在公式(2)中取 $x_0=0$,$\Delta x=x$,则有

$$f(x) \approx f(0) + f'(0)x \tag{3}$$

由此不难推出当 $|x|$ 很小时的近似公式:

$$\sin x \approx x, \qquad \tan x \approx x$$

$$\sqrt[n]{1+x} \approx 1 + \frac{1}{n}x, \qquad \frac{1}{1+x} \approx 1-x$$

$$e^x \approx 1+x, \qquad \ln(1+x) \approx x$$

**例6** 计算 $\sqrt[4]{10004}$ 的近似值.

**解** $\sqrt[4]{10004} = \sqrt[4]{10000+4} = \sqrt[4]{10000\times(1+\frac{4}{10000})} = 10\sqrt[4]{1+0.0004}$

应用近似公式有

$$\sqrt[4]{10004} \approx 10\times\left(1+\frac{1}{4}\times 0.0004\right) = 10.001$$

## 习题 1.1.4

1. 用适当函数填入下列括号内:

(1) $d(\qquad) = \dfrac{1}{1+x}dx$ 　　(2) $dx = (\qquad)d(8x+5)$

(3) $d(\qquad) = \dfrac{1}{\sqrt{x}}dx$ 　　(4) $d(\qquad) = \cos x\,dx$

(5) $d(\qquad) = \cos\omega x\,dx$ 　　(6) $d\tan^2 x = (\qquad)d\tan x$

2. 求下列函数的微分:

(1) $y = xe^{-x^2}$ 　　(2) $y = \dfrac{\cos x}{1-x^2}$

(3) $y = \arcsin\sqrt{x}$ 　　(4) $y = [\ln(1-x)]^2$

(5) $y = \arctan e^{2x}$ 　　(6) $y = \tan^2(1+2x^2)$

(7) 求 $y=\dfrac{x}{1+x^2}$ 在 $x=0$，$\Delta x=1$ 处的微分．

3．利用微分求下列函数的近似值：

(1) $\cos 59°$    (2) $\tan 46°$    (3) $\sqrt{4.2}$

(4) $\sqrt[3]{996}$    (5) $\tan 45'$    (6) $\ln(1.002)$

## 1.1.5 中值定理

### 职业素养

数学的发展有着悠久的历史，罗尔、拉格朗日等历史人物的引入让我们体会到结论背后的无限思考与努力，感受到数学家精神与品质的魅力．我们在培养坚定理想信念的同时，也要树立正确的世界观、人生观、价值观，塑造不畏艰难、勇于克服困难的良好品质．

本节介绍的罗尔定理、拉格朗日定理是微分学中的基本定理，由于这些定理均与自变量在区间内部的某点的值有关，因此又统称为微分中值定理．运用这些定理，我们就能通过导数研究函数的一些问题．因此，它们在微积分的理论和应用中占有重要地位．

**定理 1** （罗尔定理）如果函数 $y=f(x)$ 在闭区间 $[a,b]$ 上连续，在开区间 $(a,b)$ 内可导，且在区间端点的函数值相等，即 $f(a)=f(b)$，那么至少存在一点 $\xi\in(a,b)$，使得
$$f'(\xi)=0$$

罗尔定理的几何意义是：如果连续曲线除端点外都有不垂直于 $x$ 轴的切线，且两端点的纵坐标相等，那么其上至少有一条平行于 $x$ 轴的切线（如图 1-5 所示）．

> **例 1** 验证函数 $f(x)=x^2-2x-3$ 在 $[-1,3]$ 上满足罗尔定理的条件．

**解** $f(x)$ 在 $[-1,3]$ 上连续，在 $(-1,3)$ 内可导，且 $f(-1)=f(3)=0$，定理条件满足．

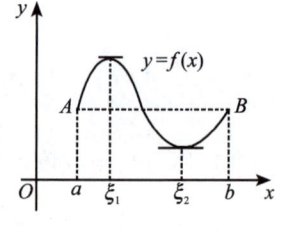

图 1-5

> **例 2** 不求函数 $f(x)=(x-1)(x-2)(x-3)$ 的导数，说明方程 $f'(x)=0$ 有几个实根，并指出它们所在的区间．

**解** 显然，$f(x)$ 在 $[1,2]$、$[2,3]$ 上都满足罗尔定理，所以至少有 $\xi_1\in(1,2)$、$\xi_2\in(2,3)$ 使 $f'(\xi_1)=0$、$f'(\xi_2)=0$，即方程 $f'(x)=0$ 至少有两个实根，又因为 $f'(x)=0$ 是一个一元二次方程，最多有两个实根，所以方程 $f'(x)=0$ 有两个实根，且分别在区间 $(1,2)$ 和 $(2,3)$ 内．

如果取消罗尔定理的条件 $f(a)=f(b)$，并相应地改变结论，就得到更具一般性的拉格朗日定理．

**定理 2** (拉格朗日定理)如果函数 $f(x)$ 在闭区间 $[a,b]$ 上连续,在开区间 $(a,b)$ 内可导,那么至少存在一点 $\xi \in (a,b)$ 使得

$$\frac{f(b)-f(a)}{b-a}=f'(\xi)$$

或

$$f(b)-f(a)=f'(\xi)(b-a)$$

拉格朗日定理的几何意义是:如果连续曲线除端点外都有不垂直于 $x$ 轴的切线,那么该曲线上至少有这样一点存在,在该点处曲线的切线平行于连接两端点的直线(如图 1-6 所示).

**例 3** 验证函数 $f(x)=x^3-3x$ 在 $[0,2]$ 上满足定理 2 的条件,并求出 $\xi$ 的值.

**解** 显然,$f(x)$ 在 $[0,2]$ 上连续,在 $(0,2)$ 内可导,定理 2 条件满足,且

$$f'(x)=3x^2-3$$

所以有以下等式

$$\frac{f(2)-f(0)}{2-0}=f'(\xi)$$

由于 $f(2)=2, f(0)=0, f'(\xi)=3\xi^2-3$,代入以上等式,可解得 $\xi=\dfrac{2\sqrt{3}}{3} \in (0,2)$.

**例 4** 如果 $f(x)$ 在 $[a,b]$ 上连续,且在 $(a,b)$ 内的导数恒等于零,证明 $f(x)$ 在 $[a,b]$ 上为常数.

**证明** 设 $x_1$、$x_2$ 是 $[a,b]$ 上任意两点,且 $x_1 < x_2$,则 $f(x)$ 在 $[x_1, x_2]$ 上满足定理 2 的条件,因此有

$$f(x_2)=f(x_1)+f'(\xi)(x_2-x_1), \xi \in (x_1, x_2)$$

由已知可知 $f'(\xi)=0$,所以 $f(x_2)=f(x_1)$.这就是说区间 $[a,b]$ 上任意两点的函数值都相等,所以 $f(x)$ 在 $[a,b]$ 上为常数.

**例 5** 证明不等式 $x > \ln(1+x) (x>0)$.

**证明** 设 $f(x)=x-\ln(1+x)$,显然 $f(x)$ 在 $[0,x]$ 上满足定理 2 的条件,且

$$f'(x)=1-\frac{1}{1+x}=\frac{x}{1+x}$$

根据定理 2,应有

$$f(x)-f(0)=f'(\xi)(x-0), \quad \xi \in (0,x)$$

由于 $f(0)=0, x>0$,所以 $\xi>0$,且

$$f'(\xi)=\frac{\xi}{1+\xi}>0$$

于是有

$$x - \ln(1+x) > 0$$

即

$$x > \ln(1+x)$$

## 习题 1.1.5

1. 下列函数在给定区间上是否满足罗尔定理？如满足，求出定理中的 $\xi$ 值：
(1) $f(x) = 2x^2 - x - 3$    $x \in [-1, 1.5]$     (2) $f(x) = x\sqrt{3-x}$    $x \in [0, 3]$
(3) $f(x) = \sqrt{x}$    $x \in [0, 2]$            (4) $f(x) = e^{x^2} - 1$    $x \in [-1, 1]$

2. 下列函数在给定区间上是否满足拉格朗日定理？如满足，求出定理中的 $\xi$ 值：
(1) $f(x) = x^3$    $x \in [-1, 2]$            (2) $f(x) = \ln x$    $x \in [1, e]$
(3) $f(x) = x^3 - 5x^2 + x - 2$    $x \in [-1, 0]$     (4) $f(x) = x - x^3$    $x \in [-2, 1]$

3. 证明下列不等式：
(1) 当 $x > 1$ 时，$e^x > e \cdot x$
(2) $|\sin b - \sin a| \leqslant |b - a|$

## 1.1.6 洛必达法则

**职业素养**

数学家洛必达在数学历史上有着举足轻重的地位. 通过历史事件, 引出定理及公式的概念, 可以提高学习兴趣, 激发好奇心, 身临其境的体会到数学家付出的艰辛. 数学的魅力在于它的神秘与科学, 通过学习可以不断探究, 并树立不畏艰难、严谨细致的求学态度.

洛必达法则

在求极限的过程中常常遇到这样的情形, 即在同一变化过程中分子、分母同时趋于零或同时趋于无穷大, 这时分式的极限可能存在也可能不存在, 通常分别称这两类极限为 "$\dfrac{0}{0}$" 型或 "$\dfrac{\infty}{\infty}$" 型未定式. 对于某些这样的未定式, 即使极限存在, 也不能直接用极限运算法则或重要极限来计算. 下面我们介绍的洛必达法则将提供一种简单、可行、具有一般性的求未定式极限的方法.

### 1. 洛必达法则（一）$\left(\text{"}\dfrac{0}{0}\text{"型未定式}\right)$

**定理 1**    如果函数 $f(x)$ 和 $g(x)$ 满足下述条件：
(1) $\lim\limits_{x \to a} f(x) = \lim\limits_{x \to a} g(x) = 0$;

(2)在点 $a$ 的某个邻域内(点 $a$ 可除外)$f'(x)$、$g'(x)$ 均存在,且 $g'(x) \neq 0$;

(3)$\lim\limits_{x \to a} \dfrac{f'(x)}{g'(x)} = A$(或 $\infty$)

则有
$$\lim_{x \to a} \frac{f(x)}{g(x)} = \lim_{x \to a} \frac{f'(x)}{g'(x)} = A(\text{或} \infty)$$

如果 $x \to a$ 时 $\dfrac{f'(x)}{g'(x)}$ 仍属 "$\dfrac{0}{0}$" 型,且这时 $f'(x)$、$g'(x)$ 能满足定理中 $f(x)$、$g(x)$ 所需满足的条件,那么可继续使用洛必达法则,即

$$\lim_{x \to a} \frac{f(x)}{g(x)} = \lim_{x \to a} \frac{f'(x)}{g'(x)} = \lim_{x \to a} \frac{f''(x)}{g''(x)}$$

且可依此类推.

**例 1** 求 $\lim\limits_{x \to 2} \dfrac{x^3 - 8}{x - 2}$.

**解** 当 $x \to 2$ 时有 $x^3 - 8 \to 0$ 和 $x - 2 \to 0$,这是 "$\dfrac{0}{0}$" 型未定式,由洛必达法则(一),有

$$\lim_{x \to 2} \frac{x^3 - 8}{x - 2} = \lim_{x \to 2} \frac{(x^3 - 8)'}{(x - 2)'} = \lim_{x \to 2} \frac{3x^2}{1} = 12$$

**例 2** 求 $\lim\limits_{x \to 0} \dfrac{x - \sin x}{x^3}$.

**解** 当 $x \to 0$ 时有 $x - \sin x \to 0$ 和 $x^3 \to 0$,这是 "$\dfrac{0}{0}$" 型未定式,由洛必达法则(一),有

$$\lim_{x \to 0} \frac{x - \sin x}{x^3} = \lim_{x \to 0} \frac{1 - \cos x}{3x^2} = \lim_{x \to 0} \frac{\sin x}{6x} = \frac{1}{6}$$

**例 3** 求 $\lim\limits_{x \to 1} \dfrac{x^3 - 3x + 2}{x^3 - x^2 - x + 1}$.

**解** $\lim\limits_{x \to 1} \dfrac{x^3 - 3x + 2}{x^3 - x^2 - x + 1} = \lim\limits_{x \to 1} \dfrac{3x^2 - 3}{3x^2 - 2x - 1} = \lim\limits_{x \to 1} \dfrac{6x}{6x - 2} = \dfrac{3}{2}$

**注意** 上式中的 $\lim\limits_{x \to 1} \dfrac{6x}{6x - 2}$ 已不是未定式,不能对它用洛必达法则,否则会导致错误的结果.以后使用洛必达法则时应注意这一点,如果不是未定式,就不能应用洛必达法则.

**例 4** 求 $\lim\limits_{x \to 0} \dfrac{\ln(1 + x)}{x^2}$.

**解** $\lim\limits_{x \to 0} \dfrac{\ln(1 + x)}{x^2} = \lim\limits_{x \to 0} \dfrac{\dfrac{1}{1 + x}}{2x} = \infty$

## 2. 洛必达法则(二)("$\dfrac{\infty}{\infty}$" 型未定式)

**定理 2** 如果函数 $f(x)$、$g(x)$ 满足下述条件:

(1)$\lim\limits_{x \to a} f(x) = \lim\limits_{x \to a} g(x) = \infty$;

(2)在点 $a$ 的某个邻域内(点 $a$ 可除外)$f'(x)$、$g'(x)$ 均存在,且 $g'(x) \neq 0$;

(3) $\lim\limits_{x \to a} \dfrac{f'(x)}{g'(x)} = A$（或 $\infty$）

则有

$$\lim_{x \to a} \frac{f(x)}{g(x)} = \lim_{x \to a} \frac{f'(x)}{g'(x)} = A \text{（或} \infty\text{）}$$

如果 $\lim\limits_{x \to a} \dfrac{f'(x)}{g'(x)}$ 仍是"$\dfrac{\infty}{\infty}$"型未定式，且 $f'(x)$、$g'(x)$ 仍满足定理 2 的条件，则可继续使用洛必达法则，即

$$\lim_{x \to a} \frac{f(x)}{g(x)} = \lim_{x \to a} \frac{f'(x)}{g'(x)} = \lim_{x \to a} \frac{f''(x)}{g''(x)}$$

且可依此类推.

对于法则（一）和法则（二），把 $x \to a$ 改为 $x \to \infty$ 仍然成立.

**例 5** 求 $\lim\limits_{x \to 0^+} \dfrac{\ln\cot x}{\ln x}$.

**解** 此题是"$\dfrac{\infty}{\infty}$"型未定式，由洛必达法则（二），有

$$\lim_{x \to 0^+} \frac{\ln\cot x}{\ln x} = \lim_{x \to 0^+} \frac{\dfrac{1}{\cot x} \cdot \left(-\dfrac{1}{\sin^2 x}\right)}{\dfrac{1}{x}} = -\lim_{x \to 0^+} \frac{x}{\sin x \cos x}$$

$$= -\lim_{x \to 0^+} \frac{x}{\sin x} \cdot \lim_{x \to 0^+} \frac{1}{\cos x} = -1$$

**例 6** 求 $\lim\limits_{x \to +\infty} \dfrac{x^2}{e^x}$.

**解** 此题是"$\dfrac{\infty}{\infty}$"型未定式，由洛必达法则（二），有

$$\lim_{x \to +\infty} \frac{x^2}{e^x} = \lim_{x \to +\infty} \frac{2x}{e^x} = \lim_{x \to +\infty} \frac{2}{e^x} = 0$$

### 3. 其他形式的未定式

除了"$\dfrac{0}{0}$"型和"$\dfrac{\infty}{\infty}$"型未定式外，还有"$0 \cdot \infty$"、"$\infty - \infty$"、"$\infty^0$"、"$1^\infty$"、"$0^0$"等型的未定式. 计算这些类型的未定式的极限时，可设法将其转化成"$\dfrac{0}{0}$"型或"$\dfrac{\infty}{\infty}$"型，然后用洛必达法则来求极限.

**例 7** 求 $\lim\limits_{x \to 0^+} x^2 \ln x$.

**解** 此题是"$0 \cdot \infty$"型未定式.

$$\lim_{x \to 0^+} x^2 \ln x = \lim_{x \to 0^+} \frac{\ln x}{\dfrac{1}{x^2}} = \lim_{x \to 0^+} \frac{\dfrac{1}{x}}{-\dfrac{2}{x^3}} = -\lim_{x \to 0^+} \frac{x^2}{2} = 0$$

**例8** 求 $\lim\limits_{x\to 0}(\dfrac{1}{\sin x}-\dfrac{1}{x})$.

**解** 此题是"$\infty-\infty$"型未定式.

$$\lim_{x\to 0}(\dfrac{1}{\sin x}-\dfrac{1}{x})=\lim_{x\to 0}\dfrac{x-\sin x}{x\sin x}=\lim_{x\to 0}\dfrac{1-\cos x}{\sin x+x\cos x}$$
$$=\lim_{x\to 0}\dfrac{\sin x}{2\cos x-x\sin x}=0.$$

**例9** 求 $\lim\limits_{x\to 1}x^{\frac{1}{1-x}}$.

**解** 此题是"$1^{\infty}$"型未定式.

$$\lim_{x\to 1}x^{\frac{1}{1-x}}=\lim_{x\to 1}e^{\frac{\ln x}{1-x}}=e^{\lim\limits_{x\to 1}\frac{\ln x}{1-x}}$$

而

$$\lim_{x\to 1}\dfrac{\ln x}{1-x}=\lim_{x\to 1}\dfrac{\frac{1}{x}}{-1}=-1$$

所以

$$\lim_{x\to 1}x^{\frac{1}{1-x}}=e^{-1}.$$

**注意** "$\infty^0$"、"$1^{\infty}$"、"$0^0$"型未定式所对应的函数都是幂指函数(形如 $y=f(x)^{g(x)}$ 的函数),求极限时,一般可先取对数再求极限.

## 习题 1.1.6

求下列各极限:

(1) $\lim\limits_{x\to 0}\dfrac{e^x-e^{-x}}{x}$

(2) $\lim\limits_{x\to 1}\dfrac{\ln x}{x^2-1}$

(3) $\lim\limits_{x\to +\infty}\dfrac{\ln(1+e^x)}{e^x}$

(4) $\lim\limits_{x\to +\infty}\dfrac{x^n}{e^{2x}}$($n$ 为正整数)

(5) $\lim\limits_{x\to +\infty}(\dfrac{\pi}{2}-\arctan x)\cdot x$

(6) $\lim\limits_{x\to \infty}\dfrac{(x^3+1)^4}{(x^2+1)^6}$

(7) $\lim\limits_{x\to 0}(\dfrac{1}{x}-\dfrac{1}{e^x-1})$

(8) $\lim\limits_{x\to 1}(\dfrac{1}{x-1}-\dfrac{1}{\ln x})$

(9) $\lim\limits_{x\to 0}(1+\sin x)^{\frac{1}{x}}$

(10) $\lim\limits_{x\to 0^+}(\ln\dfrac{1}{x})^x$

## 1.1.7 函数的单调性和极值

**职业素养**

函数的单调性和极值的判别方法是绘制复杂函数图形的基础. 在学习过程中,需从基础出发,由浅入深给出复杂案例的解决方法,通过极值和最值概念的学习,培养踏踏实实做事儿,谦虚谨慎做人. 严谨认真、勇于探索、追求完美的工匠精神.

### 1. 函数单调性的判别法

一个函数在某个区间上的单调性的变化规律,是我们在研究函数图形时首先要考虑的.我们在预备知识部分已经给出了单调性的定义,现在介绍利用导数判定单调性的方法.

函数的单调性

**定理 1** (单调性的判别法)设函数 $y=f(x)$ 在 $(a,b)$ 内可导.
(1)如果在 $(a,b)$ 内 $f'(x)>0$,那么函数 $y=f(x)$ 在 $(a,b)$ 内单调递增;
(2)如果在 $(a,b)$ 内 $f'(x)<0$,那么函数 $y=f(x)$ 在 $(a,b)$ 内单调递减.

定理 1 的几何意义是:如果在区间 $(a,b)$ 内,曲线上每一点的切线斜率都为正值,即 $\tan\alpha=f'(x)>0$,那么曲线是上升的,即函数 $y=f(x)$ 是单调增加的,如图 1-7 所示;如果切线斜率都为负值,即 $\tan\alpha=f'(x)<0$,那么曲线是下降的,即函数 $y=f(x)$ 是单调减少的,如图 1-8 所示.

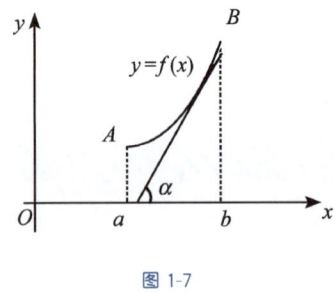

图 1-7

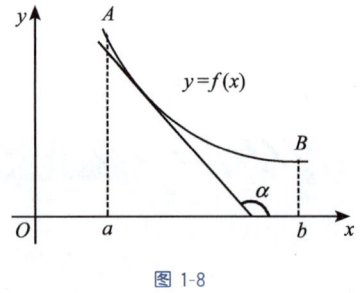

图 1-8

**例 1** 判定函数 $y=x-\sin x$ 在 $(0,2\pi)$ 上的单调性.

**解** 因为在 $(0,2\pi)$ 内
$$y'=1-\cos x>0$$
所以由判别法可知,函数 $y=x-\sin x$ 在 $(0,2\pi)$ 内是单调增加的.

**例 2** 求函数 $y=x^3-3x$ 的单调区间.

**解** 此函数的定义区间为 $(-\infty,+\infty)$.
$$f'(x)=3x^2-3=3(x-1)(x+1)$$

令 $f'(x)=0$,得 $x_1=-1, x_2=1$,它们把定义区间分为三个子区间,$(-\infty,-1)$,$(-1,1)$,$(1,+\infty)$.列表 1-2 确定 $f(x)$ 的单调区间.

表 1-2

| $x$ | $(-\infty,-1)$ | $(-1,1)$ | $(1,+\infty)$ |
|---|---|---|---|
| $f'(x)$ | + | − | + |
| $f(x)$ | ↗ | ↘ | ↗ |

其中,符号 ↗ 和 ↘ 分别表示函数 $f(x)$ 在相应区间是单调递增的和单调递减的.

由表 1-2 可知,函数 $f(x)$ 的单调递增区间为 $(-\infty,-1)$ 和 $(1,+\infty)$,单调递减区间为 $(-1,1)$.

确定函数单调性的一般步骤：

(1)确定函数的定义域；

(2)解出 $f'(x)=0$ 和使 $f'(x)$ 不存在的点，并以这些点为分界点，将定义域分成若干个子区间；

(3)列表确定 $f'(x)$ 在各个子区间内的符号，从而确定出 $f(x)$ 的单调性.

### 2. 函数的极值

**定义** 设函数 $f(x)$ 在点 $x_0$ 的邻域内有定义.除点 $x_0$ 以外，对于点 $x_0$ 邻域内的任意点 $x$，如果 $f(x)<f(x_0)$ 均成立，则称 $f(x_0)$ 为函数 $f(x)$ 的一个**极大值**，点 $x_0$ 称为函数 $f(x)$ 的一个**极大值点**；如果 $f(x)>f(x_0)$ 均成立，则称 $f(x_0)$ 为函数 $f(x)$ 的一个**极小值**，点 $x_0$ 称为函数 $f(x)$ 的一个**极小值点**.

函数的极大值与极小值统称为函数的**极值**，极大值点与极小值点统称为**极值点**.显然，极值是一个局部性的概念，它只是对在极值点邻近的所有点的函数值相比较而言的，并不意味着它在函数的整个定义区间内最大或最小.

在图 1-9 中，函数 $f(x)$ 有两个极大值：$f(x_1)$、$f(x_4)$，两个极小值：$f(x_2)$、$f(x_5)$，其中极大值 $f(x_1)$ 比极小值 $f(x_5)$ 还小.就整个区间 $[a,b]$ 来说，只有一个极大值 $f(x_4)$ 同时也是最大值，而没有一个极小值是最小值.

从图 1-9 中我们还看到，在函数取得极值处，或者曲线上的切线是水平的，或者无切线(如点 $x_4$).反之，曲线有水平切线的地方，函数不一定取得极值(如点 $x_3$).

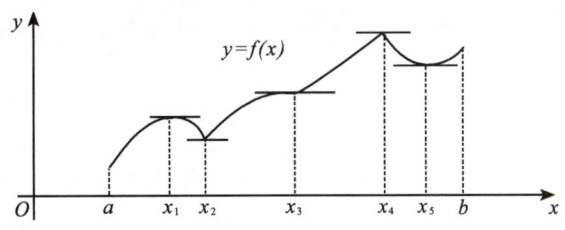

图 1-9

现在讨论函数取得极值的必要条件和充分条件.

**定理 2** （必要条件）如果函数 $f(x)$ 在点 $x_0$ 处有极值 $f(x_0)$，且 $f'(x_0)$ 存在，那么
$$f'(x_0)=0.$$

使 $f'(x)=0$ 的点称为函数的**驻点**.定理 2 给出了可导函数的极值点必定是驻点，但反过来函数的驻点却不一定是极值点.

**定理 3** （第一充分条件）设函数 $f(x)$ 在点 $x_0$ 的邻域内连续，在其空心邻域内可导，

(1)如果当 $x<x_0$ 时，$f'(x)>0$；当 $x>x_0$ 时，$f'(x)<0$，那么函数 $f(x)$ 在 $x_0$ 处取得极大值.

(2)如果当 $x<x_0$ 时，$f'(x)<0$；当 $x>x_0$ 时，$f'(x)>0$，那么函数 $f(x)$ 在 $x_0$ 处取得极小值.

(3) 如果当 $x$ 取 $x_0$ 左、右两侧的值时,$f'(x)$ 不变号,那么函数 $f(x)$ 在 $x_0$ 处没有极值.

定理3的意义是:当 $x$ 经过 $x_0$ 点时,若导数 $f'(x)$ 的符号由正变负,那么 $x_0$ 是极大值点;若导数 $f'(x)$ 的符号由负变正,那么 $x_0$ 是极小值点;若导数 $f'(x)$ 不变号,那么 $x_0$ 不是极值点.

由定理2和定理3可知,求函数 $f(x)$ 的极值的步骤如下:

(1)确定函数 $f(x)$ 的定义域,求出导数 $f'(x)$;

(2)求出函数 $f(x)$ 的全部驻点及一阶导数不存在的点;

(3)考查 $f'(x)$ 在驻点及不可导点的左、右邻域内是否变号,以确定极值点;

(4)判定各极值点的函数值是极大值还是极小值,并写出极大值或极小值.

为方便起见,(3)、(4)两步可列表说明.

**例 3** 求函数 $f(x)=\dfrac{1}{32}(7x^3-21x^2-63x+29)$ 的单调区间和极值.

**解** (1)定义域为 $(-\infty,+\infty)$.

$$f'(x)=\frac{1}{32}(21x^2-42x-63)=\frac{21}{32}(x+1)(x-3)$$

(2)令 $f'(x)=0$,得驻点 $x_1=-1, x_2=3$,没有不可导点.

两驻点把定义域分成三个子区间:$(-\infty,-1),(-1,3),(3,+\infty)$. 列表1-3.

表 1-3

| $x$ | $(-\infty,-1)$ | $-1$ | $(-1,3)$ | $3$ | $(3,+\infty)$ |
|---|---|---|---|---|---|
| $f'(x)$ | + | 0 | − | 0 | + |
| $f(x)$ | ↗ | 2 极大值 | ↘ | −5 极小值 | ↗ |

由表1-3可知,函数 $f(x)$ 在 $(-\infty,-1),(3,+\infty)$ 内单调增加;在 $(-1,3)$ 内单调减少. 在点 $x_1=-1$ 处有极大值 $f(-1)=2$,在点 $x_2=3$ 处有极小值 $f(3)=-5$,如图1-10所示.

**例 4** 求函数 $f(x)=x-\dfrac{3}{2}x^{\frac{2}{3}}$ 的单调区间和极值.

**解** (1)定义域为 $(-\infty,+\infty)$,当 $x\neq 0$ 时

$$f'(x)=1-x^{-\frac{1}{3}}$$

(2)令 $f'(x)=0$,解得驻点为 $x=1$. 当 $x=0$ 时,$f'(x)$ 不存在.

驻点 $x=1$ 和导数不存在的点 $x=0$ 把定义域分为三个子区间:$(-\infty,0),(0,1),(1,+\infty)$. 列表1-4.

表 1-4

| $x$ | $(-\infty,0)$ | $0$ | $(0,1)$ | $1$ | $(1,+\infty)$ |
|---|---|---|---|---|---|
| $f'(x)$ | + | 不存在 | − | 0 | + |
| $f(x)$ | ↗ | 0 极大值 | ↘ | $-\dfrac{1}{2}$ 极小值 | ↗ |

由表 1-4 可知,函数 $f(x)$ 在 $(-\infty,0)$,$(1,+\infty)$ 内单调增加,在点 $(0,1)$ 内单调减少. 在点 $x=0$ 处取极大值 $f(0)=0$,在点 $x=1$ 处取极小值 $f(1)=-\dfrac{1}{2}$,如图 1-11 所示.

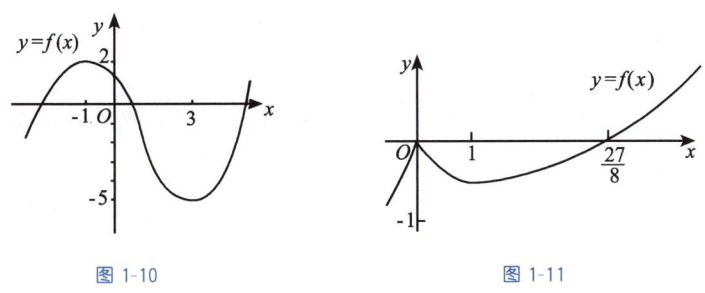

图 1-10    图 1-11

当函数 $f(x)$ 在驻点处的二阶导数存在且不为零时,可用下面定理来判定 $f(x)$ 在驻点处取得极大值还是极小值.

**定理 4** (第二充分条件) 如果函数 $f(x)$ 在点 $x_0$ 处具有二阶导数,且 $f'(x_0)=0$,$f''(x_0)\neq 0$,那么当 $f''(x_0)<0$ 时,函数 $f(x)$ 在 $x_0$ 处取得极大值;当 $f''(x_0)>0$ 时,函数 $f(x)$ 在 $x_0$ 处取得极小值.

定理 4 说明,在函数 $f(x)$ 的驻点 $x_0$ 处,若二阶导数 $f''(x_0)\neq 0$,那么该驻点一定是极值点. 若 $f''(x_0)=0$,这时,$x_0$ 可能是极值点,也可能不是极值点. 此时要用定理 3,而不能用定理 4 判定极值. 一般地,定理 3 应用更广泛些.

> **例 5** 求函数 $f(x)=x^3-3x$ 的极值.

**解** (1) 定义域为 $(-\infty,+\infty)$.
$$f'(x)=3x^2-3=3(x-1)(x+1)$$
(2) 令 $f'(x)=0$,得驻点 $x_1=-1$,$x_2=1$.
(3) $f''(x)=6x$.
(4) 因 $f''(-1)=-6<0$,所以 $f(x)$ 在 $x=-1$ 处取得极大值,极大值 $f(-1)=2$.
(5) 因 $f''(1)=6>0$,所以 $f(x)$ 在 $x=1$ 处取得极小值,极小值 $f(1)=-2$.

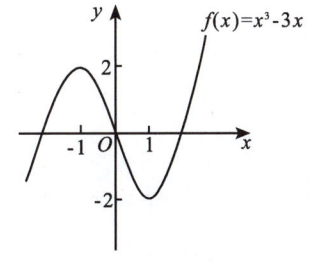

图 1-12

函数 $f(x)$ 的图形如图 1-12 所示.

## 3. 函数的最大值与最小值

对于一个闭区间上的连续函数 $f(x)$,它的最大值、最小值只能在极值点或端点上取得,因此,只要求出函数 $f(x)$ 的所有极值和端点值,它们之中最大的就是**最大值**,最小的就是**最小值**.

最大值、最小值与极大值、极小值是不同的概念. 极值是局部的概念,在一个闭区间可能有多个数值不同的极大值或极小值,有的极小值也可能大于某个极大值. 而最大值和最小值是整体的概念,是所考察的闭区间上全部函数值的最大值或最小值. 函数在闭区间上取得极大值的点可能不止一个,但最大值只有一个;取得极小值的点也可能不止一个,但最小值只有一个.

根据最大值和最小值的概念,我们给出它们的求法:

(1)求出函数 $f(x)$ 在 $(a,b)$ 内的所有驻点和一阶导数不存在的连续点,并计算各点的函数值(不必判断这些点是否取得极值);

(2)求出端点的函数值 $f(a)$ 和 $f(b)$;

(3)比较前面求出的所有函数值,其中最大的就是函数 $f(x)$ 在 $[a,b]$ 上的最大值,最小的就是函数 $f(x)$ 在 $[a,b]$ 上的最小值.

**例6** 求函数 $f(x)=x^4-2x^2+3$ 在 $[-2,2]$ 上的最大值与最小值.

**解** (1)$f'(x)=4x^3-4x=4x(x-1)(x+1)$

令 $f'(x)=0$,解得驻点 $x=-1,x=0,x=1$,计算出 $f(0)=3,f(\pm1)=2$.

(2)$f(-2)=11,f(2)=11$.

(3)比较上述各函数值的大小,得出 $f(\pm2)=11$ 最大,$f(\pm1)=2$ 最小.所以函数 $f(x)$ 在 $[-2,2]$ 上的最大值为 $f(\pm2)=11$,最小值为 $f(\pm1)=2$.

需要指出的是:如果在一个区间(有限或无限,开或闭)内,可导函数 $f(x)$ 只有一个驻点 $x_0$,并且这个驻点是函数的唯一极值点,那么当 $f(x_0)$ 是极大值时,$f(x_0)$ 就是函数 $f(x)$ 在该区间上的最大值;当 $f(x_0)$ 是极小值时,$f(x_0)$ 就是函数 $f(x)$ 在该区间上的最小值.在应用问题中,往往遇到这样的情形,这时可以把最值问题当作极值问题来解决,不必与区间端点值相比较.

## 习题 1.1.7

1.求下列函数的单调区间:

(1)$y=x-\ln(1+x)$      (2)$y=e^x-x-1$

(3)$y=x^4-2x^2+2$      (4)$y=2x^2-\ln x$

(5)$y=\arctan x-x$      (6)$y=\dfrac{x^2}{1+x}$

2.证明函数 $y=x-\ln(1+x^2)$ 单调增加.

3.求下列函数的极值:

(1)$y=x-e^x$      (2)$y=2x^2-x^4$

(3)$y=x^3(x-5)^2$      (4)$y=2x-\ln(4x)^2$

(5)$y=x^2e^{-x}$      (6)$y=(x-1)x^{\frac{2}{3}}$

4.求下列函数在指定区间上的最大值与最小值:

(1)$y=\ln(1+x^2)$    $x\in[-1,2]$      (2)$y=\dfrac{x^2}{1+x}$    $x\in\left[-\dfrac{1}{2},1\right]$

5.函数 $y=x^2-\dfrac{54}{x}(x<0)$ 在何处取得最小值?

## 1.1.8 函数图形的描绘

**职业素养**

本节用图文并茂的方式理解函数图像的跌宕起伏,启发用发展的眼光看问题,在实事求是的基础上,结合每个人的人生曲线,锻炼在顺境中不骄傲,在逆境中不悲观,积极乐观的克服困难,直面挑战,通过团队协作、取长补短努力完成任务.

上一节我们利用导数研究了函数的单调性与极值,这对于描绘函数的图形是必要的,但仍不能反映函数图形的全貌.本节继续讨论利用导数研究函数的有关性质,进而作出函数的图形.为此,先介绍曲线的凹凸与拐点.

### 1. 曲线的凹凸与拐点

如图 1-13 所示,函数 $y=f(x)$ 在 $(a,b)$ 内的曲线弧 $\overset{\frown}{AB}$ 虽然一直是上升的,但是,在 $(a,x_0)$ 和 $(x_0,b)$ 内,弧 $\overset{\frown}{AM}$ 和 $\overset{\frown}{MB}$ 的凹凸是不同的,点 $M$ 是它们的分界点.曲线的弯曲方向及其分界点,对于函数作图是很有用的.

由图 1-13 我们可以明显地看出,$\overset{\frown}{AM}$ 上各点的切线均在该弧段的下方,$\overset{\frown}{MB}$ 上各点的切线均在该弧段的上方.由此给出定义:

**定义 1** 设曲线的方程为 $y=f(x)$,且处处有切线.如果在某区间内,曲线弧位于其上任意一点切线的上方,则称曲线在这个区间内是凹的;如果在某区间内,曲线弧位于其上任意一点切线的下方,则称曲线在这个区间内是凸的.曲线凹与凸的分界点称为曲线的**拐点**.

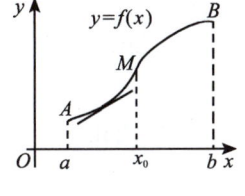

图 1-13

曲线的凹凸性,可利用二阶导数来讨论.

**定理** 设函数 $f(x)$ 在区间 $(a,b)$ 内具有二阶导数,那么

(1) 如果 $x\in(a,b)$ 时,恒有 $f''(x)>0$,那么曲线 $y=f(x)$ 在 $(a,b)$ 内是凹的;

(2) 如果 $x\in(a,b)$ 时,恒有 $f''(x)<0$,那么曲线 $y=f(x)$ 在 $(a,b)$ 内是凸的.

曲线的凹凸性

拐点是曲线凹与凸的分界点,所以在拐点的左右区间 $f''(x)$ 必然异号,因而在拐点处 $f''(x)=0$ 或 $f''(x)$ 不存在.

**例 1** 求曲线 $y=x^4-2x^3+1$ 的凹凸区间及拐点.

**解** 定义域为 $(-\infty,+\infty)$.

$$y'=4x^3-6x^2$$
$$y''=12x^2-12x=12x(x-1)$$

令 $y''=0$,得 $x_1=0, x_2=1$.

下面列表说明函数的凹凸和拐点,见表 1-5.

表 1-5

| $x$ | $(-\infty,0)$ | 0 | $(0,1)$ | 1 | $(1,+\infty)$ |
|---|---|---|---|---|---|
| $y''$ | + | 0 | − | 0 | + |
| $y$ | ∪ | 拐点(0,1) | ∩ | 拐点(1,0) | ∪ |

符号 ∪ 表示所在区间曲线是凹的,符号 ∩ 表示所在区间曲线是凸的.

可见,曲线在 $(-\infty,0),(1,+\infty)$ 内是凹的;在 $(0,1)$ 内是凸的;曲线的拐点是 $(0,1)$ 和 $(1,0)$,如图 1-14 所示.

**例 2** 求曲线 $y=(x-2)^{\frac{5}{3}}$ 的凹凸区间与拐点.

**解** 定义域为 $(-\infty,+\infty)$.

$$y'=\frac{5}{3}(x-2)^{\frac{2}{3}}$$
$$y''=\frac{10}{9}(x-2)^{-\frac{1}{3}}$$

当 $x=2$ 时,$y'=0$,$y''$ 不存在,列表 1-6.

表 1-6

| $x$ | $(-\infty,2)$ | 2 | $(2,+\infty)$ |
|---|---|---|---|
| $y''$ | − | 不存在 | + |
| $y$ | ∩ | 拐点(2,0) | ∪ |

可见,曲线在 $(-\infty,2)$ 内是凸的;在 $(2,+\infty)$ 内是凹的;拐点是 $(2,0)$,如图 1-15 所示.

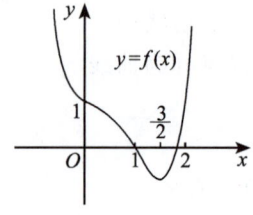

图 1-14

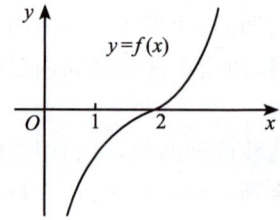

图 1-15

## 2. 函数图形的描绘

在平面上,当曲线延伸至无穷远处时通常很难把它描绘准确,但如果曲线在伸向无穷远处时能渐渐靠近一条直线,那么就可以较好地描绘出这条曲线的走向趋势.这条直线就是曲线的渐近线.

**定义 2** (水平渐近线)如果函数 $y=f(x)$ 的定义域是无限区间,且有
$$\lim_{x\to\infty}f(x)=A\ (\lim_{x\to+\infty}f(x)=A\ \text{或}\ \lim_{x\to-\infty}f(x)=A)$$

其中 $A$ 为常数,则称 $y=A$ 是曲线 $y=f(x)$ 的一条**水平渐近线**.

**定义 3** （铅垂渐近线）如果有常数 $x_0$,使得
$$\lim_{x \to x_0} f(x) = \infty \;(\lim_{x \to x_0^+} f(x) = \infty \text{ 或 } \lim_{x \to x_0^-} f(x) = \infty)$$
则称 $x = x_0$ 是曲线 $y = f(x)$ 的一条**铅垂渐近线**.

▷ **例 3** 求曲线 $y = \dfrac{1}{x-1}$ 的渐近线.

**解** 因为 $\lim\limits_{x \to \infty} \dfrac{1}{x-1} = 0$,所以 $y = 0$ 是曲线的水平渐近线.

因为 $\lim\limits_{x \to 1} \dfrac{1}{x-1} = \infty$,所以,$x = 1$ 是曲线的铅垂渐近线.

综合函数的单调性、极值、凹凸性、拐点以及曲线的渐近线,现在我们可以比较准确地作出函数的图形了.

利用导数描绘函数图形的具体方法如下：
(1) 确定函数的定义域,并讨论其对称性和周期性；
(2) 用一阶导数讨论函数的单调性、极值和极值点；
(3) 用二阶导数讨论曲线的凹凸性及拐点；
(4) 确定曲线的渐近线；
(5) 由曲线的方程计算出一些点的坐标,特别是曲线与坐标轴的交点坐标；
(6) 列表讨论,并描绘出函数的图形.

▷ **例 4** 作函数 $y = \dfrac{4(x+1)}{x^2} - 2$ 的图形.

**解** (1) 定义域为 $(-\infty, 0) \cup (0, +\infty)$,无对称性和周期性.
(2) 增减、极值、凹凸及拐点：
$$y' = -\dfrac{4(x+2)}{x^3}, \quad y'' = \dfrac{8(x+3)}{x^4}$$

令 $y' = 0$,得 $x = -2$；令 $y'' = 0$,得 $x = -3$. 列表 1-7.

表 1-7

| $x$ | $(-\infty, -3)$ | $-3$ | $(-3, -2)$ | $-2$ | $(-2, 0)$ | $0$ | $(0, +\infty)$ |
|---|---|---|---|---|---|---|---|
| $y'$ | $-$ | $-$ | $-$ | $0$ | $+$ | | $-$ |
| $y''$ | $-$ | $0$ | $+$ | $+$ | $+$ | | $+$ |
| $y$ | ↘∩ | 拐点 $\left(-3, -\dfrac{26}{9}\right)$ | ↘∪ | 极小值 $-3$ | ↗∪ | 间断 | ↘∪ |

(3) 渐近线：因为 $\lim\limits_{x \to \infty} \left[\dfrac{4(x+1)}{x^2} - 2\right] = -2$,所以 $y = -2$ 是曲线的水平渐近线；又因为 $\lim\limits_{x \to 0} \left[\dfrac{4(x+1)}{x^2} - 2\right] = \infty$,所以 $x = 0$ 是曲线的铅垂渐近线.

(4)描几个点:$A(-1,-2), B(1,6), C(2,1), D(3,-\frac{2}{9})$.

作出函数的图形,如图 1-16 所示.

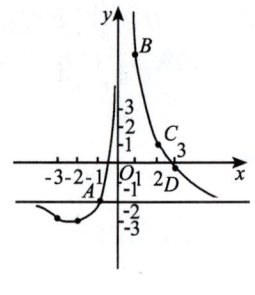

图 1-16

> **例 5** 作函数 $y = e^{-x^2}$ 的图形.

**解** (1)定义域为 $(-\infty, +\infty)$,函数为偶函数,关于 $y$ 轴对称.

(2)增减、极值、凹凸及拐点:
$$y' = -2x e^{-x^2}, \quad y'' = 2e^{-x^2}(2x^2 - 1)$$

令 $y' = 0$,得 $x = 0$,令 $y'' = 0$,得 $x = \pm\frac{\sqrt{2}}{2}$. 列表 1-8.

表 1-8

| $x$ | $(-\infty, -\frac{\sqrt{2}}{2})$ | $-\frac{\sqrt{2}}{2}$ | $(-\frac{\sqrt{2}}{2}, 0)$ | 0 | $(0, \frac{\sqrt{2}}{2})$ | $\frac{\sqrt{2}}{2}$ | $(\frac{\sqrt{2}}{2}, +\infty)$ |
|---|---|---|---|---|---|---|---|
| $y'$ | + | + | + | 0 | − | − | − |
| $y''$ | + | 0 | − | − | − | 0 | + |
| $y$ | ↗∪ | 拐点,$(-\frac{\sqrt{2}}{2}, e^{-\frac{1}{2}})$ | ↗∩ | 极大值 1 | ↘∩ | 拐点,$(\frac{\sqrt{2}}{2}, e^{-\frac{1}{2}})$ | ↘∪ |

(3)渐近线:因为 $\lim_{x \to \infty} e^{-x^2} = 0$,所以 $y = 0$ 是水平渐近线.

(4)特殊点:$A(0,1), B\left(\frac{\sqrt{2}}{2}, e^{-\frac{1}{2}}\right)$.

作出函数的图形,如图 1-17 所示.

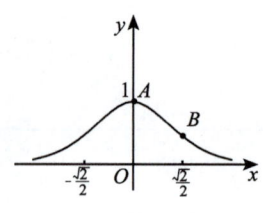

图 1-17

## 习题 1.1.8

1.求下列函数的凹凸区间与拐点:

(1) $y = x^2 - x^3$      (2) $y = \ln(1 + x^2)$

(3) $y = x e^{-x}$      (4) $y = \frac{2x}{1 + x^2}$

2.求下列函数的渐近线：

(1) $y = e^x$   (2) $y = \dfrac{x^3}{(x-1)^2}$

(3) $y = e^{\frac{1}{x}} - 1$

3.作出下列函数的图形：

(1) $y = 3x - x^3$   (2) $y = \dfrac{1}{1+x^2}$

(3) $y = xe^{-x}$   (4) $y = x\sqrt{3-x}$

(5) $y = \dfrac{x^2}{1+x^2}$   (6) $y = \dfrac{(x-3)^2}{4(x-1)}$

## 1.1.9 偏导数与全微分

### 职业素养

本节给出了高阶偏导数、全微分、二元函数极值的概念及求解方法，通过这些概念的学习，丰富了我们的思维理念，了解了在多种因素发生变化的前提下，对同一事件产生的影响．培养善于发现生活中同一个问题在不同环境、不同条件下的差异，同时给出不同的解决方法，做到处理问题思维严谨、着眼于细节，注意差别，树立耐心、执着、坚持的工匠精神．

### 1.偏导数的概念

在一元函数里，为研究函数的变化率得出了导数的概念．对于多元函数，我们常常遇到研究它对某一个自变量的变化率问题，这就产生了偏导数的概念．

**定义 1** 设函数 $z = f(x,y)$ 在点 $(x_0, y_0)$ 的某一邻域内有定义，当 $y$ 固定在 $y_0$，而 $x$ 在 $x_0$ 处有增量 $\Delta x$ 时，相应地函数有增量 $f(x_0 + \Delta x, y_0) - f(x_0, y_0)$，记为 $\Delta_x z$．如果

$$\lim_{\Delta x \to 0} \dfrac{\Delta_x z}{\Delta x} = \lim_{\Delta x \to 0} \dfrac{f(x_0 + \Delta x, y_0) - f(x_0, y_0)}{\Delta x}$$

存在，则称此极限值为函数 $z = f(x,y)$ 在点 $(x_0, y_0)$ 处对 $x$ 的**偏导数**，记为

$$\left.\dfrac{\partial z}{\partial x}\right|_{\substack{x=x_0 \\ y=y_0}}, 或 \left.\dfrac{\partial f}{\partial x}\right|_{\substack{x=x_0 \\ y=y_0}}, 或 f'_x(x_0, y_0)$$

即

$$f'_x(x_0, y_0) = \lim_{\Delta x \to 0} \dfrac{f(x_0 + \Delta x, y_0) - f(x_0, y_0)}{\Delta x}$$

偏导数

类似地，函数 $z = f(x,y)$ 在点 $(x_0, y_0)$ 处对 $y$ 的偏导数定义为

$$\lim_{\Delta y \to 0} \frac{\Delta_y z}{\Delta y} = \lim_{\Delta y \to 0} \frac{f(x_0, y_0+\Delta y)-f(x_0,y_0)}{\Delta y}$$

记为
$$\frac{\partial z}{\partial y}\bigg|_{\substack{x=x_0\\y=y_0}}, 或 \frac{\partial f}{\partial y}\bigg|_{\substack{x=x_0\\y=y_0}}, 或 f'_y(x_0,y_0)$$

即
$$f'_y(x_0,y_0) = \lim_{\Delta y \to 0} \frac{f(x_0,y_0+\Delta y)-f(x_0,y_0)}{\Delta y}$$

如果函数 $z=f(x,y)$ 在区域 $D$ 内每一点 $(x,y)$ 处对 $x$ 的偏导数都存在,那么这个偏导数仍是 $x$、$y$ 的函数,称它为函数 $z=f(x,y)$ 对自变量 $x$ 的**偏导函数**,记为

$$\frac{\partial z}{\partial x}, 或 \frac{\partial f}{\partial x}, 或 z'_x, 或 f'_x(x,y)$$

即
$$f'_x(x,y) = \lim_{\Delta x \to 0} \frac{f(x+\Delta x,y)-f(x,y)}{\Delta x}$$

类似地,可以定义函数 $z=f(x,y)$ 对自变量 $y$ 的**偏导函数**,记为

$$\frac{\partial z}{\partial y}, 或 \frac{\partial f}{\partial y}, 或 z'_y, 或 f'_y(x,y)$$

即
$$f'_y(x,y) = \lim_{\Delta y \to 0} \frac{f(x,y+\Delta y)-f(x,y)}{\Delta y}$$

由偏导数的概念可知,$f(x,y)$ 在点 $(x_0,y_0)$ 处对 $x$ 的偏导数 $f'_x(x_0,y_0)$ 显然就是偏导函数 $f'_x(x,y)$ 在点 $(x_0,y_0)$ 处的函数值;$f'_y(x_0,y_0)$ 就是偏导函数 $f'_y(x,y)$ 在点 $(x_0,y_0)$ 处的函数值.就像一元函数的导函数一样,以后在不至于混淆的地方也把**偏导函数**简称为**偏导数**.

对偏导数的记号 $\frac{\partial z}{\partial x}$ 和 $\frac{\partial z}{\partial y}$,不能理解为 $\partial z$ 与 $\partial x$ 或 $\partial z$ 与 $\partial y$ 的商,它与一元函数的导数 $\frac{dy}{dx}$ 可看作是两个微分 $dy$ 与 $dx$ 之商是不同的,它是一个整体记号.

偏导数的定义可以推广到三元及三元以上的函数,这里就不作一一叙述了.

由偏导数的定义可知,求二元函数的偏导数并不需要新的方法,因为这里只有一个自变量在变化,而另一自变量暂时被看作常量,所以仍然是一元函数的求导问题.

**例 1** 求函数 $z = x^2+3xy+y^2+1$ 在点 $(1,2)$ 处的偏导数.

**解** 因为 $\frac{\partial z}{\partial x} = 2x+3y$,$\frac{\partial z}{\partial y} = 3x+2y$,所以

$$\frac{\partial z}{\partial x}\bigg|_{\substack{x=1\\y=2}} = 2\times 1+3\times 2=8, \quad \frac{\partial z}{\partial y}\bigg|_{\substack{x=1\\y=2}} = 3\times 1+2\times 2=7$$

**例 2** 求函数 $z = \frac{x}{y}+\sin xy$ 的偏导数.

**解** $\frac{\partial z}{\partial x} = \frac{1}{y}+y\cos xy$

$$\frac{\partial z}{\partial y} = -\frac{x}{y^2} + x\cos xy$$

**例3** 求 $z = x^y \sin(x+y)$ ($x>0$) 的偏导数.

**解** $\dfrac{\partial z}{\partial x} = yx^{y-1}\sin(x+y) + x^y\cos(x+y)$

$\dfrac{\partial z}{\partial y} = x^y \ln x \sin(x+y) + x^y \cos(x+y)$

应当指出的是,对于多元函数来说,即使其所有偏导数在某点都存在,也不能保证函数在该点是连续的;而一元函数如果在某点导数存在,则其在该点一定是连续的.这是多元函数与一元函数的一个重要差异. 例如,函数

$$f(x,y) = \begin{cases} \dfrac{xy}{x^2+y^2} & (x^2+y^2 \neq 0) \\ 0 & (x^2+y^2 = 0) \end{cases}$$

在点 $(0,0)$ 处的偏导数存在,即

$$f'_x(0,0) = \lim_{\Delta x \to 0} \frac{f(0+\Delta x, 0) - f(0,0)}{\Delta x} = 0$$

$$f'_y(0,0) = \lim_{\Delta y \to 0} \frac{f(0, 0+\Delta y) - f(0,0)}{\Delta y} = 0$$

但 $f(x,y)$ 在点 $(0,0)$ 处不连续.(证明略)

## 2. 偏导数的几何意义

在空间直角坐标系中,函数 $z=f(x,y)$ 表示一曲面. 如果把 $f(x,y)$ 中的 $y$ 固定,设 $y=y_0$,则 $\begin{cases} z=f(x,y) \\ y=y_0 \end{cases}$ 表示曲面 $z=f(x,y)$ 与平面 $y=y_0$ 相交的一曲线(图 1-18 中的 $AM_0B$). 由一元函数导数的几何意义知,$f'_x(x_0,y_0)$ 是交线 $AM_0B$ 上点 $M_0(x_0,y_0,z_0)$ 处切线 $T_x$ 的斜率,即 $f'_x(x_0,y_0)$ 是这条曲线上点 $M_0$ 处的切线对 $x$ 轴的斜率(如图 1-18 所示),这就是偏导数 $f'_x(x_0,y_0)$ 的几何意义.

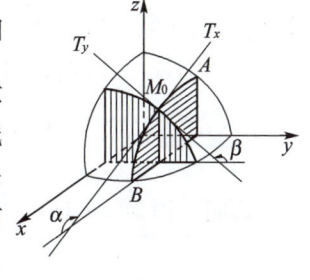

图 1-18

同理,偏导数 $f'_y(x_0,y_0)$ 的几何意义是曲面 $z=f(x,y)$ 与平面 $x=x_0$ 相交的曲线在 $M_0$ 点处的切线 $T_y$ 对 $y$ 轴的斜率.

## 3. 高阶偏导数

**定义 2** 设函数 $z=f(x,y)$ 在区域 $D$ 内有偏导数

$$\frac{\partial z}{\partial x} = f'_x(x,y), \quad \frac{\partial z}{\partial y} = f'_y(x,y)$$

且在 $D$ 内 $f'_x(x,y)$、$f'_y(x,y)$ 都是 $x$、$y$ 的函数. 如果这两个函数的偏导数都存在,则它们的偏导数称为函数 $z=f(x,y)$ 的**二阶偏导数**. 依照对变量求导数的次序不同,有下列四个二阶偏导数,分别表示如下:

$$\frac{\partial}{\partial x}\left(\frac{\partial z}{\partial x}\right)=\frac{\partial^2 z}{\partial x^2}=f''_{xx}(x,y)$$

$$\frac{\partial}{\partial y}\left(\frac{\partial z}{\partial y}\right)=\frac{\partial^2 z}{\partial y^2}=f''_{yy}(x,y)$$

$$\frac{\partial}{\partial y}\left(\frac{\partial z}{\partial x}\right)=\frac{\partial^2 z}{\partial x \partial y}=f''_{xy}(x,y)$$

$$\frac{\partial}{\partial x}\left(\frac{\partial z}{\partial y}\right)=\frac{\partial^2 z}{\partial y \partial x}=f''_{yx}(x,y)$$

其中第三、第四个偏导数称为**混合偏导数**. 同样可得三阶及三阶以上的更高阶的偏导数. 二阶及二阶以上的偏导数统称为**高阶偏导数**.

▶ **例 4** 求函数 $z=x^3y^2+2xy^3-x^2y$ 的二阶偏导数.

**解** 因为 $\dfrac{\partial z}{\partial x}=3x^2y^2+2y^3-2xy$， $\dfrac{\partial z}{\partial y}=2x^3y+6xy^2-x^2$

所以 $\dfrac{\partial^2 z}{\partial x^2}=6xy^2-2y$， $\dfrac{\partial^2 z}{\partial y^2}=2x^3+12xy$

$\dfrac{\partial^2 z}{\partial x \partial y}=\dfrac{\partial}{\partial y}\left(\dfrac{\partial z}{\partial x}\right)=6x^2y+6y^2-2x$， $\dfrac{\partial^2 z}{\partial y \partial x}=\dfrac{\partial}{\partial x}\left(\dfrac{\partial z}{\partial y}\right)=6x^2y+6y^2-2x$

本例中,我们看到两个二阶混合偏导数相等,即 $\dfrac{\partial^2 z}{\partial x \partial y}=\dfrac{\partial^2 z}{\partial y \partial x}$，这不是偶然的. 事实上,我们有下述定理:

**定理 1** 如果函数 $z=f(x,y)$ 的两个二阶混合偏导数 $\dfrac{\partial^2 z}{\partial x \partial y}$、$\dfrac{\partial^2 z}{\partial y \partial x}$ 在区域 $D$ 内连续,则在该区域内这两个混合偏导数相等.

换句话说,二阶混合偏导数在连续的条件下与求导次序无关.

▶ **例 5** 证明函数 $z=\ln\sqrt{x^2+y^2}$ 满足方程 $\dfrac{\partial^2 z}{\partial x^2}+\dfrac{\partial^2 z}{\partial y^2}=0$.

**证明** 因为 $z=\ln\sqrt{x^2+y^2}=\dfrac{1}{2}\ln(x^2+y^2)$，所以

$$\frac{\partial z}{\partial x}=\frac{2x}{2(x^2+y^2)}=\frac{x}{x^2+y^2}, \quad \frac{\partial z}{\partial y}=\frac{2y}{2(x^2+y^2)}=\frac{y}{x^2+y^2}$$

$$\frac{\partial^2 z}{\partial x^2}=\frac{(x^2+y^2)-x\cdot 2x}{(x^2+y^2)^2}=\frac{y^2-x^2}{(x^2+y^2)^2}$$

$$\frac{\partial^2 z}{\partial y^2}=\frac{(x^2+y^2)-y\cdot 2y}{(x^2+y^2)^2}=\frac{x^2-y^2}{(x^2+y^2)^2}$$

因此 $\dfrac{\partial^2 z}{\partial x^2}+\dfrac{\partial^2 z}{\partial y^2}=\dfrac{y^2-x^2}{(x^2+y^2)^2}+\dfrac{x^2-y^2}{(x^2+y^2)^2}=0$

### 4. 二元复合函数的微分法

我们以二元函数为例,介绍多元复合函数的微分法.

设函数 $z=f(u,v)$，而 $u$、$v$ 都是 $x$、$y$ 的函数, $u=\varphi(x,y)$，$v=\psi(x,y)$，于是

$z=f[\varphi(x,y),\psi(x,y)]$ 是 $x$、$y$ 的函数,称函数 $z=f[\varphi(x,y),\psi(x,y)]$ 为 $z=f(u,v)$ 与 $u=\varphi(x,y)$、$v=\psi(x,y)$ 的**复合函数**.

二元复合函数有如下的微分法则:

**定理 2** 设 $u=\varphi(x,y)$、$v=\psi(x,y)$ 在点 $(x,y)$ 处有偏导数,$z=f(u,v)$ 在相应点 $(u,v)$ 处有连续偏导数,则复合函数 $z=f[\varphi(x,y),\psi(x,y)]$ 在点 $(x,y)$ 有偏导数,且

$$\frac{\partial z}{\partial x}=\frac{\partial z}{\partial u}\frac{\partial u}{\partial x}+\frac{\partial z}{\partial v}\frac{\partial v}{\partial x}, \quad \frac{\partial z}{\partial y}=\frac{\partial z}{\partial u}\frac{\partial u}{\partial y}+\frac{\partial z}{\partial v}\frac{\partial v}{\partial y}$$

证明略.

多元复合函数的求导法则可以叙述为:多元复合函数对某一自变量的偏导数,等于函数对各个中间变量的偏导数与中间变量对该自变量的偏导数的乘积之和.这一法则称为**锁链法则**或**链法则**.

**例 6** 设 $z=u^2\ln v, u=2xy, v=x^2-y^2$,求 $\dfrac{\partial z}{\partial x},\dfrac{\partial z}{\partial y}$.

**解** 因为 $\dfrac{\partial z}{\partial u}=2u\ln v, \dfrac{\partial z}{\partial v}=\dfrac{u^2}{v}, \dfrac{\partial u}{\partial x}=2y, \dfrac{\partial u}{\partial y}=2x, \dfrac{\partial v}{\partial x}=2x, \dfrac{\partial v}{\partial y}=-2y$,所以

$$\begin{aligned}\frac{\partial z}{\partial x}&=\frac{\partial z}{\partial u}\frac{\partial u}{\partial x}+\frac{\partial z}{\partial v}\frac{\partial v}{\partial x}=2u\ln v\cdot 2y+\frac{u^2}{v}\cdot 2x\\ &=2\cdot 2xy\cdot\ln(x^2-y^2)\cdot 2y+\frac{(2xy)^2}{x^2-y^2}\cdot 2x\\ &=8xy^2\ln(x^2-y^2)+\frac{8x^3y^2}{x^2-y^2}\end{aligned}$$

$$\begin{aligned}\frac{\partial z}{\partial y}&=\frac{\partial z}{\partial u}\frac{\partial u}{\partial y}+\frac{\partial z}{\partial v}\frac{\partial v}{\partial y}=2u\ln v\cdot 2x+\frac{u^2}{v}\cdot(-2y)\\ &=2\cdot 2xy\cdot\ln(x^2-y^2)\cdot 2x+\frac{(2xy)^2}{x^2-y^2}\cdot(-2y)\\ &=8x^2y\ln(x^2-y^2)-\frac{8x^2y^3}{x^2-y^2}\end{aligned}$$

## 5. 隐函数的微分法

在一元函数中,我们曾学习过隐函数的求导法则,但未给出一般的公式.现由多元复合函数的求导法则推导出隐函数的求导公式.

设方程 $F(x,y)=0$ 确定了隐函数 $y=f(x)$,将其代入方程,得

$$F[x,f(x)]=0$$

两端对 $x$ 求导,得

$$F'_x+F'_y\cdot\frac{\mathrm{d}y}{\mathrm{d}x}=0$$

若 $F'_y\neq 0$,则有

$$\frac{\mathrm{d}y}{\mathrm{d}x}=-\frac{F'_x}{F'_y} \tag{1}$$

若方程 $F(x,y,z)=0$ 确定了隐函数 $z=f(x,y)$,将 $z=f(x,y)$ 代入方程,得
$$F[x,y,f(x,y)]=0$$
两端对 $x$、$y$ 求偏导数,得
$$F'_x+F'_z \cdot \frac{\partial z}{\partial x}=0, \quad F'_y+F'_z \cdot \frac{\partial z}{\partial y}=0$$
若 $F'_z \neq 0$,则得
$$\frac{\partial z}{\partial x}=-\frac{F'_x}{F'_z}, \quad \frac{\partial z}{\partial y}=-\frac{F'_y}{F'_z} \tag{2}$$

**例7** 设 $x^2+2y^2+3z^2=4x$,求 $\frac{\partial z}{\partial x},\frac{\partial z}{\partial y}$.

**解** 令 $F(x,y,z)=x^2+2y^2+3z^2-4x$,则
$$F'_x=2x-4, \quad F'_y=4y, \quad F'_z=6z$$
代入公式(2),得
$$\frac{\partial z}{\partial x}=-\frac{F'_x}{F'_z}=-\frac{2x-4}{6z}=\frac{2-x}{3z}$$
$$\frac{\partial z}{\partial y}=-\frac{F'_y}{F'_z}=-\frac{4y}{6z}=-\frac{2y}{3z}$$

1.1.3 节中例 1 还可以利用公式(1)求得 $\frac{\mathrm{d}y}{\mathrm{d}x}$,解法如下:

令 $F(x,y)=x^2+y^2-R^2$,则
$$F'_x=2x, \quad F'_y=2y$$

于是由公式(1)得
$$\frac{\mathrm{d}y}{\mathrm{d}x}=-\frac{F'_x}{F'_y}=-\frac{2x}{2y}=-\frac{x}{y}$$
两种解法得到的结果相同.

## 6. 二元函数的极值

**定义3** 如果二元函数 $z=f(x,y)$ 对于点 $(x_0,y_0)$ 的某一邻域内所有点,总有
$$f(x,y)<f(x_0,y_0), \quad (x,y)\neq(x_0,y_0)$$
则称 $f(x_0,y_0)$ 为函数 $f(x,y)$ 的**极大值**;如果总有
$$f(x,y)>f(x_0,y_0), \quad (x,y)\neq(x_0,y_0)$$
则称 $f(x_0,y_0)$ 为函数 $f(x,y)$ 的**极小值**.

函数的极大值与极小值统称为函数的**极值**.

**定理3** (必要条件)如果函数 $f(x,y)$ 在点 $(x_0,y_0)$ 处有极值,且两个一阶偏导数存在,那么
$$f'_x(x_0,y_0)=0, \quad f'_y(x_0,y_0)=0$$
使函数的一阶偏导数同时为零的点,称为**驻点**.与一元函数类似,驻点不一定是极值点.那么在什么条件下,驻点是极值点呢?

**定理 4** （充分条件）如果函数 $f(x,y)$ 在点 $(x_0,y_0)$ 的某一邻域内有连续的二阶偏导数，且 $(x_0,y_0)$ 为驻点. 记 $f''_{xx}(x_0,y_0)=A$, $f''_{xy}(x_0,y_0)=B$, $f''_{yy}(x_0,y_0)=C$, 则

(1) 当 $B^2-AC<0$ 且 $A>0$ 时，函数 $f(x,y)$ 在点 $(x_0,y_0)$ 处有极小值 $f(x_0,y_0)$；

当 $B^2-AC<0$ 且 $A<0$ 时，函数 $f(x,y)$ 在点 $(x_0,y_0)$ 处有极大值 $f(x_0,y_0)$.

(2) 当 $B^2-AC>0$ 时，函数 $f(x,y)$ 在点 $(x_0,y_0)$ 处无极值.

(3) 当 $B^2-AC=0$ 时，函数 $f(x,y)$ 在点 $(x_0,y_0)$ 处可能有极值，也可能无极值，需另作讨论.

证明略.

▶ **例 8** 求函数 $f(x,y)=y^3-x^2+6x-12y+5$ 的极值.

**解** （1）求偏导数：

$$f'_x(x,y)=-2x+6, \quad f'_y(x,y)=3y^2-12$$
$$f''_{xx}(x,y)=-2, \quad f''_{xy}(x,y)=0, \quad f''_{yy}(x,y)=6y$$

（2）求驻点：

解方程组 $\begin{cases} f'_x(x,y)=-2x+6=0 \\ f'_y(x,y)=3y^2-12=0 \end{cases}$

得两个驻点 $(3,2),(3,-2)$.

（3）在驻点 $(3,2)$ 处，$A=-2,B=0,C=12$，则 $B^2-AC=24>0$，所以点 $(3,2)$ 不是极值点；在驻点 $(3,-2)$ 处，$A=-2,B=0,C=-12$，则 $B^2-AC=-24<0$ 且 $A<0$，所以点 $(3,-2)$ 是极大值点，极大值为 $f(3,-2)=30$.

二元可微函数的极值点不一定是驻点. 例如，点 $(0,0)$ 是函数 $f(x,y)=\sqrt{x^2+y^2}$ 的极小值点，但是点 $(0,0)$ 并不是驻点，因为函数在该点偏导数不存在. 因此，二元函数的极值点可能是驻点，也可能是偏导数至少有一个不存在的点.

## 7. 全微分

一元函数的微分是函数改变量的线性主部，它与函数改变量的差是一个比 $\Delta x$ 高阶的无穷小，所以当 $|\Delta x|$ 很小时，可以用微分近似代替函数的改变量，对于二元函数也有类似情形.

先看一个实例.

设长为 $y$，宽为 $x$ 的矩形金属薄片，其面积为 $z$，即 $z=xy$. 受热膨胀后，它的长增加了 $\Delta y$，宽增加了 $\Delta x$，那么面积相应的改变量为

$$\Delta z=(x+\Delta x)(y+\Delta y)-xy=y\Delta x+x\Delta y+\Delta x\Delta y$$

这里改变量 $\Delta z$ 的三项在图 1-19 中分别表示三块阴影部分的面积.

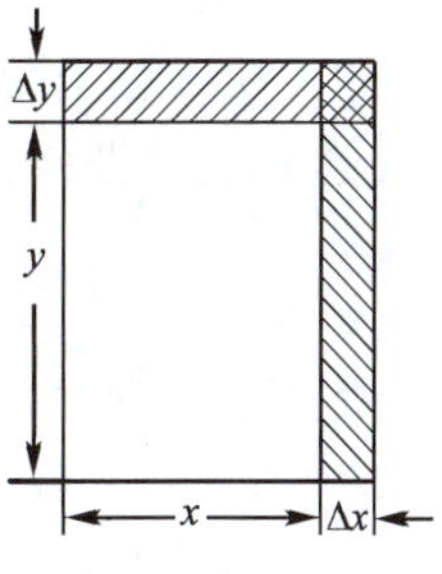

它由两部分组成，第一部分是关于 $\Delta x$、$\Delta y$ 的线性函数 $y\Delta x+x\Delta y$；第二部分是 $\Delta x\Delta y$. 如果设 $y=A$，$x=B$，$\rho=\sqrt{(\Delta x)^2+(\Delta y)^2}$，则当 $\rho\to 0$ 时，

图 1-19

$\Delta x \Delta y$ 是 $\rho$ 的高阶无穷小,即 $\Delta x \Delta y = o(\rho)$,于是面积的改变量可表示为
$$\Delta z = A\Delta x + B\Delta y + o(\rho)$$
所以用 $A\Delta x + B\Delta y$ 来近似代替面积的改变量 $\Delta z$,其差仅仅是一个比 $\rho = \sqrt{(\Delta x)^2 + (\Delta y)^2}$ 高阶的无穷小.

把 $A\Delta x + B\Delta y$ 称为面积函数 $z = xy$ 在点 $(x,y)$ 处的**全微分**(这里 $A = y, B = x$),而把函数 $z$ 的改变量 $\Delta z = (x+\Delta x)(y+\Delta y) - xy$ 称为 $z = xy$ 在点 $(x,y)$ 处的**全增量**.

**定义 4** 如果二元函数 $z = f(x,y)$ 在点 $(x,y)$ 处的改变量(称为全增量)
$$\Delta z = f(x+\Delta x, y+\Delta y) - f(x,y)$$
可以表示为
$$\Delta z = A\Delta x + B\Delta y + o(\rho)$$
其中 $A$、$B$ 不依赖于 $\Delta x$、$\Delta y$,而仅与 $x$、$y$ 有关,$\rho = \sqrt{(\Delta x)^2 + (\Delta y)^2}$,则称函数 $z = f(x,y)$ 在点 $(x,y)$ 处**可微**,称 $A\Delta x + B\Delta y$ 为函数 $z = f(x,y)$ 在点 $(x,y)$ 处的**全微分**,记为 $dz$,即
$$dz = A\Delta x + B\Delta y$$

如果函数在区域 $D$ 内的每一点都可微,则称函数在 $D$ 内可微.

前面曾指出,多元函数在某点的各个偏导数即使都存在,却不能保证函数在该点连续. 由上述定义可知,如果函数 $z = f(x,y)$ 在点 $(x,y)$ 处可微,那么函数在该点必定连续. 事实上,由 $\Delta z = A\Delta x + B\Delta y + o(\rho)$,可得 $\lim\limits_{\rho \to 0} \Delta z = 0$. (注:$\rho \to 0$ 与 $\Delta x \to 0, \Delta y \to 0$ 相当)从而
$$\lim_{\substack{\Delta x \to 0 \\ \Delta y \to 0}} f(x+\Delta x, y+\Delta y) = \lim_{\rho \to 0}[f(x,y) + \Delta z] = f(x,y)$$
因此函数 $z = f(x,y)$ 在点 $(x,y)$ 处连续.

下面的定理将给出 $A$、$B$ 与函数 $f(x,y)$ 的偏导数之间的关系.

**定理 5** (可微的必要条件)如果函数 $z = f(x,y)$ 在点 $(x,y)$ 处可微,则函数在该点的偏导数 $\dfrac{\partial z}{\partial x}$、$\dfrac{\partial z}{\partial y}$ 必存在,且 $A = \dfrac{\partial z}{\partial x}, B = \dfrac{\partial z}{\partial y}$,即函数 $z = f(x,y)$ 在点 $(x,y)$ 处的全微分为
$$dz = \frac{\partial z}{\partial x}\Delta x + \frac{\partial z}{\partial y}\Delta y$$

证明略.

和一元函数类似,习惯上将自变量的改变量 $\Delta x$ 和 $\Delta y$ 分别记作 $dx$、$dy$,并分别称为自变量 $x$、$y$ 的微分. 这样,函数 $z = f(x,y)$ 的全微分就可写为
$$dz = \frac{\partial z}{\partial x}dx + \frac{\partial z}{\partial y}dy$$

需要指出的是,对于一元函数来说,函数在某点可导与可微是等价的,但对于多元函数来说,就不是这样了,有些多元函数在某点的偏导数虽然存在但并不可微. 换句话说,各偏导数的存在只是全微分存在的必要条件而不是充分条件.

例如,函数

$$f(x,y)=\begin{cases}\dfrac{xy}{\sqrt{x^2+y^2}} & (x^2+y^2\neq 0)\\ 0 & (x^2+y^2=0)\end{cases}$$

在点 (0,0) 处的两个偏导数均存在, 但函数 $f(x,y)$ 在点 (0,0) 处不可微. 事实上, 若函数 $f(x,y)$ 在点 (0,0) 处可微, 则函数 $f(x,y)$ 在点 (0,0) 处应该连续, 但前面我们已知函数 $f(x,y)$ 在点 (0,0) 处不连续, 从而函数 $f(x,y)$ 在点 (0,0) 处不可微. 因此定理 2 只给出了二元函数可微的必要条件, 那么其充分条件是什么呢? 我们有下面定理:

**定理 6** (可微的充分条件) 若函数 $z=f(x,y)$ 的偏导数 $\dfrac{\partial z}{\partial x}$、$\dfrac{\partial z}{\partial y}$ 在点 $(x,y)$ 处连续, 则函数 $z=f(x,y)$ 在点 $(x,y)$ 处可微.

**例 9** 求函数 $z=x^3y+y^2$ 的全微分.

**解** 因为 $\dfrac{\partial z}{\partial x}=3x^2y$, $\dfrac{\partial z}{\partial y}=x^3+2y$, 所以
$$dz=3x^2y\,dx+(x^3+2y)\,dy$$

**例 10** 求函数 $z=x^2y$ 在点 $(1,-2)$ 处当 $\Delta x=0.02, \Delta y=-0.01$ 时的全增量与全微分.

**解** 因为 $\Delta z=f(x+\Delta x,y+\Delta y)-f(x,y)=(x+\Delta x)^2(y+\Delta y)-x^2y$, 而 $x=1$, $y=-2$, $\Delta x=0.02$, $\Delta y=-0.01$, 所以
$$\Delta z=(1+0.02)^2\times(-2-0.01)-1^2\times(-2)=-0.091204$$

又因为 $\dfrac{\partial z}{\partial x}=2xy$, $\dfrac{\partial z}{\partial y}=x^2$, 所以
$$dz=2xy\,dx+x^2\,dy$$

而 $x=1, y=-2, dx=0.02, dy=-0.01$, 因此
$$dz=2\times 1\times(-2)\times 0.02+1^2\times(-0.01)=-0.09$$

显然, 全微分 $dz$ 是全增量 $\Delta z$ 的近似值.

**例 11** 求函数 $z=(x+y)e^{xy}$ 在点 (1,2) 处的全微分.

**解** 因为 $\dfrac{\partial z}{\partial x}=e^{xy}+y(x+y)e^{xy}=(1+xy+y^2)e^{xy}$

$\dfrac{\partial z}{\partial y}=e^{xy}+x(x+y)e^{xy}=(1+xy+x^2)e^{xy}$

课堂互动

所以
$$\left.\dfrac{\partial z}{\partial x}\right|_{\substack{x=1\\y=2}}=7e^2, \quad \left.\dfrac{\partial z}{\partial y}\right|_{\substack{x=1\\y=2}}=4e^2$$

因此
$$dz=7e^2\,dx+4e^2\,dy$$

## 8. 全微分在近似计算中的应用

设二元函数 $z=f(x,y)$ 的偏导数 $f'_x(x,y), f'_y(x,y)$ 在点 $(x_0,y_0)$ 处连续, 由全微分定义及可微的充分条件可知, 当 $|\Delta x|$、$|\Delta y|$ 都很小时, 有

$$\Delta z \approx \mathrm{d}z = f'_x(x_0, y_0)\Delta x + f'_y(x_0, y_0)\Delta y \tag{3}$$

$$f(x_0 + \Delta x, y_0 + \Delta y) \approx f(x_0, y_0) + f'_x(x_0, y_0)\Delta x + f'_y(x_0, y_0)\Delta y \tag{4}$$

公式（3）常用来计算二元函数改变量的近似值，而公式（4）常用来计算函数 $z = f(x, y)$ 在点 $(x_0, y_0)$ 附近函数值的近似值。

**例 12** 有一金属制成的圆柱体，受热后发生形变，它的半径由 20 cm 增大到 20.05 cm，高由 50 cm 增大到 50.09 cm，求此圆柱体体积变化的近似值。

**解** 设圆柱体的半径为 $r$，高为 $h$，则体积 $V = \pi r^2 h$，$r$、$h$、$V$ 的改变量分别记为 $\Delta r$、$\Delta h$、$\Delta V$，由公式（3）得

$$\Delta V \approx V'_r \Big|_{\substack{r=r_0 \\ h=h_0}} \cdot \Delta r + V'_h \Big|_{\substack{r=r_0 \\ h=h_0}} \cdot \Delta h = 2\pi r_0 h_0 \Delta r + \pi r_0^2 \Delta h$$

将 $r_0 = 20, h_0 = 50, \Delta r = 0.05, \Delta h = 0.09$ 代入上式，得

$$\Delta V \approx 2\pi \times 20 \times 50 \times 0.05 + \pi \times 20^2 \times 0.09 = 136\pi (\mathrm{cm}^3)$$

**例 13** 计算 $(1.04)^{2.02}$ 的近似值。

**解** 设 $f(x, y) = x^y$，则

$$f'_x(x, y) = yx^{y-1}, \quad f'_y(x, y) = x^y \ln x$$

取 $x_0 = 1, \Delta x = 0.04, y_0 = 2, \Delta y = 0.02$，则

$$f(1, 2) = 1^2 = 1, \quad f'_x(1, 2) = 2 \times 1 = 2, \quad f'_y(1, 2) = 1^2 \ln 1 = 0$$

由公式（4）得

$$f(1.04, 2.02) \approx f(1, 2) + f'_x(1, 2)\Delta x + f'_y(1, 2)\Delta y$$

即

$$(1.04)^{2.02} \approx 1 + 2 \times 0.04 + 0 \times 0.02 = 1.08$$

## 习题 1.1.9

1. 求下列函数的偏导数：

(1) $z = x^3 y - y^3 x$

(2) $z = (x+y)\sin(x-y)$

(3) $z = \sin(xy) + \cos^2(xy)$

(4) $z = \ln\sin\dfrac{y}{x} + 5$

(5) 设 $z = u^2 \ln v$，而 $u = \dfrac{x}{y}, v = 3x - 2y$，求 $\dfrac{\partial z}{\partial x}, \dfrac{\partial z}{\partial y}$。

(6) 设 $z = u^2 v - uv^2$，而 $u = x\cos y, v = x\sin y$，求 $\dfrac{\partial z}{\partial x}, \dfrac{\partial z}{\partial y}$。

2. 设 $f(x, y) = \dfrac{x}{\sqrt{x^2 + y^2}}$，求 $f'_x(1, 0), f'_y(0, 1)$。

3. 设 $z = \ln(\sqrt{x} + \sqrt{y})$，求证 $x\dfrac{\partial z}{\partial x} + y\dfrac{\partial z}{\partial y} = \dfrac{1}{2}$。

4. 求下列函数的二阶偏导数：

(1) $z = 6x^4 y + 5x^3 y^5$

(2) $z = \arctan\dfrac{x+y}{1-xy}$

5. 设函数 $z=f(x,y)$ 由方程 $\cos^2 x+\cos^2 y+\cos^2 z=1$ 所确定,求 $\dfrac{\partial z}{\partial x},\dfrac{\partial z}{\partial y}$.

6. 求下列函数的极值:

(1) $z=4(x-y)-x^2-y^2$  (2) $z=x^2+xy+y^2+x-y+1$

7. 求函数 $z=\ln\sqrt{1+x^2+y^2}$ 当 $x=1, y=2$ 时的全微分.

8. 求下列函数的全微分:

(1) $z=xy+\dfrac{x}{y}$  (2) $z=\dfrac{x}{\sqrt{x^2+y^2}}$

(3) $z=\mathrm{e}^{\frac{y}{x}}$  (4) $z=\ln(x^2+y^3+1)$

9. 计算 $\sqrt{(1.02)^3+(1.97)^3}$ 的近似值.

 **数学史话**

### 中国数学家的世界纪录[①]

我国地处亚洲东部,濒临太平洋西岸.黄河流域和长江流域是中华民族文化的摇篮,也是人类文明的最早发源地之一.我国古代的四大发明——火药、指南针、造纸术、印刷术,对于世界文明的进步起了巨大的推动作用.在数学方面,也曾在一些重要的领域内,取得过遥遥领先的地位,创造过许多项"世界纪录".

这些成就的取得,自然应归功于我国各族人民的聪明才智,但也是同我国古代一大批当时世界第一流数学家们的杰出工作分不开的.他们是:

赵爽(号君卿,约公元 3 世纪,东汉末年三国时人);

刘徽(生于公元 250 年左右,魏晋时人);

祖冲之(429—500,南北朝时人);

祖暅(祖冲之之子,约公元 6 世纪);

甄鸾(约公元 570 年前后,南北朝时人);

刘焯(544—610,隋朝人);

王孝通(公元 7 世纪,唐朝人);

李淳风(公元 7 世纪,唐朝人);

一行(683—727,唐朝人);

沈括(1031—1095,北宋时人);

贾宪(约公元 11 世纪中叶,北宋时人);

李冶(即李治,1192—1279,南宋时人);

秦九韶(约 1202—1261,南宋时人);

杨辉(公元 13 世纪,南宋时人);

朱世杰(公元 14 世纪,元朝人);

郭守敬(1231—1316,元朝人);

---

① 鲁又文.数学古今谈.天津:科学技术出版社,1984

徐光启(1562—1633,明末时人);

梅文鼎(1633—1721,明末清初时人);

梅瑴成(1681—1763,清朝人,梅文鼎之孙);

戴煦(1801—1860,清朝人);

李善兰(1811—1882,清朝人).

我国数学的"世界纪录"列举如下:

(1)约在公元前2500年左右,我国已有了圆、方、平、直等形的概念,见古书《尸子》中的记载.

(2)十进位制早在商代(公元前14世纪)就已在我国出现,比西方要早2400年.我国关于零的最原始的形式,是在筹算盘上留下空位.这开始于战国时代(公元前4世纪),比西方使用零早1500年.

(3)我国著名的算经十书:《周髀算经》《九章算术》《孙子算经》《夏侯阳算经》《张邱建算经》《缀术》《五曹算经》《五经算术》《缉古算经》和《海岛算经》,包含了由公元前5世纪战国时代直到公元7世纪唐朝这1000余年中我国数学的主要成就.我国历代数学家为之注释或增补删改的不乏其人,可称为我国古算的经典著作.其中最著名的一部是《九章算术》,它被公认为世界古代数学名著之一.

《九章算术》共分九章:第一章方田(分数四则运算和平面图形求面积),第二章粟米(粮食交易的计算法),第三章衰分(比例分配),第四章少广(开平方与开立方),第五章商功(体积计算),第六章均输(运输中的均匀负担计算),第七章盈不足(盈亏类问题计算),第八章方程(一次方程组解法与正负数),第九章勾股(勾股定理的应用).

(4)公元前1世纪,我国已高度发展了开平方和开立方的方法.

(5)秦朝以前,我国已使用十进分数,并对分数、小数采用"四舍五入"的近似取值法.

(6)西汉时期,我国使用黑色算筹或三角形算筹表示负数,《九章算术》中给出了世界上最早的正负数计算法则.

(7)欧洲称比例问题为"三率法",认为这是印度人的发明.实际上,它在《九章算术》中早已出现,早于任何一部印度梵文古籍.

(8)东汉末年,赵爽在《周髀算经》的注释中,给出了勾股定理的"弦图"证法.

(9)不定分析的研究也以我国为最早.这类问题的一个最早的例子:"今有物不知数,三三数之余二,五五数之余三,七七数之余二,问物几何."这类问题所给的解法,完全符合迟至19世纪初著名德国数学家高斯所证明的"剩余定理",故有"中国剩余定理"之称.不定问题的最通俗的形式是《张邱建算经》提出的所谓"百鸡问题":"今有鸡翁一,值钱五;鸡母一,值钱三;鸡雏三,值钱一,凡百钱买鸡百只,问鸡翁、鸡母、鸡雏各几何."

(10)南北朝时,祖冲之计算出圆周率 $\pi$ 满足 $3.1415926 < \pi < 3.1415927$,较之西方早1000余年.

(11)公元6世纪我国发现了著名的"祖暅原理":同高的二立体若在等高处的截面积均相等,则二者体积相等.利用它得到了球的体积公式.

(12)唐朝王孝通在《缉古算经》中,成功地解决了大规模土方工程中提出的三次数字方程的计算问题.

(13)北宋时贾宪列出了二项式公式的系数表.

(14)南宋时秦九韶计算高次方程的方法为世界最早.

(15)近似计算中的内插法始于隋朝的刘焯.

(16)我国古算中也出现了许多高等数学的萌芽.例如,对极限有相当的认识.战国时的惠施曾说:"一尺之棰,日取其半,万世不竭."这是考察了无穷数列:$1,\frac{1}{2},\frac{1}{4},\frac{1}{8},\cdots,\frac{1}{2^n},\cdots$并认识到它是一无穷小量.

以上所介绍的只是我国古代数学光辉成就的一部分.中华民族有着悠久的历史与文明,相信在我们的共同努力下,一定会屹立于世界民族之林的前列.

# 第二部分　数学模型与应用

## 1.2.1　财贸、金融模型与应用

**职业素养**

　　函数广泛适用于当代经济，本节通过引入需求函数、供给函数以及均衡价格的实际案例，了解函数在生活中各领域的应用．通过案例的分析，在不断深化中理解概念存在的意义，锻炼举一反三的逻辑思维能力，进一步培养锲而不舍，刻苦钻研的学习精神．

### 1. 几种常用的经济函数

（1）需求函数与供给函数

①需求函数

某种商品的需求量 $Q$ 是消费者愿意购买且有能力购买的数量．

常见的需求函数有以下几种类型：

线性需求函数　　$Q=a-bp(a>0,b>0)$；

二次需求函数　　$Q=a-bp-cp^2(a>0,b>0,c>0)$；

指数需求函数　　$Q=ae^{-bp}(a>0,b>0)$．

　　一般来说，商品的需求量将随市场价格的上涨而减少，即需求函数为价格 $p$ 的单调递减函数（特殊商品除外）．

②供给函数

某种商品的供给量 $S$ 是指在一定时期内，生产者（厂家）在一定价格下，愿意并能出售商品的数量．

常见的供给函数有以下几种类型：

线性供给函数　　$S=cp-d(c>0,d>0)$；

幂供给函数　　　$S=kp^a(a>0,k>0)$；

指数供给函数　　$S=ae^{bp}(a>0,b>0)$．

一般来说,与需求函数相反,当某商品的市场价格比较高时,生产者愿意多生产此种商品,所以当市场上该商品的价格上涨时,供给量会增加.因而供给函数是一个单调递增函数.

③均衡价格

均衡价格是指市场上需求量 $Q$ 与供给量 $S$ 相同时的价格(即供需均衡的条件是 $Q=S$).

**例1** 某电子市场销售某品牌微机,当单价为 6000(元/台)时,每月能销售 100 台.为了进一步吸引消费者,增加销售量,商店将微机的价格调低为 5500(元/台),这样每月可多销售 20 台,假设需求函数是线性的,求这种微机的需求函数.

**解** 设需求函数为 $Q=a-bp$,将已知条件代入,得方程组
$$\begin{cases} a-6000b=100 \\ a-5500b=120 \end{cases}$$

解得 $a=340,b=0.04$,所求的需求函数为
$$Q=340-0.04p$$

**例2** 某种商品的需求函数是 $Q=200-5p$,供给函数是 $S=25p-10$,求该商品的市场均衡价格和市场均衡商品量.

**解** 由供需均衡条件 $Q=S$,可得
$$200-5p=25p-10$$

解得市场均衡价格 $p_0=7$,市场均衡商品量 $Q_0=165$.

(2)总成本函数、总收入函数和总利润函数

①总成本函数

总成本是生产者用于生产产品的所有费用.一般可分为两部分:第一部分是厂房、设备等固定资产的折旧,管理者的工资等,这一类成本的特点是短期内不发生变化,即不随产品产量的变化而变化,称为固定成本,用 $C_0$ 来表示;第二部分是能源费用、原材料费用、劳动者的工资等,这类成本的特点是随产品产量的变化而变化,称为可变成本,用 $C_1$ 表示.总成本用 $C$ 表示,产品的产量用 $q$ 表示,则总成本函数为
$$C(q)=C_0+C_1(q)$$

当 $q=0$ 时,$C_1(0)=0$,则 $C(0)=C_0$.

常见的总成本函数有

线性函数　　$C=C_0+aq$　　$(C_1=aq)$;

二次函数　　$C=C_0+aq+bq^2$　　$(C_1=aq+bq^2,b\neq 0)$.

单从总成本看不出生产者生产水平的高低,还要进一步考察单位产品的成本,即平均成本,记为 $\bar{C}$,即
$$\bar{C}=\frac{C(q)}{q}$$

称它为平均成本函数,其中 $C(q)$ 是总成本函数.

**例3** 某工厂生产某种产品的固定成本为 30000 元,每生产一个单位产品总成本增加 100 元,求:(1)总成本函数;(2)平均成本函数;(3)生产 100 个单位产品时的总成

本和平均成本.

**解** （1）总成本函数
$$C(q) = 30000 + 100q$$

（2）平均成本函数
$$\bar{C} = \frac{30000 + 100q}{q} = \frac{30000}{q} + 100$$

（3）生产100个单位产品时的总成本和平均成本：
$$C(100) = 30000 + 100 \times 100 = 40000(元)$$
$$\bar{C} = \frac{30000}{100} + 100 = 400(元)$$

② 总收入函数

总收入是指生产者的商品售出后的收入，用 $R$ 表示. 生产者销售某种商品的总收入取决于该商品的销量和价格. 如果用 $p(q)$ 表示销量的函数，则总收入函数为
$$R(q) = qp(q)$$

除总收入外，还有平均收入，用 $\bar{R}(q)$ 表示，它是销售单位产品的收入.
$$\bar{R}(q) = \frac{R(q)}{q}$$

**例 4** 已知某种商品的需求函数为 $q = 180 - 4p$，试求该商品的总收入函数，并求销售100件商品时的总收入和平均收入.

**解** 由需求函数得
$$p = 45 - \frac{q}{4}$$

总收入函数为
$$R(q) = qp(q) = q\left(45 - \frac{q}{4}\right) = 45q - \frac{q^2}{4}$$
$$R(100) = 45 \times 100 - \frac{100^2}{4} = 2000$$

平均收入函数为
$$\bar{R}(q) = \frac{R(q)}{q} = 45 - \frac{q}{4}$$
$$\bar{R}(100) = 45 - \frac{100}{4} = 20$$

③ 总利润函数

总利润是生产者的总收入减去总成本后的剩余部分，用 $L$ 表示. 由于总成本和总收入都是产量 $q$ 的函数，因而总利润也是产量 $q$ 的函数，即总利润函数为
$$L(q) = R(q) - C(q)$$

单位产品所获得的利润称为平均利润，用 $\bar{L}$ 表示，即
$$\bar{L} = \frac{L(q)}{q}$$

▶ **例 5** 某工厂每生产某种商品 $q$ 个单位的总成本为 $C(q)=5q+200$(元),得到的总收入为 $R(q)=10q-0.001q^2$(元),求总利润函数,并求产量为 1000 时的总利润.

**解** 总利润函数
$$L(q)=R(q)-C(q)=10q-0.001q^2-(5q+200)$$
$$=5q-0.001q^2-200$$
$$L(1000)=5\times1000-0.001\times1000^2-200=3800(元)$$

**2. 最大值与最小值在经济活动中的应用**

▶ **例 6** 某工厂生产某商品的总成本函数为 $C(q)=9000+40q+0.001q^2$,问该厂生产多少件产品时平均成本最低?

**解** 平均成本函数
$$\overline{C}(q)=\frac{C(q)}{q}=\frac{9000}{q}+40+0.001q$$
$$\overline{C}'(q)=-\frac{9000}{q^2}+0.001$$

由 $\overline{C}'(q)=0$,得驻点 $q=3000$(舍去 $q=-3000$). 又
$$\overline{C}''(q)=\frac{18000}{q^3},\quad \overline{C}''(3000)>0$$

因此 $q=3000$ 是 $\overline{C}(q)$ 的极小点,也就是最小点,即当该厂生产 3000 件产品时平均成本最小.

最大利润原则:
因为
$$L(q)=R(q)-C(q)$$
$$L'(q)=R'(q)-C'(q)$$
总利润函数 $L(q)$ 取得最大值的必要条件是 $L'(q)=0$,即
$$R'(q)=C'(q)$$
总利润函数 $L(q)$ 取得最大值的充分条件是 $L''(q)<0$,即
$$R''(q)<C''(q)$$
亦即边际收入的导数小于边际成本的导数.

▶ **例 7** 已知某产品的需求函数 $p=10-\dfrac{q}{5}$,总成本函数为 $C(q)=50+2q$,求产量为多少时总利润最大?并验证是否符合最大利润原则.

**解** 由需求函数 $p=10-\dfrac{q}{5}$,得总收入函数为
$$R(q)=q\left(10-\frac{q}{5}\right)=10q-\frac{q^2}{5}$$

总利润函数为
$$L(q)=R(q)-C(q)=8q-\frac{q^2}{5}-50$$

$$L'(q) = 8 - \frac{2q}{5}$$

令 $L'(q)=0$，得 $q=20$，$L''(q)=-\frac{2}{5}<0$，所以当 $q=20$ 时，总利润最大.

此时 $R'(20)=2$，$C'(20)=2$，有 $R'(20)=C'(20)$；$R''(20)=-\frac{2}{5}$，$C''(20)=0$，有 $R''(20)<C''(20)$，所以符合最大利润原则.

**例 8** 某公司每周生产 $x$ 单位 A 产品和 $y$ 单位 B 产品，其成本函数为 $C(x,y)=x^2+2xy+2y^2+1000$.

产品 A、B 的单位售价分别为 200 元和 300 元. 假设两种产品均很畅销，试求公司获得最大利润时这两种产品的生产量及相应的最大利润.

**解** 由题意，公司的总收入函数为

$$R(x,y) = 200x + 300y$$

公司的总利润函数为

$$L(x,y) = R(x,y) - C(x,y) = 200x + 300y - x^2 - 2xy - 2y^2 - 1000$$

求得

$$L'_x(x,y) = 200 - 2x - 2y, \quad L'_y(x,y) = 300 - 2x - 4y$$

解方程组

$$\begin{cases} L'_x(x,y) = 200 - 2x - 2y = 0 \\ L'_y(x,y) = 300 - 2x - 4y = 0 \end{cases}$$

得驻点 $(50,50)$. 又由于

$$L''_{xx}(50,50) = -2, \quad L''_{xy}(50,50) = -2, \quad L''_{yy}(50,50) = -4$$

因此

$$P(50,50) = [L''_{xy}(50,50)]^2 - L''_{xx}(50,50)L''_{yy}(50,50) = -4 < 0$$

而 $L''_{xx}(50,50)=-2<0$，由二元函数极值存在的充分条件知，当 $x=50$，$y=50$ 时，$L(x,y)$ 取极大值也是最大值，即当产品 A、B 的产量均为 50 个单位时，公司可获得最大利润，其最大利润为

$$L(50,50) = 11500(元)$$

## 习题 1.2.1

1. 已知某品牌的电视机每台售价为 1000 元时，每月可销售 2000 台，当每台售价为 950 元时，每月可多销售 400 台，试求该电视机的线性需求函数.

2. 已知某种商品的需求函数为 $Q=\frac{2}{3}(50-p)$，供给函数为 $S=-20+10p$，试求市场均衡价格.

3. 设某工厂每天生产某种产品 $x$ 单位时的总成本函数为 $C(x)=0.5x^2+36x+1600$，问每天生产多少单位产品时，平均成本最小.

4. 设某个体户以每条 10 元的进价购进一批牛仔裤,设此批牛仔裤的需求函数为:$q=40-2p$,问将牛仔裤的价格定为多少时,才能获得最大利润?

5. 某工厂每批生产某种产品 $q$ 单位时的总成本函数为 $C(q)=200+50q$,得到的收入函数为 $R(q)=110q-0.01q^2$,问每批应生产多少单位产品才能使利润最大?

## 1.2.2 会计、统计模型与应用

**职业素养**

本节主要介绍微分在边际函数、弹性分析两个方面的应用.通过本节的学习,掌握高等数学在会计与统计工作中的应用,从而不断提升学习微分学的兴趣,进一步培养追求事实,一丝不苟,勇于创新的科学精神.

### 1. 边际函数

在经济学中,将经济函数的导数称为边际函数.例如,需求函数的导数称为边际需求函数,供给函数的导数称为边际供给函数,总收入函数的导数称为边际收入函数,总利润函数的导数称为边际利润函数等.

一般地,如经济函数 $y=f(x)$,其边际函数 $y'=f'(x)$ 在点 $x_0$ 处的函数值 $f'(x_0)$ 称为这个函数在 $x=x_0$ 处的边际函数值,它表示在 $x=x_0$ 处,若 $x$ 产生一个单位的改变时,$y$ 相应地变化了 $f'(x_0)$ 个单位.

(1)边际成本

总成本函数 $C(q)=C_0+C_1(q)$ 的导数 $C'(q)=C_1'(q)$ 称为边际成本函数.

经济意义:当产量为 $q$ 时,再生产一个单位产品所增加的成本.

**例1** 某厂生产某种商品,总成本(单位:元)函数为 $C(q)=200+4q+0.05q^2$,①指出固定成本、可变成本;②求边际成本函数及产量 $q=200$ 时的边际成本;③说明其经济意义.

**解** ①固定成本 $C_0=200$.

可变成本
$$C_1(q)=C(q)-C_0=4q+0.05q^2$$

②边际成本函数
$$C'(q)=4+0.1q$$
$$C'(200)=24$$

③经济意义:在产量为 200 时,再多生产一个单位产品,总成本增加 24 元.

(2)边际收入

总收入函数 $R(q)=qp(q)$ 的导数 $R'(q)=p(q)+qp'(q)$ 称为边际收入函数.

经济意义:在销量为 $q$ 时,再多销售一个单位产品所增加的收入.

> **例2** 通过调查得知某种家具的需求函数为 $q=1200-3p$,其中 $p$(单位:元)为家具的销售价格,$q$(单位:件)为需求量.求销售该家具的边际收入函数,以及当销售量 $q=450$、$600$、$750$ 件时的边际收入.

**解** 由需求函数得价格

$$p=\frac{1}{3}(1200-q)$$

总收入函数为

$$R(q)=qp(q)=\frac{1}{3}q(1200-q)=400q-\frac{1}{3}q^2$$

则边际收入函数

$$R'(q)=\left(400q-\frac{1}{3}q^2\right)'=400-\frac{2}{3}q$$

$$R'(450)=400-\frac{2}{3}\times 450=100$$

$$R'(600)=400-\frac{2}{3}\times 600=0$$

$$R'(750)=400-\frac{2}{3}\times 750=-100$$

(3)边际利润

总利润函数 $L(q)$ 的导数 $L'(q)$ 称为边际利润函数.

经济意义:在销量为 $q$ 时,再多销售一个单位产品所增加的利润.

因为总利润函数等于总收入函数减去总成本函数,即

$$L(q)=R(q)-C(q)$$

由导数的运算法则可知

$$L'(q)=R'(q)-C'(q)$$

所以,边际利润等于边际收入减去边际成本.

> **例3** 某厂每月生产某产品 $q$(单位:百件)个单位时的总成本为 $C(q)=q^2+2q+100$(单位:千元).若每百件的销售价格为 4 万元,试写出总利润函数.

**解** 由题意得总收入函数为 $R(q)=4q$.

总利润函数为

$$\begin{aligned}L(q)&=R(q)-C(q)\\&=4q-q^2-2q-100\\&=-q^2+2q-100\end{aligned}$$

## 2. 弹性分析

(1)函数的弹性

**定义1** 对于函数 $y=f(x)$,如果极限 $\lim\limits_{\Delta x\to 0}\dfrac{\dfrac{\Delta y}{y_0}}{\dfrac{\Delta x}{x_0}}$ 存在,那么称此极限为函数 $y=f(x)$ 在点 $x=x_0$ 处的弹性,记作 $E(x_0)$,即

$$E(x_0) = \lim_{\Delta x \to 0} \frac{\frac{\Delta y}{y_0}}{\frac{\Delta x}{x_0}} = \lim_{\Delta x \to 0} \frac{\Delta y}{\Delta x} \cdot \frac{x_0}{y_0} = f'(x_0) \frac{x_0}{f(x_0)}$$

**定义 2** 对于函数 $y = f(x)$,如果极限 $\lim\limits_{\Delta x \to 0} \dfrac{\frac{\Delta y}{y}}{\frac{\Delta x}{x}}$ 存在,那么称此极限为函数 $y = f(x)$ 在点 $x$ 处的弹性,记作 $E(x)$,即

$$E(x) = \lim_{\Delta x \to 0} \frac{\frac{\Delta y}{y}}{\frac{\Delta x}{x}} = \lim_{\Delta x \to 0} \frac{\Delta y}{\Delta x} \cdot \frac{x}{y} = y' \frac{x}{y}$$

$E(x)$ 也称为函数 $y = f(x)$ 的弹性函数.

**例 4** 求函数 $y = \left(\dfrac{1}{3}\right)^x$ 的弹性函数及在 $x = 1$ 处的弹性.

**解** 弹性函数

$$E(x) = \left(\frac{1}{3}\right)^x \ln \frac{1}{3} \cdot \frac{x}{\left(\frac{1}{3}\right)^x} = -x \ln 3$$

$$E(1) = -\ln 3$$

(2)需求弹性

设某商品的需求函数为 $Q = Q(p)$,则需求弹性为

$$E(p) = Q'(p) \frac{p}{Q(p)}$$

需求弹性 $E(p)$ 表示某种商品需求量 $Q$ 对价格 $p$ 的变化的敏感程度.

当 $E(p) = -1$ 时,称为单位弹性,即商品需求量的相对变化与价格的相对变化基本相等,此价格是最优价格.

当 $E(p) < -1$ 时,称为富有弹性,此时商品需求量的相对变化大于价格的相对变化,此时价格的变动对需求量的影响较大.换句话说,适当降价会使需求量较大幅度上升,从而增加收入.

当 $-1 < E(p) < 0$ 时,称为缺乏弹性,即商品需求量的相对变化小于价格的相对变化,此时价格的变动对需求量的影响较小.适当降价后不会使需求量有较大的下降,从而增加收入.

**例 5** 设某商品的需求函数为 $Q = e^{-\frac{p}{5}}$(其中,$p$ 是商品价格,$Q$ 是需求量),求:
(1)需求弹性函数;(2)$p = 3, 5, 6$ 时的需求弹性,并说明经济意义.

**解** (1) $Q'(p) = -\dfrac{1}{5} e^{-\frac{p}{5}}$,则所求弹性函数为

$$E(p) = Q'(p) \frac{p}{Q(p)} = -\frac{1}{5} e^{-\frac{p}{5}} \frac{p}{e^{-\frac{p}{5}}} = -\frac{p}{5}$$

(2)$E(3)=-\dfrac{3}{5}=-0.6, E(5)=-\dfrac{5}{5}=-1, E(6)=-\dfrac{6}{5}=-1.2.$

经济意义:当 $p=3$ 时,$E(3)=-0.6>-1$,此时价格上涨 1% 时,需求量只减少 0.6%,需求量的变化幅度小于价格的变化幅度,适当提高价格可增加总收入;当 $p=5$ 时,$E(5)=-1$,此时价格上涨 1% 时,需求量将减少 1%,需求量的变化幅度等于价格变化的幅度,是最优价格;当 $p=6$ 时,$E(6)=-1.2$,此时价格上涨 1% 时,需求量将减少 1.2%,需求量的变化幅度大于价格的变化幅度,适当降低价格可增加销售量,从而增加总收入.

## 习题 1.2.2

1. 已知总成本函数 $C(q)=3000+7p-4q^2+q^3$,求:

(1)平均成本函数和边际成本函数;

(2)$q=10$ 时的平均成本和边际成本,分别说明其经济意义,并说明是否应增加产量.

2. 设需求函数为 $Q(p)=10-\dfrac{p}{5}$,求 $p=20$ 时的边际收入并说明其经济意义.

3. 设某商品的总成本函数为 $C(q)=125+3q+\dfrac{1}{25}q^2$,需求函数为 $q=60-2p$(其中 $p$ 为商品单价),试求:

(1)平均成本函数和边际平均成本函数;

(2)销量为 25 单位时的边际成本、边际收入和边际利润.

4. 设某商品的需求函数为 $Q=e^{-\frac{p}{4}}$,求:

(1)需求弹性函数;

(2)$p=3,p=4,p=5$ 时的需求弹性,并说明经济意义.

5. 设某工厂生产 $x$ 单位的产品 A 与 $y$ 单位的产品 B 时的总成本为
$$C(x,y)=50x+100y+x^2+xy+y^2+1000$$
试求:(1)当 $x=10,y=20$ 时,总成本对产品 A 的边际成本;

(2)当 $x=10,y=20$ 时,总成本对产品 B 的边际成本.

### 1.2.3 经济管理、物流模型与应用

**职业素养**

库存问题涉及多个领域,大到一个国家小到一个家庭都有所体现,如何合理的利用空间,通过库存问题数学模型的分析,可以很好的解决这一点.本节给出了四种不同的确定性库存模型的优化求解方法,从不同角度帮助找到最佳库存的计算方法.在学习的同时强化我们分析问题、解决问题的能力,锻炼不怕挫折,勇于面对,敢于创新的精神.

### 1. 库存问题的提出

库存是指各种资源的储备. 国家、企业、家庭、个人都有库存, 制造厂商为了避免发生停工待料现象, 需要有一定数量的库存; 商店为了避免缺货现象而失去销售机会也会有一定数量的商品库存. 然而, 库存过多需求量少, 会出现供过于求的现象, 使存货成本增加. 库存过少需求量增加, 会出现供不应求的现象. 到底应该保存多少库存才算合理, 是经营者首要应该考虑的问题. 本节将通过建立不同情况下的库存模型, 来解决(1)什么时间进行订货？(2)每次订货量为多少？才能使总的库存费用最少.

### 2. 库存模型中几个基本要素

(1) 需求率: 单位时间内对某种物品的需求量, 用 $D$ 表示.

(2) 订货批量: 一次订货中包含某种物品的数量, 用 $Q$ 表示.

(3) 订货提前期: 从订货到收到货物的时间间隔, 用 $T$ 表示.

(4) 订货费用(生产准备费用): 包括 $C_0$ (订货的手续费、材料的准备费、电信往来费、差旅费、最少的起运费), 货物的成本费 $PQ$. 即订货费用为 $C_0+PQ$.

(5) 库存费用: 每件商品单位时间内的存储费, 用 $C_1$ 表示.

(6) 缺货的损失费: 每件商品单位时间缺货产生的损失费, 用 $C_2$ 表示.

### 3. 确定性库存模型

(1) 瞬时到货, 不许缺货的经济订购批量模型的条件:

一种物品的需求率 $D$ 是常数;

当库存降至零时, 能立即得到补充;

每次的订货量不变;

订购费不变;

单位物品的保管费用不变;

库存可以一次性得到补充.

模型的费用为 $C(T)=$ 订货费 + 库存费, 库存量变化情况如图 1-20 所示.

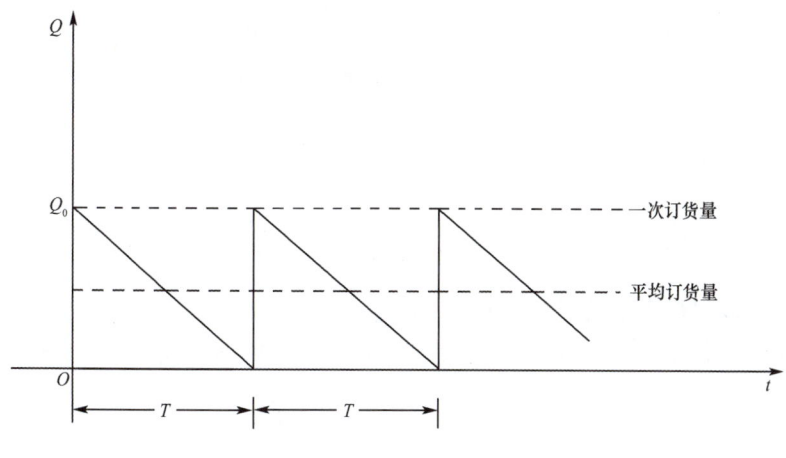

图 1-20

> **例1** 设一种物品单位时间内需求率是 $D$,订货批量为 $Q$,订货周期为 $T$,商品的单价为 $P$,每次的订购费用为 $C_0$,单位时间内每件商品的库存费为 $C_1$,如果不许缺货,求每次订货的批量是多少时总的费用为最少?

**解** 用 $C(T)$ 表示总费用,则

$$模型的总费用 C(T) = 订货费 + 库存费$$

当订货周期为 $T$ 时,订货量满足 $T$ 时间需求量 $DT$,即

$$Q = DT$$

订货费用为

$$C_0 + PQ = C_0 + PDT$$

当均匀销售时,库存量等于批量的一半,则

$T$ 时间内的平均库存费为

$$\frac{1}{2}DTC_1$$

$T$ 时间内总的库存费为

$$\frac{1}{2}DT^2C_1$$

$T$ 时间内总费用为

$$C(T) = C_0 + PDT + \frac{1}{2}DT^2C_1$$

$T$ 时间内总的平均费用为

$$\overline{C}(T) = \frac{C_0}{T} + PD + \frac{1}{2}DTC_1$$

下面求 $\overline{C}(T)$ 的最小值:

$$[\overline{C}(T)]' = \left(\frac{C_0}{T}\right)' + (PD)' + \left(\frac{1}{2}DTC_1\right)'$$

令 $[\overline{C}(T)]' = 0$,解得

$$T_0 = \sqrt{\frac{2C_0}{DC_1}}$$

如图 1-21 所示. 将 $T_0 = \sqrt{\frac{2C_0}{DC_1}}$ 代入 $Q = DT$ 中,得

$$Q_0 = DT_0 = D\sqrt{\frac{2C_0}{DC_1}} = \sqrt{\frac{2DC_0}{C_1}}$$

$Q_0$ 是使 $\overline{C}(T)$ 取得最小值的经济订购批量.

因为 $PD$ 与 $T$ 无关,在 $\overline{C}(T)$ 中可以不考虑,将 $\overline{C}(T)$ 改写为

$$\overline{C}(T) = \frac{C_0}{T} + \frac{1}{2}C_1DT$$

如图 1-21 所示. 将 $T_0 = \sqrt{\frac{2C_0}{DC_1}}$ 代入,得

$$C^* = \overline{C}(T_0) = \frac{C_0}{\sqrt{\frac{2C_0}{C_1 D}}} + \frac{1}{2} C_1 D \sqrt{\frac{2C_0}{C_1 D}}$$

$$= \frac{1}{2}\sqrt{2C_0 C_1 D} + \frac{1}{2}\sqrt{2C_0 C_1 D}$$

$$= \sqrt{2C_0 C_1 D}$$

从以上计算可以看出,当 $\overline{C}(T)$ 达到最小值时,订购费用和库存费用各占一半.

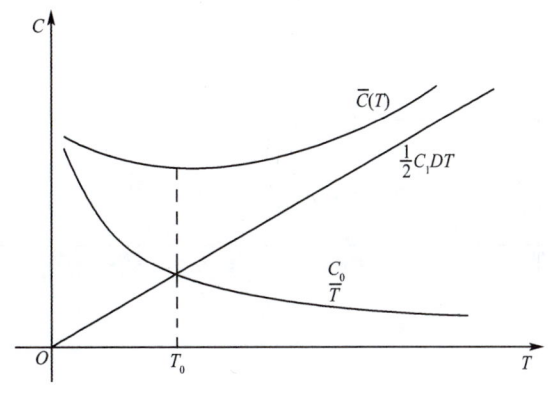

图 1-21

**例 2** 某商店出售 A 产品,每个 A 产品的成本为 500 元,库存费用是成本的 20%,每次订购费用为 20 元.市场对 A 产品的年需求量为 365 个,其需求率为常数.如果不许缺货,求每次的最优订购批量、最佳订购次数、最佳订购周期、最少的总平均费用.

**解** $C_1 = 500 \times 0.2 = 100$(元/(个·年)), $D = 365$(个/年), $C_0 = 20$(元)

最佳的订购批量:

$$\sqrt{\frac{2DC_0}{C_1}} = \sqrt{\frac{2 \times 20 \times 365}{100}} \approx 12 \text{(个)}$$

最佳订购次数:

$$N_0 = \frac{D}{Q_0} \approx 30 \text{(次)}$$

最佳订购周期:

$$T_0 = \sqrt{\frac{2C_0}{DC_1}} = \sqrt{\frac{2 \times 20}{365 \times 100}} \approx 12 \text{(天)}$$

年平均总费用:

$$C^* = \sqrt{2C_0 C_1 D} = \sqrt{2 \times 20 \times 365 \times 100} = 1208 \text{(元)}$$

(2)持时到货,不许缺货的经济订购批量模型的条件:

一种物品的需求率 $D$ 是常数;

当库存降至零时,能立即得到补充;

每次的订货量不变;

订购费不变；

单位物品的保管费用不变；

货物库存的补充需要持续一定的时间.

对于这种模型，由于不许缺货，到货迟了就会出现缺货的现象. 为了解决这一矛盾，设库存开始时，系统以速度 $R$ 进货，以速度 $D$ 销货. 当达到最高库存量时，进货结束. 这时库存量的实际增长速度为 $R-D(R>D)$. 库存量的变化情况如图 1-22 所示.

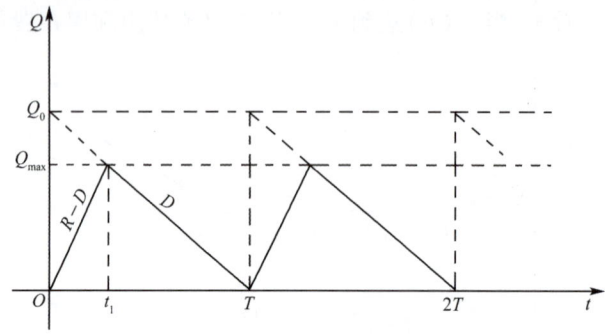

图 1-22

**例 3** 设一种物品的单位时间需求率为 $D$，单位时间的进货速度为 $R$，库存量的实际增长速度为 $R-D(R>D)$. 订货量为 $Q$，订购周期为 $T$，进货时间为 $t_1$，商品的单价为 $P$，每次的订购费用为 $C_0$，单位时间内每件商品的库存费为 $C_1$. 如果不许缺货，求每次订货的批量是多少时总的费用最少？

**解** 用 $C(T)$ 表示总费用，则模型的费用为

$$C(T) = 订货费 + 库存费$$

当订购周期为 $T$ 时，$t_1$ 时间内的进货量应该等于 $T$ 时间内的总销售量，因此有 $Rt_1 = DT$，$t_1 = \dfrac{DT}{R}$，订购费用为

$$C_0 + QP = C_0 + DPT$$

最高库存量为

$$Q_{\max} = (R-D)t_1 = (R-D) \cdot \dfrac{DT}{R}$$

$$= \left(1 - \dfrac{D}{R}\right)DT$$

当均匀销售，库存量等于批量的一半时，为

$$\bar{Q} = \dfrac{1}{2}\left(1 - \dfrac{D}{R}\right)DT$$

则 $T$ 时间内平均库存费为

$$\bar{Q}C_1 = \dfrac{1}{2}\left(1 - \dfrac{D}{R}\right)DTC_1$$

$T$ 时间内总的库存费用为
$$\overline{Q}C_1 T = \frac{1}{2}\left(1-\frac{D}{R}\right)DC_1 T^2$$

$T$ 时间内总费用为
$$C(T) = C_0 + DPT + \frac{1}{2}\left(1-\frac{D}{R}\right)DC_1 T^2$$

$T$ 时间内总的平均费用为
$$\overline{C}(T) = \frac{C_0}{T} + DP + \frac{1}{2}\left(1-\frac{D}{R}\right)DC_1 T$$

下面求 $\overline{C}(T)$ 的最小值.

令
$$[\overline{C}(T)]' = -\frac{C_0}{T^2} + \frac{1}{2}\left(1-\frac{D}{R}\right)DC_1 = 0$$

解得
$$T_0 = \sqrt{\frac{2C_0}{C_1 D}\cdot\frac{R}{R-D}}$$

$$[\overline{C}(T)]'' = \left[-\frac{C_0}{T^2} + \frac{1}{2}\left(1-\frac{D}{R}\right)DC_1\right]'$$

$$= -\frac{-2C_0 T}{T^4} = \frac{2C_0}{T^3}$$

$$[\overline{C}(T)]'' = \frac{2C_0}{\frac{2C_0}{C_1 D}\cdot\frac{R}{R-D}\sqrt{\frac{2C_0}{C_1 D}\cdot\frac{R}{R-D}}}$$

$$= \frac{(R-D)C_1 D}{R}\sqrt{\frac{C_1 D(R-D)}{2C_0 R}} > 0$$

所以, $T_0$ 是使 $\overline{C}(T)$ 取得最小值的时间间隔.

将 $T_0 = \sqrt{\dfrac{2C_0}{C_1 D}\cdot\dfrac{R}{R-D}}$ 代入 $Q = DT$, 得

$$Q_0 = D\sqrt{\frac{2C_0}{C_1 D}\cdot\frac{R}{R-D}}$$

$$= \sqrt{\frac{D^2 \times 2C_0 R}{C_1 D(R-D)}}$$

$$= \sqrt{\frac{2C_0 D}{C_1}\cdot\frac{R}{R-D}}$$

因为 $PD$ 与 $T$ 无关, 在 $\overline{C}(T)$ 中可以不考虑这项费用, 将 $\overline{C}(T)$ 改写为
$$\overline{C}(T) = \frac{C_0}{T} + \frac{1}{2}\left(1-\frac{D}{R}\right)DC_1 T$$

将 $T_0 = \sqrt{\dfrac{2C_0}{DC_1}\cdot\dfrac{R}{R-D}}$ 代入得

$$C^* = \overline{C}(T_0) = \frac{C_0}{\sqrt{\dfrac{2C_0}{DC_1} \cdot \dfrac{R}{R-D}}} + \frac{1}{2}\left(1 - \frac{D}{R}\right)DC_1 \sqrt{\dfrac{2C_0}{DC_1} \cdot \dfrac{R}{R-D}}$$

$$= \sqrt{2C_0 C_1 D \cdot \dfrac{R-D}{R}}$$

▶ **例4** 某商店年经销某商品6500个,已知一次订货费用为200元,库存费用3.20元/(个·月),每日进货量50个.在不允许缺货的情况下,求最优订货批量和每月的最少费用.

**解** 设每月平均为30个营业日,已知

$$C_0 = 200(元), \quad C_1 = 3.20(元/(个 \cdot 月))$$

$$R = 50 \times 30 = 1500(个/月)$$

$$D = \frac{6500}{12} = 542(个/月)$$

最佳的订购批量为

$$Q_0 = \sqrt{\dfrac{2C_0 D}{C_1} \cdot \dfrac{R}{R-D}} = \sqrt{\dfrac{2 \times 200 \times 542}{3.20} \times \dfrac{1500}{1500-542}} \approx 326(个)$$

最佳的订购次数为

$$N_0 = \dfrac{D}{Q_0} = \dfrac{6500}{326} = 19.94(次)$$

最佳的订购周期为

$$T_0 = \sqrt{\dfrac{2C_0}{DC_1} \cdot \dfrac{R}{R-D}} = \sqrt{\dfrac{2 \times 200}{542 \times 3.20} \times \dfrac{1500}{1500-542}} \approx 0.6(月) = 18(天)$$

最优策略为:每18天订一次货,每次订购326个,年平均总费用为

$$C^* = \sqrt{2C_0 C_1 D \cdot \dfrac{R-D}{R}}$$

$$= \sqrt{2 \times 200 \times 3.2 \times 542 \times \dfrac{1500-542}{1500}} \approx 666(元)$$

(3)瞬时到货,允许缺货的经济订购批量模型的条件:

一种物品的需求率$D$是常数;

当库存量降为零时,允许过一段时间再进货补充库存;

每次的订货量不变;

订货费用不变;

单位物品的保管费用不变.

对于这种模型,由于允许缺货,因此库存量相对减少,但缺货会造成一定的经济损失.

▶ **例5** 设某种商品单位时间内需求率为$D$,订货批量为$Q$,订货周期为$T$,不缺货的时间为$t_1$,缺货时间为$T-t_1$,商品的单价为$P$,每次订货的订货费用为$C_0$,单位时间内每件商品的库存费用为$C_1$,每件商品缺货的损失费用为$C_2$.求最佳订购批量、最佳

订购次数、最佳的订货周期及最少的平均费用.

**解** 在$(0,t_1]$时间内,需求可以得到满足,有$Q=Dt_1$;在时间$[t_1,T]$内,库存量为零.这时库存量与时间的变化关系如图1-23所示.

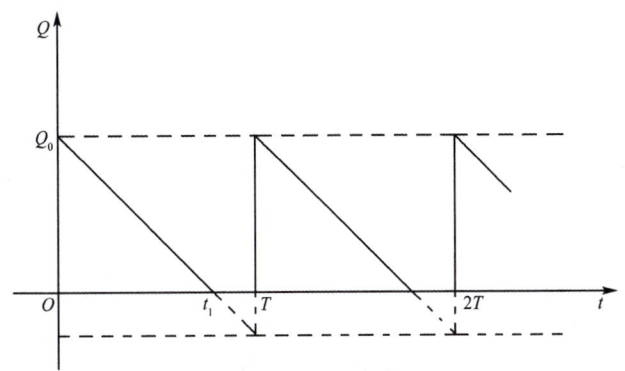

图 1-23

用$C(T,Q)$表示总费用,则$C(T,Q)=$订货费+库存费+缺货损失费.
订购费用为

$$C_0+PQ=C_0+PDt_1=C_0+PD\frac{Q}{D}$$

当均匀销售时,库存量等于批量的一半,则

$$\frac{1}{2}Q=\frac{1}{2}Dt_1$$

$t_1$时间内的平均库存费为

$$\frac{1}{2}Dt_1C_1=\frac{1}{2}QC_1$$

$t_1$时间内总的库存费为

$$\frac{1}{2}Qt_1C_1=\frac{1}{2}QC_1\frac{Q}{D}=\frac{1}{2}C_1\frac{Q^2}{D}$$

$[t_1,T]$内的平均缺货量为

$$\frac{1}{2}D(T-t_1)$$

$T-t_1$时间内的缺货损失费用为

$$\frac{1}{2}D(T-t_1)C_2(T-t_1)=\frac{1}{2}DC_2(T-t_1)^2$$
$$=\frac{1}{2}DC_2\left(T-\frac{Q}{D}\right)^2=\frac{1}{2}C_2\frac{(DT-Q)^2}{D}$$

$T$时间内总费用为

$$C(T,Q)=C_0+PQ+\frac{1}{2}C_1\frac{Q^2}{D}+\frac{1}{2}C_2\frac{(DT-Q)^2}{D}$$

$T$时间内总的平均总费用为

$$\overline{C}(T,Q)=\frac{C_0}{T}+PD+\frac{1}{2}C_1\frac{Q^2}{DT}+\frac{1}{2}C_2\frac{(DT-Q)^2}{DT}$$

下面求 $\overline{C}(T,Q)$ 的最小值.

$$\frac{\partial \overline{C}(T,Q)}{\partial T}=\frac{\partial\left(\dfrac{C_0}{T}+PD+\dfrac{1}{2}C_1\dfrac{Q^2}{DT}+\dfrac{1}{2}C_2\dfrac{(DT-Q)^2}{DT}\right)}{\partial T}$$

$$=\frac{-2C_0D-C_1Q^2+C_2D^2T^2-C_2Q^2}{2DT^2}$$

令 $\dfrac{\partial \overline{C}(T,Q)}{\partial T}=0$，即

$$-2C_0D-C_1Q^2+C_2D^2T^2-C_2Q^2=0$$

$$\frac{\partial \overline{C}(T,Q)}{\partial Q}=\frac{\partial\left(\dfrac{C_0}{T}+PD+\dfrac{1}{2}C_1\dfrac{Q^2}{DT}+\dfrac{1}{2}C_2\dfrac{(DT-Q)^2}{DT}\right)}{\partial Q}$$

$$=\frac{2C_1Q-2C_2DT+2C_2Q}{2DT}$$

令 $\dfrac{\partial \overline{C}(T,Q)}{\partial Q}=0$，即

$$C_1Q-C_2DT+C_2Q=0$$

即

$$\begin{cases}2DC_0+(C_1+C_2)Q^2-C_2D^2T^2=0\\C_1Q-C_2DT+C_2Q=0\end{cases}$$

解得

$$Q_0=\pm\sqrt{\frac{2DC_0C_2}{(C_1+C_2)C_1}}\quad（负值舍去）$$

$$T_0=\sqrt{\frac{2C_0(C_1+C_2)}{DC_2C_1}}$$

$$C^*=\overline{C}(T_0,Q_0)=\sqrt{\frac{2DC_0C_1C_2}{C_1+C_2}}$$

> **例6** 已知某商品的需求率为每月 500 件，一次订购费用为 8 元，每月库存费用为 0.20 元/件，月单位缺货损失费为 0.15 元. 在可以缺货的情况下，求每次的最优订购批量、最佳订购次数、最佳订购周期、最少的总平均费用.

**解** 已知，$D=500$ 件/月，$C_0=8$ 元，$C_1=0.20$ 元/(件·月)，$C_2=0.15$ 元/(件·月).

最佳的经济订购批量为

$$Q_0=\sqrt{\frac{2DC_0C_2}{(C_1+C_2)C_1}}$$

$$=\sqrt{\frac{2\times500\times8\times0.15}{(0.2+0.15)\times0.2}}\approx131(\text{件})$$

最佳订购周期为

$$T_0 = \sqrt{\frac{2C_0(C_1+C_2)}{DC_1C_2}} = \sqrt{\frac{2\times 8\times (0.2+0.15)}{0.2\times 0.15\times 500}} \approx 18(\text{天})$$

最小的总平均费用为

$$C^* = \overline{C}(T_0, Q_0) = \sqrt{\frac{2DC_0C_1C_2}{C_1+C_2}} = \sqrt{\frac{2\times 8\times 0.2\times 0.15\times 500}{0.2+0.15}} \approx 26(\text{元})$$

**例7** 已知某商品的年需求量为 9 件,一次订货的费用为 32 元,库存费用为 1 元/(年·件),单位缺货的损失费用为 9 元/(年·件). 在允许缺货的情况下,求最优的订货批量、最优的订货周期和最小的总平均费用.

**解** 已知,$D=9$(件/年),$C_0=32$ 元,$C_1=1$(元/(年·件)),$C_2=9$(元/(年·件)).
最优的经济订货批量为

$$Q_0 = \sqrt{\frac{2DC_0C_2}{C_1(C_1+C_2)}} = \sqrt{\frac{2\times 9\times 32\times 9}{1\times (1+9)}} \approx 23(\text{件})$$

最优的订货周期为

$$T_0 = \sqrt{\frac{2C_0(C_1+C_2)}{C_1C_2D}} = \sqrt{\frac{2\times 32\times (1+9)}{1\times 9\times 9}} \approx 2.8(\text{年})$$

最优策略为:每次订货 23 件,每隔 2.8 年订一次货,最小费用为

$$C^* = \sqrt{2C_0C_1C_2D\cdot \frac{1}{C_1+C_2}} = \sqrt{2\times 32\times 1\times 9\times 9\times \frac{1}{9+1}} \approx 22.77(\text{元})$$

(4)持时到货,允许缺货的经济订货批量模型的条件:
一种物品的需求率 $D$ 是常数;
当库存量降为零时,允许过一段时间再进货来补充库存;
每次的订货量不变;
订货费用不变;
单位物品的保管费用不变.
这类模型库存量变化的情况如图 1-24 所示.

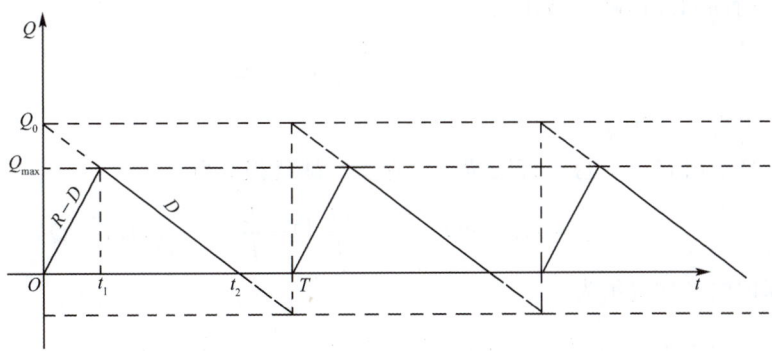

图 1-24

进货的时间长度为 $t_1$,采取以速率 $R$ 进货,以速率 $D$ 销货的方式($R>D$),到 $t_2$ 时库存物品全部销售完毕,库存量降为零. 设订货周期为 $T$,则在 $[t_2, T]$ 期间内造成缺货.

此时在$(0,t_1]$内的销售总量,等于$(0,t_2]$内的总的销售量,则
$$Q = Rt_1 = D \cdot t_2$$
解得
$$t_1 = \frac{Q}{R}, \quad t_2 = \frac{Q}{D}$$
在$t_1$时刻库存量为最高.
$$Q_{\max} = (R-D)t_1 = D(t_2 - t_1) = Q\left(1 - \frac{D}{R}\right)$$
在$(0,t_2]$内平均库存量等于批量的一半,为
$$\bar{Q} = \frac{1}{2}Q\left(1 - \frac{D}{R}\right)$$
在$(0,t_2]$内的平均库存费用为
$$C_1 \cdot \bar{Q} = \frac{1}{2}C_1 Q\left(1 - \frac{D}{R}\right)$$
在$(0,t_2]$内总的库存费用为
$$C_1 \bar{Q} t_2 = \frac{1}{2}C_1 Q \cdot \left(1 - \frac{D}{R}\right) \cdot t_2$$
$$= \frac{1}{2}C_1 Q\left(1 - \frac{D}{R}\right) \cdot \frac{Q}{D}$$
$$= \frac{1}{2}C_1 \frac{Q^2}{D}\left(1 - \frac{D}{R}\right)$$
缺货时间为$T - t_2$,缺货量为
$$Q_2 = D(T - t_2) = D\left(T - \frac{Q}{D}\right) = DT - Q$$
平均缺货量为
$$\frac{1}{2}Q_2 = \frac{1}{2}(DT - Q) = \bar{Q}_2$$
$[t_2, T]$时间间隔内缺货费用为
$$C_2 \bar{Q}_2 (T - t_2) = \frac{C_2}{2D}(DT - Q)^2$$
订购费用为$C_0 + PQ$.
$$总费用\ C(T,Q) = 订购费 + 库存费 + 缺货损失费$$
$$= C_0 + PQ + \frac{1}{2}C_1 \frac{Q^2}{D}\left(1 - \frac{D}{R}\right) + \frac{C_2}{2D}(DT - Q)^2$$
$T$时间内的平均费用为
$$\bar{C}(T,Q) = \frac{1}{T}\left(C_0 + PQ + \frac{1}{2}C_1 \frac{Q^2}{D}\left(1 - \frac{D}{R}\right) + \frac{C_2}{2D}(DT - Q)^2\right)$$
令
$$\frac{\partial C}{\partial Q} = 0, \quad \frac{\partial C}{\partial T} = 0$$
解得最佳的订购批量为

$$Q_0 = \sqrt{\frac{2C_0 D}{C_1} \cdot \frac{R}{R-D} \cdot \frac{C_2}{C_1\left(1-\frac{D}{R}\right)+C_2}}$$

最佳订购周期为

$$T_0 = \sqrt{\frac{2C_0}{C_1 D} \cdot \frac{R}{R-D} \cdot \frac{C_1\left(1-\frac{D}{R}\right)+C_2}{C_2}}$$

最小的平均总费用为

$$C^* = \sqrt{2C_0 C_1 D \cdot \frac{R-D}{R} \cdot \frac{C_2}{C_1\left(1-\frac{D}{R}\right)+C_2}}$$

**▶ 例 8** 某电器零售商店预计年电器销量为 350 件,且在全年内基本均衡,若该商品每组织一次进货,需订购费 50 元,存贮费为每年每件 13.75 元,当供应短缺时,每缺一件的缺货损失费为 25 元.若每提出一批订货,电器将从订货之日起,按每年 3000 件的速率到达,求最优的订货批量、最优的订货周期、最少的总平均费用.

**解** 已知,$D=350$(件/年),$R=3000$(件/年),$C_0=50$ 元,$C_1=13.75$ 元/(件·年),$C_2=25$ 元/(件·年).

最佳的订购批量为

$$Q_0 = \sqrt{\frac{2C_0 D}{C_1} \cdot \frac{R}{R-D} \cdot \frac{C_2}{C_1\left(1-\frac{D}{R}\right)+C_2}}$$

$$= \sqrt{\frac{2 \times 50 \times 350}{13.75} \cdot \frac{3000}{3000-350} \cdot \frac{25}{13.75 \times \left(1-\frac{350}{3000}\right)+25}} \approx 44(\text{件})$$

最佳的订购周期为

$$T_0 = \sqrt{\frac{2C_0}{C_1 D} \cdot \frac{R}{R-D} \cdot \frac{C_1\left(1-\frac{D}{R}\right)+C_2}{C_2}}$$

$$= \sqrt{\frac{2 \times 50}{13.75 \times 350} \cdot \frac{3000}{3000-350} \cdot \frac{13.75 \times \left(1-\frac{350}{3000}\right)+25}{25}} \approx 0.19(\text{年})$$

最小的平均总费用为

$$C^* = \sqrt{2C_0 C_1 D \cdot \frac{R-D}{R} \cdot \frac{C_2}{C_1\left(1-\frac{D}{R}\right)+C_2}}$$

$$= \sqrt{2 \times 50 \times 13.75 \times 350 \times \frac{3000-350}{3000} \times \frac{25}{13.75 \times \left(1-\frac{350}{3000}\right)+25}} \approx 535(\text{元})$$

### 习题 1.2.3

1. 某工厂每年需要某种原料 1800 吨，不能缺货．设每月每吨的保管费为 60 元，每次订购费为 200 元，试求每次的最优订购批量，最佳订购周期，最少的总平均费用．

2. 某产品每月的用量为 4 件，装配费为 50 元/次，库存费用每月每件 8 元，试求每次的最优订购批量，最少的总平均费用．

3. 某工厂每年使用某种零件 100000 个，每年每个零件的保管费为 3 元，每次订购费为 60 元，试求每次的最优订购批量，最佳订购周期，最少的总平均费用．

4. 某工厂每年使用某种零件 18000 个，该厂每月可生产 3000 个，每次生产的准备费用为 500 元，每月每个零件的保管费为 0.15 元，试求每次的最优订购批量，最少的总平均费用．

5. 某产品每月的用量为 4 件，装配费为 50 元/次，库存费用每月每件 8 元，生产速度每月可生产 10 件，试求每次的最优订购批量，最少的总平均费用．

6. 某工厂每月需要某种机械零件 2000 件，每件成本 150 元，每年每件的库存费用为成本的 16%，可以缺货，缺货的损失费每月每件 5 元，每次订购费用 100 元，试求每次的最优订购批量，最少的总平均费用．

7. 某产品每周的提取量为 4000 件，每周的生产量为 16000 件，每周每件的库存费用为 0.36 元，每次装配费为 20 元，试求每次的最优订购批量，最少的总平均费用．

## 1.2.4　其他模型与应用

**职业素养**

本节引入最值问题和影子价格案例，突出函数在实际问题中的应用．通过不同的应用激发学习热情与探求新知的欲望．起到培养人文素养和辩证思维的目的，树立勇于探索的精神．

### 1. 最值问题

在许多数学和工程技术问题中，都会遇到函数的最大值和最小值问题，也就是微分学中的最值模型．

**例 1**　设工厂 $A$ 到铁路线的垂直距离为 20 千米，垂足为 $B$ 点，铁路线上距 $B$ 点 100 千米处有一个原料供应站 $C$ 点．现在要在铁路 $BC$ 之间某处 $D$ 点修建一个车站，再由车站 $D$ 点向工厂 $A$ 修一条铁路，问 $D$ 点应在何处才能使得从原料供应站 $C$ 点运货

到工厂 $A$ 所需运费最省?已知每千米的铁路运费与公路运费之比为 3∶5.

**解** 设 $BD=x$,则 $AD=\sqrt{x^2+20^2}$,$CD=100-x$.如果公路运费为 $5a$ 元/千米,则铁路运费为 $3a$ 元/千米,于是从点 $C$ 途径点 $D$ 到 $A$ 的距离为 $\sqrt{x^2+20^2}+100-x$.

所需总运费为
$$y=5a\sqrt{x^2+20^2}+3a(100-x) \quad (0\leq x\leq 100)$$

因为
$$y'=\frac{5ax}{\sqrt{x^2+20^2}}-3a=\frac{a(5x-3\sqrt{x^2+20^2})}{\sqrt{x^2+20^2}}$$

令 $y'=0$,得 $x=\pm 15$,只有 $x=15$ 满足 $0\leq x\leq 100$.

因此当车站 $D$ 建于 $B$,$C$ 之间且与 $B$ 相距 15 千米时运费最省.

**例2** 欲用长 6 米的铝合金加工日字形窗框,问它的长和宽分别为多少时,才能使窗户面积最大,最大面积是多少?

**解** 设窗框的宽为 $x$ 米,则长为 $\frac{1}{2}(6-3x)$ 米,于是窗户的面积为
$$y=x\cdot\frac{1}{2}(6-3x)=3x-\frac{3}{2}x^2$$
$$y'=3-3x$$

令 $y'=0$,得 $x=1$.因为 $y''=-3<0$,所以 $x=1$ 是极大值点,极大值为
$$y=3\times 1-\frac{3}{2}\times 1=1.5$$

所以,窗户的宽为 1 米,长为 1.5 米时,窗户的面积最大,最大面积为 1.5 平方米.

**例3** 将周长为 $2a$ 的矩形绕它的一边旋转而构成一个圆柱体,问矩形的长和宽各为多少时,才能使圆柱的体积最大?

**解** 设矩形的长和宽分别为 $x$,$y$,则旋转体的体积为
$$V=\pi x^2 y \quad (0<x<a, y>0)$$

由题意知 $2x+2y=2a$,即 $y=a-x$,代入上式得
$$V=\pi x^2(a-x)$$

令 $V'=0$,得唯一驻点 $x=\frac{2}{3}a$,这时 $y=\frac{1}{3}a$.

所以当矩形的长和宽分别为 $\frac{2}{3}a$、$\frac{1}{3}a$ 时,绕 $y=\frac{1}{3}a$ 旋转所得圆柱体积最大.

**例4** 要制造一个无盖的长方体水槽,已知它的底部造价为每平方米 18 元,侧面造价为每平方米 6 元,设计的总造价为 216 元,问如何选取它的尺寸,才能使水槽体积最大?

**解** 设水槽的长、宽、高分别为 $x, y, z$, 则体积为

$$V = xyz \quad (x>0, y>0, z>0)$$

由题设知

$$18xy + 6(2xz + 2yz) = 216$$

即

$$z = \frac{36 - 3xy}{2(x+y)} = \frac{3}{2} \cdot \frac{12 - xy}{x+y}$$

将上式代入 $V = xyz$, 得

$$V = \frac{3}{2} \cdot \frac{12xy - x^2y^2}{x+y}$$

求 $V$ 对 $x, y$ 的偏导数:

$$V'_x = \frac{3}{2} \cdot \frac{(12y - 2xy^2)(x+y) - (12xy - x^2y^2)}{(x+y)^2}$$

$$V'_y = \frac{3}{2} \cdot \frac{(12x - 2x^2y)(x+y) - (12xy - x^2y^2)}{(x+y)^2}$$

令 $V'_x = 0, V'_y = 0$ 得方程组

$$\begin{cases} (12y - 2xy^2)(x+y) - (12xy - x^2y^2) = 0 \\ (12x - 2x^2y)(x+y) - (12xy - x^2y^2) = 0 \end{cases}$$

解得 $x = 2, y = 2$, 代入得 $z = 3$.

所以取长为 2 米、宽为 2 米、高为 3 米时, 水槽的体积最大, 最大体积为 12 立方米.

### 2. 影子问题

**例 5** 影子为什么那么长?

当人们夜晚在马路上行走时, 如果身后有一盏路灯, 就会看到前方的路面上留下了一条长长的身影, 而且人影移动的速度明显比人行走的速度快了许多. 下面, 我们就用导数来解释这种现象.

如图 1-25 所示, $H$ 表示路灯与地面的距离, $h$ 表示人的身高, 人沿着 $x$ 轴的正向前进. 如果人在 $t$ 时刻由灯下的 $O$ 点前进至 $A$ 点, 那么人的影子则从 $O$ 点 "前进" 至 $B$ 点, 换句话说, $t$ 时刻影子移动的距离 $S$ 即为线段 $OB$ 的长度. 由导数的物理意义知, $\frac{dS}{dt}$ 就表示影子移动的速度.

由于 $\triangle ABC \sim \triangle OBD$, 所以 $\frac{h}{H} = \frac{S - OA}{S}$, 由此可求得

$$S = \frac{OA}{1 - \frac{h}{H}} = \frac{H \cdot OA}{H - h}$$

假设人匀速行走, 速度为 $v_0$, 则时刻 $t$ 行走的距离 $OA = v_0 t$, 于是

$$S = \frac{H \cdot v_0 t}{H-h}$$

从而

$$\frac{dS}{dt} = \frac{H \cdot v_0}{H-h}$$

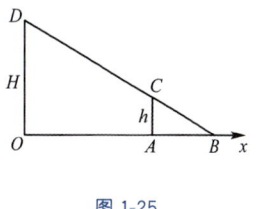

图 1-25

如果我们以灯高 $H=5$ 米、身高 $h=1.8$ 米、速度 $v_0 = 1.6$(米/秒)计算,即可求得影子移动的速度为

$$\frac{dS}{dt} = \frac{5 \times 1.6}{5-1.8} = 2.5 (米/秒)$$

这比人行走的速度要快多了.

## 习题 1.2.4

1. 从斜边为 $a$ 的所有直角三角形中,求有最大周长的直角三角形.

2. 欲用围墙围成面积为 216 平方米的一块土地,并在正中用一堵墙将其隔成两块,问这块土地的长和宽选取多大尺寸,才能使所用建筑材料最省?

3. 一鱼雷艇停泊在距海岸 9 公里的 $A$ 处(海岸为直线),派人送信给距鱼雷艇为 $3\sqrt{34}$ 公里设在海岸边上的司令部 $B$ 处,如图 1-26 所示.如送信人步行每小时 5 公里,划船每小时 4 公里,问他在何处上岸,将信送到司令部所用时间最短?

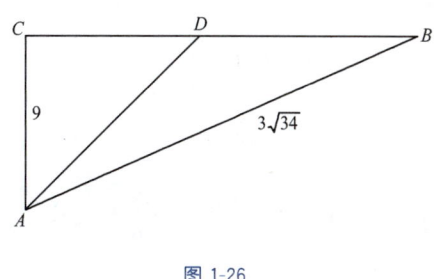

图 1-26

4. 在半径为 $a$ 的半球内,内接一个长方体,问各边长为多少时,其体积最大?

5. 试在底半径为 $r$,高为 $h$ 的正圆锥内,内接一个体积最大的长方体,问这长方体的长、宽、高各应等于多少?

## 微分学知识结构图

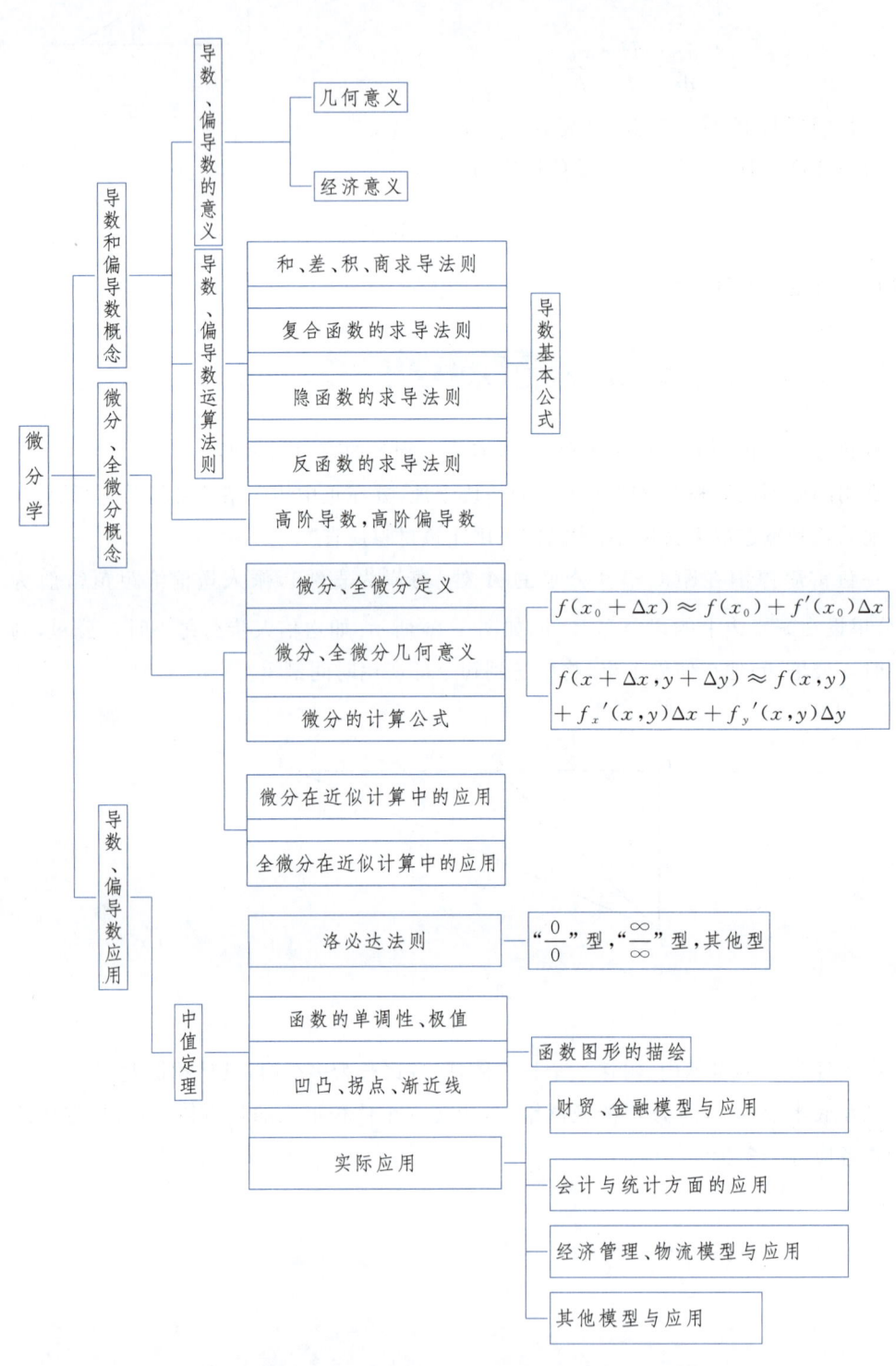

## 复习题一

**一、填空题**

1. 设 $y = xe^x$，则 $y^{(10)} =$ _____.

2. 函数 $z = x^y + y^x$，$\dfrac{\partial z}{\partial x} =$ _____，$\dfrac{\partial z}{\partial y} =$ _____.

3. $dz = y\cos x\, dx + \sin x\, dy$，$\dfrac{\partial z}{\partial x} =$ _____，$\dfrac{\partial z}{\partial y} =$ _____.

4. 函数 $z = x\arctan(xy)$，$\dfrac{\partial^2 z}{\partial x \partial y} =$ _____.

5. 曲线 $y = x^3 - 3x$ 在点 _____ 处的切线斜率等于零.

**二、选择题**

1. 若函数 $y = e^{f(x)}$，则 $y'' = ($ ).
   A. $e^{f(x)}$
   B. $e^{f(x)} f''(x)$
   C. $e^{f(x)} [f'(x)]^2$
   D. $e^{f(x)} \{[f'(x)]^2 + f''(x)\}$

2. 函数 $f(x) = \dfrac{x+1}{x}$ 在区间 $[1, 2]$ 上符合拉格朗日定理结论中的 $\xi = ($ ).
   A. $-\dfrac{1}{2}$
   B. $\dfrac{1}{\sqrt{2}}$
   C. $-\sqrt{2}$
   D. $\sqrt{2}$

3. $x = 0$ 是函数（ ）的极值点.
   A. $f(x) = x^3$
   B. $f(x) = (x-1)e^x$
   C. $f(x) = x - \sin x$
   D. $f(x) = x - \arctan x$

4. 若函数 $f(x)$ 在 $(a, b)$ 内二阶可导，且 $f'(x) < 0$，$f''(x) > 0$，则在 $(a, b)$ 内（ ）.
   A. 函数单调递减，曲线凸
   B. 函数单调递增，曲线凸
   C. 函数单调递增，曲线凹
   D. 函数单调递减，曲线凹

5. 函数 $z = f(x, y)$，下列关于偏导数与全微分的关系中正确的是（ ）.
   A. 偏导数不连续，全微分必不存在
   B. 全微分存在，偏导数必连续
   C. 偏导数连续，全微分必存在
   D. 全微分存在，偏导数不一定存在

**三、求下列函数的导数**

1. $y = x\log_2 x + \ln 2$
2. $y = e^{-x}\cos(3-x)$
3. $y = (\tan x)^x$
4. $y = 1 - xe^y$
5. $y = \ln(x + \sqrt{x^2 + 1})$
6. $y = (1 + x^2)\arctan x$，求 $y''$

**四、描绘下列函数的图像**

1. $y = \dfrac{1}{5}(x^4 - 6x^2 + 8x + 7)$
2. $y = \dfrac{x}{1 + x^2}$

**五、解答题**

1. 设 $f(x)=\begin{cases} x^2 & (x\leqslant 1) \\ ax+b & (x>1) \end{cases}$，为了使 $f(x)$ 在点 $x=1$ 处连续且可导，应当怎样选择系数 $a$ 和 $b$.

2. 证明不等式 $|\arctan b - \arctan a| \leqslant |b-a|$.

3. 设 $u=\sin x + F(\sin y - \sin x)$，证明：$\dfrac{\partial u}{\partial x}\cos y + \dfrac{\partial u}{\partial y}\cos x = \cos x \cdot \cos y$.

# 第二篇

# 积分学

在微分学中我们讨论了求一个已知函数的导数(或微分)的问题.在科学技术和经济管理的许多问题中,我们还会遇到已知函数的导数,如何求得该函数的问题.这种由函数的导数(或微分)求原来函数的问题就是本篇积分学中的第一个基本问题——不定积分.除此之外,本篇还将介绍积分学中的另一个重要概念——定积分,它是从大量的实际问题中抽象出来的.包括求平面图形的面积、空间立体的体积以及总产量、总成本等.虽然它们的实际意义不同,但求解的方法却是相同的,都采用分割、近似、求和、取极限的方法.

本篇我们将重点介绍不定积分、定积分、二重积分的概念,不定积分、定积分、二重积分的几何意义和基本性质,不定积分、定积分的换元法和分部积分法,广义积分、二重积分、常微分方程的基本解法.

通过学习要求掌握不定积分的第一类换元法,分部积分法中 $u(x)$ 和 $v(x)$ 的选择;定积分的原函数存在定理及牛顿-莱布尼兹公式的运用;定积分的第二类换元法和分部积分法;二重积分的计算方法和求解平面图形的面积.

## 第一部分 基本理论

### 2.1.1 不定积分的概念和性质

**职业素养**

原函数与被积函数的关系是我们本节重点探讨的问题.在讨论的过程中逐步明确不定积分基本概念的重要性.通过了解原函数与导数的关系,追根溯源,培养从不同侧面考虑问题、进一步完善总结经验的能力,坚持不懈追求真理的良好品质.

#### 1. 原函数和不定积分的概念

在导数定义的讨论中,我们得到瞬时速度 $v$ 是路程函数 $S=S(t)$ 对时间 $t$ 的导数,即 $v=S'(t)$,但在实际问题中我们还会遇到已知物体运动的瞬时速度 $v=v(t)$,求物体运动的路程函数 $S=S(t)$.类似的问题还可以提出很多,下面再举一个实例.

若已知 $f'(x)=2x$,由导数公式可知 $f(x)=x^2$,我们称 $x^2$ 为 $2x$ 的一个原函数.一般地,可给出如下定义:

**定义 1**  设 $f(x)$ 为定义在某个区间上的函数,若存在函数 $F(x)$,其在该区间上的任一点,都有

$$F'(x)=f(x)$$

则称 $F(x)$ 为函数 $f(x)$ 在该区间上的一个**原函数**.

定义 1 给出 $F(x)$ 为 $f(x)$ 的一个原函数.那么,原函数有多少?如何表示一个函数所有的原函数呢?

利用求导公式和求导法则我们得到如下结论:

$(x^2+1)'=2x$     $(x^2+100)'=2x$
$(x^2+10000)'=2x$     $(x^2+C)'=2x(C\text{ 为任意常数})$

显然,$x^2+1,x^2+100,x^2+10000,x^2+C$,都是 $2x$ 在 $(-\infty,+\infty)$ 上的原函数.这

127

说明 $2x$ 在 $(-\infty, +\infty)$ 上的原函数是不唯一的.

一般地,如果 $F(x)$ 为 $f(x)$ 的一个原函数,则 $F(x)+C$ 也是 $f(x)$ 的一个原函数. 由 $C$ 的任意性可知, $f(x)$ 有无穷多个原函数. 如果假设 $F(x)$ 和 $G(x)$ 都是 $f(x)$ 的原函数,则可以得到如下定理.

**定理** 如果 $F(x)$ 和 $G(x)$ 都是 $f(x)$ 在区间 $I$ 上的原函数,则有
$$G(x) = F(x) + C$$

**证明** 令 $\varphi(x) = G(x) - F(x)$,则
$$\varphi'(x) = G'(x) - F'(x)$$
由于 $F'(x) = f(x)$,$G'(x) = f(x)$,则在区间 $I$ 上恒有
$$\varphi'(x) = 0$$
所以
$$\varphi(x) = C \quad (C \text{ 为任意常数})$$
即
$$G(x) = F(x) + C$$

因此, $f(x)$ 的全部原函数可以表示为
$$F(x) + C \quad (C \text{ 为任意常数})$$

为此,我们有如下定义:

**定义 2** 如果 $F(x)$ 是 $f(x)$ 在区间 $I$ 上的一个原函数,那么
$$F(x) + C \quad (C \text{ 为任意常数})$$
称为 $f(x)$ 在区间 $I$ 上的**不定积分**,记为
$$\int f(x) \mathrm{d}x$$
即

$$\int f(x) \mathrm{d}x = F(x) + C$$

其中, $\int$ 是积分号, $x$ 称为**积分变量**, $f(x)$ 称为**被积函数**, $f(x)\mathrm{d}x$ 称为**被积表达式**.

由定义 2 可知,一个函数的不定积分等于它的一个原函数加上一个任意常数 $C$,通常称 $C$ 为**积分常数**. 求已知函数的原函数的方法为**不定积分法**,简称**积分法**. 显然,它是微分运算的逆运算.

**例 1** 求 $\int 2x \mathrm{d}x$.

**解** 因为 $(x^2)' = 2x$,即 $x^2$ 是 $2x$ 的一个原函数. 故
$$\int 2x \mathrm{d}x = x^2 + C$$

▶ **例 2** 求 $\int \cos x \, dx$.

**解** 因为 $(\sin x)' = \cos x$, 即 $\sin x$ 是 $\cos x$ 的一个原函数. 故
$$\int \cos x \, dx = \sin x + C$$

▶ **例 3** 求 $\int \frac{1}{x} dx$.

**解** 当 $x > 0$ 时, $(\ln x)' = \frac{1}{x}$. 又当 $x < 0 (-x > 0)$ 时
$$[\ln(-x)]' = \frac{1}{-x} \cdot (-1) = \frac{1}{x}$$

即当 $x \neq 0$ 时, $\ln|x|$ 为 $\frac{1}{x}$ 的一个原函数. 故
$$\int \frac{1}{x} dx = \ln|x| + C \quad (x \neq 0)$$

## 2. 不定积分的性质

**性质 1**
$$\left(\int f(x) dx\right)' = f(x), \quad d\left(\int f(x) dx\right) = f(x) dx$$
$$\int f'(x) dx = f(x) + C, \quad \int df(x) = f(x) + C$$

如
$$\left[\int \cos x \, dx\right]' = (\sin x + C)' = (\sin x)' + C' = \cos x$$
$$\int d\cos x = -\int \sin x \, dx = \cos x + C$$

课堂互动

**性质 2** $\int a f(x) dx = a \cdot \int f(x) dx \,(a \neq 0, a$ 为常数$)$

如
$$\int 5\cos x \, dx = 5\int \cos x \, dx = 5\sin x + C$$

**性质 3** $\int [f(x) \pm g(x)] dx = \int f(x) dx \pm \int g(x) dx$

如
$$\int (2x + \cos x) dx = \int 2x \, dx + \int \cos x \, dx = x^2 + \sin x + C$$

性质 3 可以推广到任意有限多个函数的代数和的情形, 即
$$\int [f_1(x) \pm f_2(x) \pm \cdots \pm f_n(x)] dx = \int f_1(x) dx \pm \int f_2(x) dx \pm \cdots \pm \int f_n(x) dx$$

## 3. 不定积分的几何意义

▶ **例 4** 做出 $\int 2x \, dx = x^2 + C$ 的图形. 分别取 $C = 0, C = 1, C = 2, C = -1$.

**解** 设 $y = \int 2x \, dx = x^2 + C$.

$C=0$ 时,有 $y=x^2$；$C=1$ 时,有 $y=x^2+1$.
$C=2$ 时,有 $y=x^2+2$；当 $C=-1$ 时,有 $y=x^2-1$.

从上例可以看出,当积分常数 $C$ 变动时,不定积分表示的不是一个函数,而是一族函数.其中任何一条积分曲线都可以由某一积分曲线沿 $y$ 轴方向向上或向下平移而得到.并且,在每一条积分曲线上横坐标相同的点作的切线都是彼此平行的.因此不定积分 $\int f(x)dx$ 在几何上表示一族曲线,称为**积分曲线族**,如图 2-1 所示.

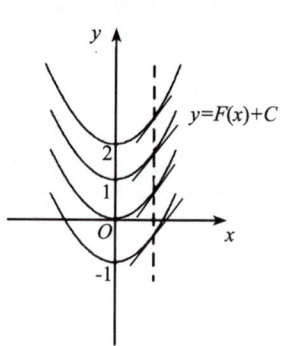

图 2-1

**例 5** 求经过点 $(2,5)$,且其切线斜率为 $2x$ 的曲线方程.

**解** 由曲线的切线斜率为 $2x$,得曲线族应为
$$y=\int 2x\,dx=x^2+C$$
由于曲线经过 $(2,5)$,因而有
$$5=2^2+C, \quad C=1$$
故所求曲线方程为
$$y=x^2+1$$

## 习题 2.1.1

1. 利用求导的结果求不定积分：

(1)$(\quad)'=3x^2 \qquad \int 3x^2\,dx=(\quad)$

(2)$(\quad)'=e^x \qquad \int e^x\,dx=(\quad)$

(3)$(\quad)'=\sin x \qquad \int \sin x\,dx=(\quad)$

(4)$(\quad)'=\dfrac{1}{\sqrt{1-x^2}} \qquad \int \dfrac{1}{\sqrt{1-x^2}}\,dx=(\quad)$

(5)$(\quad)'=\dfrac{1}{1+x^2} \qquad \int \dfrac{1}{1+x^2}\,dx=(\quad)$

2. 利用不定积分的性质填空：

(1) $\dfrac{d}{dx}\int f(x)\,dx=(\quad)$

(2) $\int f'(x)\,dx=(\quad)$

(3) $d\int f(x)dx = ($　　$)$

(4) $\int df(x) = ($　　$)$

3. 判断下列式子是否正确.

(1) $\int \sin x \, dx = -\cos x + C$ 　　　　　　　　　　　　　　　　（　　）

(2) $\int (-4)x^{-3} dx = x^{-4} + C$ 　　　　　　　　　　　　　　　（　　）

(3) $\int x^2 dx = x^3 + C$ 　　　　　　　　　　　　　　　　　　　（　　）

(4) $\int 3^x dx = 3^x + C$ 　　　　　　　　　　　　　　　　　　　（　　）

4. 解下列问题：

(1) 求经过点 $(2,1)$，且切线斜率为 $3x$ 的曲线方程.

(2) 已知一曲线在各点的切线斜率为其切点横坐标的三倍，且通过点 $(0,2)$，求此曲线方程.

(3) 已知积分曲线族 $y = \int 5x^2 dx$ 中的一条通过点 $(\sqrt{3}, 6\sqrt{3})$，求此积分曲线.

(4) 曲线 $y = f(x)$ 过点 $(0,0)$，且在 $(x,y)$ 处的切线斜率为 $k = 3x^2 + 1$，求该曲线方程.

## 2.1.2　不定积分的基本公式

**职业素养**

基本公式的应用可以使我们达到事半功倍的效果. 通过给出的不同基本公式的运用实例，进一步掌握解决问题的技巧，鼓励大胆尝试，不断提升分析问题、解决问题的能力. 生活中无论遇到什么样的难题与挫折，都要善于思考，勇于探索，迎难而上.

根据不定积分的定义，每一个导数公式都可以得到一个相应的不定积分公式.

例如，由导数公式 $(\arctan x)' = \dfrac{1}{1+x^2}$ 就可以得到积分公式

$$\int \frac{1}{1+x^2} dx = \arctan x + C$$

又如，由导数公式 $\left(\dfrac{1}{\alpha+1} x^{\alpha+1}\right)' = x^\alpha (\alpha \neq -1)$ 就可以得到积分公式

131

$$\int x^{\alpha} dx = \frac{1}{\alpha+1} x^{\alpha+1} + C$$

因此,由第一篇中的导数公式可立即得到不定积分公式,下面给出基本导数公式和基本积分公式的对照表(表 2-1).

表 2-1

| 基本导数公式 | 基本积分公式 |
| --- | --- |
| (1) $(C)' = 0$ | (1) $\int 0 dx = C$ |
| (2) $(x^{\alpha+1})' = (\alpha+1) x^{\alpha}$ | (2) $\int x^{\alpha} dx = \frac{1}{\alpha+1} x^{\alpha+1} + C (\alpha \neq -1)$ |
| (3) $(e^x)' = e^x$ | (3) $\int e^x dx = e^x + C$ |
| (4) $(a^x)' = a^x \ln a (a > 0, 且 a \neq 1)$ | (4) $\int a^x dx = \frac{1}{\ln a} a^x + C (a > 0, 且 a \neq 1)$ |
| (5) $(\ln |x|)' = \frac{1}{x} (x \neq 0)$ | (5) $\int \frac{1}{x} dx = \ln |x| + C (x \neq 0)$ |
| (6) $(\sin x)' = \cos x$ | (6) $\int \cos x dx = \sin x + C$ |
| (7) $(\cos x)' = -\sin x$ | (7) $\int \sin x dx = -\cos x + C$ |
| (8) $(\tan x)' = \sec^2 x$ | (8) $\int \sec^2 x dx = \tan x + C$ |
| (9) $(\cot x)' = -\csc^2 x$ | (9) $\int \csc^2 x dx = -\cot x + C$ |
| (10) $(\sec x)' = \sec x \tan x$ | (10) $\int \sec x \tan x dx = \sec x + C$ |
| (11) $(\csc x)' = -\csc x \cot x$ | (11) $\int \csc x \cot x dx = -\csc x + C$ |
| (12) $(\arcsin x)' = \frac{1}{\sqrt{1-x^2}}$ | (12) $\int \frac{1}{\sqrt{1-x^2}} dx = \arcsin x + C$ |
| (13) $(\arctan x)' = \frac{1}{1+x^2}$ | (13) $\int \frac{1}{1+x^2} dx = \arctan x + C$ |

利用不定积分的性质和基本积分公式,我们可以求一些简单函数的积分.

**例 1** 求 $\int (3x^2 + x + 1) dx$.

**解**
$$\int (3x^2 + x + 1) dx = \int 3x^2 dx + \int x dx + \int 1 dx$$
$$= x^3 + C_1 + \frac{1}{2} x^2 + C_2 + x + C_3$$
$$= x^3 + \frac{1}{2} x^2 + x + C (其中 C_1 + C_2 + C_3 = C)$$

**例 2**  求 $\int \dfrac{x-1}{\sqrt{x}} dx$.

**解**  $\int \dfrac{x-1}{\sqrt{x}} dx = \int (x^{\frac{1}{2}} - x^{-\frac{1}{2}}) dx = \dfrac{2}{3} x^{\frac{3}{2}} - 2x^{\frac{1}{2}} + C$

**例 3**  求 $\int (\dfrac{2}{x} - 3^x + 4\sin x) dx$.

**解**  $\int (\dfrac{2}{x} - 3^x + 4\sin x) dx = 2\int \dfrac{1}{x} dx - \int 3^x dx + 4\int \sin x\, dx$

$= 2\ln|x| - \dfrac{1}{\ln 3} 3^x - 4\cos x + C$

**例 4**  求 $\int \dfrac{x^2}{1+x^2} dx$.

**解**  $\int \dfrac{x^2}{1+x^2} dx = \int \dfrac{1+x^2-1}{1+x^2} dx = \int \left(1 - \dfrac{1}{1+x^2}\right) dx$

$= \int 1 dx - \int \dfrac{1}{1+x^2} dx = x - \arctan x + C$

**例 5**  求 $\int \left(\dfrac{3}{\cos^2 x} + \dfrac{4}{\sqrt{1-x^2}}\right) dx$.

**解**  $\int \left(\dfrac{3}{\cos^2 x} + \dfrac{4}{\sqrt{1-x^2}}\right) dx = 3\int \dfrac{1}{\cos^2 x} dx + 4\int \dfrac{1}{\sqrt{1-x^2}} dx$

$= 3\tan x + 4\arcsin x + C$

**例 6**  求 $\int 2^x e^x dx$.

**解**  $\int 2^x e^x dx = \int (2e)^x dx = \dfrac{(2e)^x}{\ln 2e} + C = \dfrac{2^x e^x}{1+\ln 2} + C$

**例 7**  求 $\int \sin^2 \dfrac{x}{2} dx$.

**解**  $\int \sin^2 \dfrac{x}{2} dx = \int \dfrac{1-\cos x}{2} dx$

$= \int \dfrac{1}{2} dx - \dfrac{1}{2} \int \cos x\, dx$

$= \dfrac{1}{2} x - \dfrac{1}{2} \sin x + C$

### 习题 2.1.2

求下列不定积分：

(1) $\int (3x^4 - 5x^3 - 3x + 4) dx$

(2) $\int \left(\dfrac{1-x}{x}\right)^2 dx$

(3) $\int \left(2e^x - \dfrac{4}{x} + \dfrac{3}{1+x^2}\right) dx$

(4) $\int \dfrac{8x^2}{1+x^2} dx$

(5) $\int (2^x e^x + x) dx$

(6) $\int \dfrac{2 \cdot 3^x - 5 \cdot 2^x}{3^x} dx$

(7) $\int \dfrac{\sqrt{x} - 2\sqrt[3]{x^2} + 1}{\sqrt[4]{x}} dx$

(8) $\int \left(1 - \dfrac{1}{x^2}\right) \sqrt{x\sqrt[3]{x}}\, dx$

(9) $\int \dfrac{x^4}{1 + x^2} dx$

(10) $\int \left(2\sin x - \dfrac{1}{2}\cos x\right) dx$

(11) $\int \dfrac{1 + \cos^2 x}{1 + \cos 2x} dx$

(12) $\int \dfrac{\cos 2x}{\sin^2 x \cdot \cos^2 x} dx$

## 2.1.3 换元积分法

**职业素养**

本节的换元积分法是重点也是难点,通过形式多样的实例分析,鼓励勇于创新、攻坚克难、坚持不懈的精神,同时注重人文关怀,能学好高等数学的人,一定是一个认真刻苦、踏实、负责的人.了解数学家的成长故事,培养爱国主义精神和情怀.

上一节我们学习了利用不定积分的性质和基本积分公式直接求出被积函数的原函数,或对被积函数经过简单的代数运算、三角恒等变形后,求出它的原函数,从而求出不定积分,我们把这种方法称为**直接积分法**.但是直接积分法只能计算一些简单的不定积分,对于较复杂的不定积分还必须寻求其他的方法.本节先介绍换元积分法,包括**第一类换元法**和**第二类换元法**.

### 1. 第一类换元法(凑微分法)

换元积分法是通过积分变量的代换,将要求的积分化为能直接利用基本积分公式的形式.

**例 1** 求 $\int 2x e^{x^2} dx$.

这个积分不能用直接积分法进行计算,我们现在作如下的变形:

$$\int 2x e^{x^2} dx = \int e^{x^2} (x^2)' dx = \int e^{x^2} dx^2$$

$$\xrightarrow{\text{令 } u = x^2} \int e^u du = e^u + C$$

$$\xrightarrow{\text{代回 } u = x^2} e^{x^2} + C$$

即

$$\int 2x e^{x^2} dx = e^{x^2} + C$$

▶ **例 2**　求 $\int (x-2)^6 \mathrm{d}x$.

**解**　$\int (x-2)^6 \mathrm{d}x = \int (x-2)^6 (x-2)' \mathrm{d}x = \int (x-2)^6 \mathrm{d}(x-2)$

$\xrightarrow{\text{令 } u = x-2} \int u^6 \mathrm{d}u = \dfrac{1}{7} u^7 + C$

$\xrightarrow{\text{代回 } u = x-2} \dfrac{1}{7} (x-2)^7 + C$

观察发现，以上两例有共同的特点，都是把被积函数拆成两部分之积. 一部分是中间变量 $\varphi(x)$ 的函数 $f[\varphi(x)]$（例 1 中 $\varphi(x) = x^2$，例 2 中 $\varphi(x) = x-2$），另一部分是中间变量 $\varphi(x)$ 的导数 $\varphi'(x)$（例 1 中 $\varphi'(x) = 2x$，例 2 中 $\varphi'(x) = 1$）. 然后令 $u = \varphi(x)$，则 $\mathrm{d}u = \varphi'(x) \mathrm{d}x$，利用直接积分法求出 $u$ 作为积分变量的积分，再把 $u = \varphi(x)$ 代回，就得到所要计算的不定积分.

**定理 1**　如果积分 $\int f(x) \mathrm{d}x$ 可化为 $\int g[\varphi(x)] \varphi'(x) \mathrm{d}x$ 的形式，且设 $g(u)$ 有原函数 $F(u)$，$u = \varphi(x)$ 可导，即

$$\int g(u) \mathrm{d}u = F(u) + C$$

则有第一类换元积分法

$$\int f(x) \mathrm{d}x = \int g[\varphi(x)] \varphi'(x) \mathrm{d}x$$
$$= \int g(u) \mathrm{d}u = F(u) + C$$
$$= F[\varphi(x)] + C$$

第一类换元积分法也叫**凑微分法**，具体步骤可以表示为

$$\int f(x) \mathrm{d}x = \int g[\varphi(x)] \varphi'(x) \mathrm{d}x = \int g[\varphi(x)] \mathrm{d}\varphi(x)$$

$\xrightarrow{\text{令 } u = \varphi(x)} \int g(u) \mathrm{d}u = F(u) + C$

$\xrightarrow{\text{代回 } u = \varphi(x)} F[\varphi(x)] + C$

▶ **例 3**　求 $\int \dfrac{1}{7x+3} \mathrm{d}x$.

**解**　$\int \dfrac{1}{7x+3} \mathrm{d}x = \dfrac{1}{7} \int \dfrac{1}{7x+3} (7x+3)' \mathrm{d}x = \dfrac{1}{7} \int \dfrac{1}{7x+3} \mathrm{d}(7x+3)$

$\xrightarrow{\text{令 } u = 7x+3} \dfrac{1}{7} \int \dfrac{1}{u} \mathrm{d}u = \dfrac{1}{7} \ln|u| + C$

$\xrightarrow{\text{代回 } u = 7x+3} \dfrac{1}{7} \ln|7x+3| + C$

▶ **例 4**　求 $\int \cos 5x \, \mathrm{d}x$.

**解** $\int \cos 5x \, dx = \frac{1}{5} \int \cos 5x \, (5x)' \, dx = \frac{1}{5} \int \cos 5x \, d(5x)$

$\xlongequal{\text{令} u = 5x} \frac{1}{5} \int \cos u \, du = \frac{1}{5} \sin u + C$

$\xlongequal{\text{代回} u = 5x} \frac{1}{5} \sin 5x + C$

▶ **例 5** 求 $\int \dfrac{e^x}{1+e^x} dx$.

**解** $\int \dfrac{e^x}{1+e^x} dx = \int \dfrac{1}{1+e^x} (1+e^x)' \, dx = \int \dfrac{1}{1+e^x} d(1+e^x)$

$\xlongequal{\text{令} u = 1+e^x} \int \dfrac{1}{u} du = \ln|u| + C$

$\xlongequal{\text{代回} u = 1+e^x} \ln(1+e^x) + C$

当熟练掌握第一类换元法以后，可以省略换元（令 $\varphi(x)=u$）这一步，不必写成变量 $u$ 的积分，而只是在心中想着 $\varphi(x)=u$，利用公式直接积分即可. 如例 5 可以用下面的方法进行积分.

$$\int \dfrac{e^x}{1+e^x} dx = \int \dfrac{1}{1+e^x} (1+e^x)' \, dx = \int \dfrac{1}{1+e^x} d(1+e^x)$$
$$= \ln(1+e^x) + C$$

▶ **例 6** 求 $\int \tan x \, dx$.

**解** $\int \tan x \, dx = \int \dfrac{\sin x}{\cos x} dx = -\int \dfrac{1}{\cos x} d\cos x$

$= -\ln|\cos x| + C$

▶ **例 7** 求 $\int \dfrac{\ln^3 x}{x} dx$.

**解** $\int \dfrac{\ln^3 x}{x} dx = \int \ln^3 x \, (\ln x)' \, dx$

$= \int \ln^3 x \, d(\ln x)$

$= \dfrac{1}{4} \ln^4 x + C$

▶ **例 8** 求 $\int \dfrac{1}{9+x^2} dx$.

**解** $\int \dfrac{1}{9+x^2} dx = \int \dfrac{1}{9\left[1+\left(\dfrac{x}{3}\right)^2\right]} dx$

$= \dfrac{1}{3} \int \dfrac{1}{1+\left(\dfrac{x}{3}\right)^2} d\left(\dfrac{x}{3}\right)$

$$= \frac{1}{3}\arctan\frac{x}{3} + C$$

**▷ 例 9**  求 $\displaystyle\int \frac{1}{x^2}\sin\frac{1}{x}\mathrm{d}x$.

**解**  $\displaystyle\int \frac{1}{x^2}\sin\frac{1}{x}\mathrm{d}x = -\int \sin\frac{1}{x}\left(\frac{1}{x}\right)'\mathrm{d}x$

$$= -\int \sin\frac{1}{x}\,\mathrm{d}\left(\frac{1}{x}\right)$$

$$= \cos\frac{1}{x} + C$$

**▷ 例 10**  求 $\displaystyle\int \frac{\cos\sqrt{x}}{\sqrt{x}}\mathrm{d}x$.

**解**  $\displaystyle\int \frac{\cos\sqrt{x}}{\sqrt{x}}\mathrm{d}x = 2\int \cos\sqrt{x}\,(\sqrt{x})'\mathrm{d}x$

$$= 2\int \cos\sqrt{x}\,\mathrm{d}\sqrt{x}$$

$$= 2\sin\sqrt{x} + C$$

**▷ 例 11**  求 $\displaystyle\int \frac{1}{a^2 - x^2}\mathrm{d}x$.

**解**  $\displaystyle\int \frac{1}{a^2 - x^2}\mathrm{d}x = \int \frac{1}{(a+x)(a-x)}\mathrm{d}x$

$$= \frac{1}{2a}\int \left(\frac{1}{a-x} + \frac{1}{a+x}\right)\mathrm{d}x$$

$$= \frac{1}{2a}\left(\int \frac{1}{a-x}\mathrm{d}x + \int \frac{1}{a+x}\mathrm{d}x\right)$$

$$= \frac{1}{2a}(-\ln|a-x| + \ln|a+x|) + C$$

$$= \frac{1}{2a}\ln\left|\frac{a+x}{a-x}\right| + C$$

**▷ 例 12**  求 $\displaystyle\int \csc x\,\mathrm{d}x$.

**解**  $\displaystyle\int \csc x\,\mathrm{d}x = \int \frac{1}{\sin x}\mathrm{d}x$

$$= \int \frac{1}{2\sin\frac{x}{2}\cos\frac{x}{2}}\mathrm{d}x$$

$$= \int \frac{\mathrm{d}x}{2\tan\frac{x}{2}\cos^2\frac{x}{2}}$$

$$= \int \frac{\sec^2 \frac{x}{2}}{\tan \frac{x}{2}} d(\frac{x}{2}) = \int \frac{d(\tan \frac{x}{2})}{\tan \frac{x}{2}}$$

$$= \ln \left| \tan \frac{x}{2} \right| + C$$

由三角公式

$$\tan \frac{x}{2} = \frac{1 - \cos x}{\sin x} = \csc x - \cot x$$

所以

$$\int \csc x \, dx = \ln | \csc x - \cot x | + C$$

类似地可得

$$\int \sec x \, dx = \ln | \sec x + \tan x | + C$$

从上述例题可以看出,可利用第一类换元法计算的积分的种类是很多的,因此需要灵活掌握,特别需要重点掌握一些常用的微分形式. 例如

(1) $dx = \frac{1}{a} d(ax) = \frac{1}{a} d(ax + b)$

(2) $x^{n-1} dx = \frac{1}{n} d(x^n)$      (3) $e^x dx = d(e^x)$

(4) $\frac{1}{x} dx = d(\ln x)$      (5) $\frac{1}{x^2} dx = -d\left(\frac{1}{x}\right)$

(6) $\frac{1}{\sqrt{x}} dx = 2d(\sqrt{x})$      (7) $\sin x \, dx = -d(\cos x)$

(8) $\cos x \, dx = d(\sin x)$      (9) $\frac{1}{\cos^2 x} dx = d(\tan x)$

(10) $\frac{1}{\sin^2 x} dx = -d(\cot x)$      (11) $\frac{1}{\sqrt{1 - x^2}} dx = d(\arcsin x)$

(12) $\frac{1}{1 + x^2} dx = d(\arctan x)$      (13) $d\varphi(x) = d[\varphi(x) \pm b]$

## 2. 第二类换元法

在第一类换元法中,常常是把一个较复杂的积分 $\int f[\varphi(x)]\varphi'(x) dx$ 化为基本积分公式的形式,进而计算出积分. 但是我们常常还会遇到另一类问题,即积分 $\int f(x) dx$ 不符合基本积分公式的形式,必须用一个新的变量 $t$ 的函数 $\varphi(t)$ 去替换 $x$,即令 $x = \varphi(t)$,把积分 $\int f(x) dx$ 化成可以利用基本积分公式进行计算的形式.

> **例 13**  求 $\int \dfrac{1}{1+\sqrt{x}}\mathrm{d}x$.

**解**  令 $t=\sqrt{x}$ 得 $x=t^2$，且 $\mathrm{d}x=2t\mathrm{d}t$，代入有

$$\int \dfrac{1}{1+\sqrt{x}}\mathrm{d}x = \int \dfrac{1}{1+t}2t\mathrm{d}t = 2\int \dfrac{1+t-1}{1+t}\mathrm{d}t$$

$$= 2\int \left(1-\dfrac{1}{1+t}\right)\mathrm{d}t = 2(t-\ln|1+t|)+C$$

$$= 2(\sqrt{x}-\ln|1+\sqrt{x}|)+C$$

例 13 所用的方法称为**第二类换元法**. 下面通过定理 2 具体给出第二类换元法.

**定理 2**  如果在积分 $\int f(x)\mathrm{d}x$ 中，令 $x=\varphi(t)$，且 $\varphi(t)$ 可导，$\varphi'(t)\neq 0$，则有

$$\int f(x)\mathrm{d}x = \int f[\varphi(t)]\varphi'(t)\mathrm{d}t$$

若上式右端可求出原函数 $F(t)$，则得第二类换元积分公式：

$$\int f(x)\mathrm{d}x = F[\varphi^{-1}(x)]+C$$

其中，$\varphi^{-1}(x)$ 为 $x=\varphi(t)$ 的反函数，即

$$t=\varphi^{-1}(x)$$

使用第二类换元法的关键是如何选择函数 $x=\varphi(t)$，常见的方法有：

(1) **无理代换**  当被积函数含有无理式 $\sqrt[n]{ax+b}$ 时只需作代换 $\sqrt[n]{ax+b}=t$，就可以将无理式化为有理式，然后再求积分.

(2) **三角代换**  若被积函数含有无理式 $\sqrt{a^2-x^2}$，可令 $x=a\sin t$；若被积函数含有无理式 $\sqrt{a^2+x^2}$，可令 $x=a\tan t$；若被积函数含有无理式 $\sqrt{x^2-a^2}$，可令 $x=a\sec t$，将它们化为有理式，然后再积分.

> **例 14**  求 $\int \dfrac{x}{\sqrt{x+1}}\mathrm{d}x$.

**解**  令 $t=\sqrt{x+1}$，则 $x=t^2-1$，$\mathrm{d}x=2t\mathrm{d}t$，于是

$$\int \dfrac{x}{\sqrt{x+1}}\mathrm{d}x = \int \dfrac{t^2-1}{t}\cdot 2t\mathrm{d}t = 2\int (t^2-1)\mathrm{d}t$$

$$= \dfrac{2}{3}t^3-2t+C \xrightarrow{\text{代回}\ t=\sqrt{x+1}} \dfrac{2}{3}\sqrt{(x+1)^3}-2\sqrt{x+1}+C$$

> **例 15**  求 $\int \sqrt{1-x^2}\mathrm{d}x$.

**解**  令 $x=\sin t$，得 $\mathrm{d}x=\cos t\mathrm{d}t$，于是

$$\int \sqrt{1-x^2}\mathrm{d}x = \int \sqrt{1-\sin^2 t}\cos t\mathrm{d}t$$

$$= \int \cos^2 t\mathrm{d}t = \int \dfrac{1+\cos 2t}{2}\mathrm{d}t$$

$$= \frac{1}{2}t + \frac{1}{2} \cdot \frac{1}{2}\sin 2t + C$$

$$= \frac{1}{2}t + \frac{1}{2}\sin t \cos t + C$$

为了换回原来的积分变量 $x$，可根据 $x = \sin t$ 作直角三角形，如图 2-2 所示. 由这个三角形可知

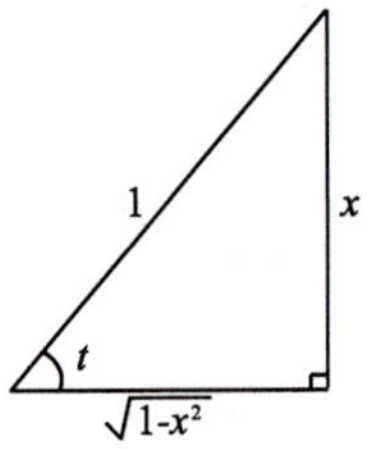

$$\cos t = \frac{\sqrt{1-x^2}}{1} = \sqrt{1-x^2}$$

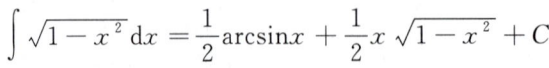

图 2-2

所以

$$\int \sqrt{1-x^2}\, dx = \frac{1}{2}\arcsin x + \frac{1}{2}x\sqrt{1-x^2} + C$$

**例 16** 求 $\displaystyle\int \frac{1}{\sqrt[3]{x} + \sqrt{x}}\, dx$.

**解** 令 $x = t^6$，则 $dx = 6t^5 dt$，于是

$$\int \frac{1}{\sqrt[3]{x} + \sqrt{x}}\, dx = \int \frac{6t^5}{t^2 + t^3}\, dt$$

$$= 6\int \left(t^2 - t + 1 - \frac{1}{1+t}\right) dt$$

$$= 6\int (t^2 - t + 1)\, dt - 6\int \frac{1}{1+t}\, dt$$

$$= 2t^3 - 3t^2 + 6t - 6\ln|t+1| + C$$

$$= 2\sqrt{x} - 3\sqrt[3]{x} + 6\sqrt[6]{x} - 6\ln\left|\sqrt[6]{x} + 1\right| + C$$

**例 17** 求 $\displaystyle\int \frac{1}{x\sqrt{x^2+1}}\, dx$.

**解** 令 $x = \tan t$，则 $dx = \dfrac{1}{\cos^2 t}\, dt$，于是

$$\int \frac{1}{x\sqrt{x^2+1}}\, dx = \int \frac{1}{\tan t \sqrt{\tan^2 t + 1}} \frac{1}{\cos^2 t}\, dt$$

$$= \int \frac{1}{\tan t \dfrac{1}{\cos t}} \frac{1}{\cos^2 t}\, dt$$

$$= \int \frac{1}{\sin t}\, dt = \ln|\csc t - \cot t| + C$$

由三角公式 $\tan \dfrac{t}{2} = \dfrac{1 - \cos t}{\sin t} = \csc t - \cot t$ 及图 2-3 所示，得

$$\int \frac{1}{x\sqrt{x^2+1}}\, dx = \ln\left|\frac{1 - \cos t}{\sin t}\right| + C$$

$$= \ln \left| \frac{1 - \frac{1}{\sqrt{1+x^2}}}{\frac{x}{\sqrt{1+x^2}}} \right| + C$$

$$= \ln \left| \frac{\sqrt{1+x^2} - 1}{x} \right| + C$$

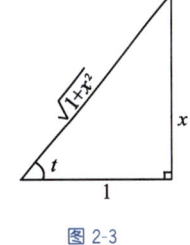

图 2-3

> **例 18** 求 $\int \frac{\sqrt{x^2-1}}{x} dx$.

**解** 令 $x = \frac{1}{\cos t}$，则 $dx = \frac{\sin t}{\cos^2 t} dt$，于是

$$\int \frac{\sqrt{x^2-1}}{x} dx = \int \frac{\sqrt{\frac{1}{\cos^2 t} - 1}}{\frac{1}{\cos t}} \cdot \frac{\sin t}{\cos^2 t} dt$$

$$= \int \frac{\tan t \cdot \cos t \cdot \sin t}{\cos^2 t} dt = \int \tan^2 t \, dt$$

$$= \int \left( \frac{1}{\cos^2 t} - 1 \right) dt = \tan t - t + C$$

$$= \sqrt{x^2-1} - \arccos \frac{1}{x} + C$$

课堂互动

课堂互动

## 习题 2.1.3

1. 计算下列不定积分：

(1) $\int e^{5x+1} dx$

(2) $\int \frac{1}{(1+2x)^2} dx$

(3) $\int \frac{x}{\sqrt{x^2+4}} dx$

(4) $\int \sqrt[3]{1-2x} \, dx$

(5) $\int \frac{\ln^4 x}{x} dx$

(6) $\int \frac{x}{x^2+5} dx$

(7) $\int \frac{e^{\frac{1}{x}}}{x^2} dx$

(8) $\int (e^{2x} + 2e^{3x} + 2)e^x dx$

(9) $\int \frac{dx}{36+x^2}$

(10) $\int \frac{dx}{\sqrt{4-9x^2}}$

(11) $\int \frac{3x^2-2}{x^3-2x+1} dx$

(12) $\int \cos(5x-2) dx$

(13) $\int \frac{\cos x}{\sqrt{\sin x}} dx$

(14) $\int e^{\cos x} \sin x \, dx$

2. 计算下列不定积分：

(1) $\int x\sqrt{x+1} \, dx$

(2) $\int \frac{dx}{\sqrt{x}(1+x)}$

(3) $\int x\sqrt[4]{2x+3} \, dx$

(4) $\int \frac{1}{\sqrt[3]{3-2x}} dx$

(5) $\int \frac{1}{1+\sqrt{2x}} dx$

(6) $\int \frac{x^2}{\sqrt{4-x^2}} dx$

(7) $\int \dfrac{dx}{x\sqrt{x^2+4}}$　　　(8) $\int \dfrac{\sqrt{x^2-2}}{x}dx$

## 2.1.4　分部积分法

**职业素养**

本节通过介绍分部积分公式和求解方法，学会分层次、分步骤的处理现实问题的方法，当遇到困难时可以从不同的角度寻找新的解决问题的方法，可以培养迎难而上、坚持不懈、不畏艰险的良好品质，树立正确的世界观和科学方法论．

前面介绍的换元积分法是通过换元的方法，将不易求解的积分转化为易求解的积分的方法．但仍有一些积分如 $\int x e^x dx$，$\int x^2 \sin x\, dx$，$\int \ln x\, dx$ 等，不能用换元积分法求解．本节将介绍这些积分的求法——**分部积分法**．

**定理**　如果函数 $u(x)$、$v(x)$ 简写为 $u$、$v$，由微分公式得

$$d(uv) = u\,dv + v\,du$$

移项得 $u\,dv = d(uv) - v\,du$，两边积分，则有 $\int u\,dv = \int d(uv) - \int v\,du$，即

$$\int u\,dv = uv - \int v\,du \tag{1}$$

分部积分法

使用公式(1)的基本要求是：公式中等号右端的积分 $\int v(x)du(x)$ 应比所要求的积分 $\int u(x)dv(x)$ 容易求．若第一次使用分部积分公式后得到的结果仍符合分部积分的要求，则可以继续使用分部积分法，直到求出该积分为止．

**例1**　求 $\int \ln x\, dx$．

**解**　令 $u(x) = \ln x$，$v(x) = x$，于是

$$\int \ln x\, dx = \ln x \cdot x - \int x\, d(\ln x)$$
$$= x \cdot \ln x - \int x \cdot \dfrac{1}{x} dx$$
$$= x \ln x - \int 1\, dx = x \ln x - x + C$$

**例2**　求 $\int x e^x dx$．

**解**　$\int x e^x dx = \int x\, de^x$．令 $u(x) = x$，$v(x) = e^x$，于是

$$\int x e^x dx = x e^x - \int e^x dx$$
$$= x e^x - e^x + C = e^x(x-1) + C$$

**例 3** 求 $\int x \ln x \, dx$.

**解** $\int x \ln x \, dx = \int \ln x \, d\left(\frac{1}{2}x^2\right)$. 令 $u(x) = \ln x$, $v(x) = \frac{1}{2}x^2$, 于是

$$\int x \ln x \, dx = \frac{1}{2}x^2 \ln x - \int \frac{1}{2}x^2 d(\ln x)$$
$$= \frac{1}{2}x^2 \ln x - \frac{1}{2}\int x^2 \cdot \frac{1}{x} dx$$
$$= \frac{1}{2}x^2 \ln x - \frac{1}{2}\int x \, dx$$
$$= \frac{1}{2}x^2 \ln x - \frac{1}{4}x^2 + C$$

在计算熟练后,分部积分的替换过程可以省略,而只在心中记住被积函数中哪部分是 $u(x)$,哪部分是 $v(x)$,然后利用公式(1)求出积分结果.

课堂互动

**例 4** 求 $\int \arctan x \, dx$.

**解** $\int \arctan x \, dx = x \cdot \arctan x - \int x \, d(\arctan x)$
$$= x \cdot \arctan x - \int x \frac{1}{1+x^2} dx$$
$$= x \cdot \arctan x - \frac{1}{2}\int \frac{1}{1+x^2} d(1+x^2)$$
$$= x \cdot \arctan x - \frac{1}{2}\ln(x^2+1) + C$$

**例 5** $\int x^2 e^x \, dx$.

**解** $\int x^2 e^x dx = \int x^2 de^x = x^2 e^x - \int e^x dx^2$
$$= x^2 e^x - \int e^x \cdot 2x \, dx = x^2 e^x - 2\int x e^x dx$$
$$= x^2 e^x - 2\left(\int x \, de^x\right)$$
$$= x^2 e^x - 2\left(x e^x - \int e^x dx\right)$$
$$= x^2 e^x - 2(x e^x - e^x) + C$$
$$= x^2 e^x - 2x e^x + 2e^x + C$$
$$= (x^2 - 2x + 2)e^x + C$$

**例 6** 求 $\int x^2 \sin x \, dx$.

**解** $\int x^2 \sin x \, dx = -\int x^2 d(\cos x) = -x^2 \cos x + \int \cos x \, dx^2$

$\qquad = -x^2 \cos x + \int \cos x \cdot 2x \, dx$

$\qquad = -x^2 \cos x + 2\int x \cos x \, dx$

$\qquad = -x^2 \cos x + 2\left[\int x \, d(\sin x)\right]$

$\qquad = -x^2 \cos x + 2\left(x \sin x - \int \sin x \, dx\right)$

$\qquad = -x^2 \cos x + 2(x \sin x + \cos x) + C$

$\qquad = -x^2 \cos x + 2x \sin x + 2\cos x + C$

上面两例都使用了两次分部积分公式．

从前面例题可以看出：当被积函数是一个函数时，可设这个函数为 $u$；当被积函数是幂函数与指数函数或三角函数的乘积时，设幂函数为 $u$；当被积函数是幂函数与对数函数或反三角函数的乘积时，设对数函数或反三角函数为 $u$．

**▷ 例 7** 求 $\int e^x (\sin x \, dx)$．

**解** $\int e^x \sin x \, dx = \int \sin x \, de^x = e^x \sin x - \int e^x d(\sin x)$

$\qquad = e^x \sin x - \int e^x \cos x \, dx$

$\qquad = e^x \sin x - \left(\int \cos x \, de^x\right)$

$\qquad = e^x \sin x - \left[e^x \cos x - \int e^x d(\cos x)\right]$

$\qquad = e^x \sin x - \left(e^x \cos x + \int e^x \sin x \, dx\right)$

$\qquad = e^x \sin x - e^x \cos x - \int e^x \sin x \, dx$

故

$$2\int e^x \sin x \, dx = e^x \sin x - e^x \cos x + C_1$$

$$\int e^x \sin x \, dx = \frac{1}{2} e^x (\sin x - \cos x) + C$$

此例在第三次分部积分后出现了原来要求的积分，故移项后合并即可得出所要求的积分．

**▷ 例 8** 求 $\int e^{\sqrt[3]{x}} dx$．

**解** 令 $t = \sqrt[3]{x}$，则 $dx = 3t^2 dt$．

$\int e^{\sqrt[3]{x}} dx = 3\int t^2 e^t dt$

$\qquad = 3\int t^2 de^t = 3t^2 e^t - 6\int t e^t dt = 3t^2 e^t - 6\int t \, de^t$

$$= 3t^2 e^t - 6te^t + 6\int e^t dt = 3t^2 e^t - 6te^t + 6e^t + C$$

$$= 3x^{\frac{2}{3}} e^{\sqrt[3]{x}} - 6x^{\frac{1}{3}} e^{\sqrt[3]{x}} + 6e^{\sqrt[3]{x}} + C = 3(x^{\frac{2}{3}} - 2x^{\frac{1}{3}} + 2)e^{\sqrt[3]{x}} + C$$

### 习题 2.1.4

求下列不定积分：

(1) $\int x e^{-x} dx$   (2) $\int x^2 e^{-x} dx$   (3) $\int \ln(x^2 + 1) dx$

(4) $\int \ln^2 x \, dx$   (5) $\int x \sin 2x \, dx$   (6) $\int e^x \cos x \, dx$

(7) $\int \dfrac{\ln x}{\sqrt{x}} dx$   (8) $\int x \cos x \, dx$   (9) $\int x \arctan x \, dx$

(10) $\int e^{\sqrt{x}} dx$   (11) $\int \ln(x + \sqrt{1 + x^2}) dx$   (12) $\int \dfrac{\arcsin \sqrt{x}}{\sqrt{x}} dx$

## 2.1.5 定积分的概念

### 职业素养

本节通过实例：求曲边梯形的面积引入定积分的概念．由繁化简的过程体现了数学的严谨性，循序渐进的借助图形理解极限的思想，将极限思想上升到哲学领域，即量变到质变的飞跃．在学习的过程中培养自己热爱科学，全身心投入，认认真真、尽职尽责的工匠精神．

本节将讨论积分学中的另一个重要概念——**定积分**．定积分是解决科技与经济领域中许多实际问题的重要工具．定积分与不定积分在概念上有根本的区别，但它们又有密切的联系．

国以农为本，民以食为天。"三农"问题是事关国计民生的根本问题，为了让广大农民安于农业生产，我

积微成著 守正致远

课堂互动

国历时9年，完成全国范围内土地确权颁证工作，为打赢脱贫攻坚战、实现乡村振兴夯实了基础．然而面对形状各异的不规则土地，它们的面积是如何测算出来的呢？

**1. 曲边梯形的面积**

**定义 1** 如果有平面曲线 $f(x) > 0 (a \leqslant x \leqslant b)$，则称由 $x = a$、$x = b$ 和 $y = 0$、$y = f(x)$ 四条线围成的平面图形 $AabB$ 为**曲边梯形**（图 2-4）．区间 $[a, b]$ 称为**曲边梯形的底**．

这里值得注意的是：在曲边梯形 $AabB$ 中，当 $Aa$、$Bb$ 中有一个或两个缩为一点时，所

形成的图形仍为曲边梯形.

下面讨论曲边梯形面积的计算问题.

我们先用一组垂直于 $x$ 轴的直线将曲边梯形 $AabB$ 分割成 $n$ 个小曲边梯形,然后对每一个小曲边梯形都作一个相应的小矩形,用小矩形的面积来代替小曲边梯形的面积,这样用 $n$ 个矩形的面积和就可以近似地代替曲边梯形 $AabB$ 的面积. 显然,分割越细,近似程度就越好,当这种分割无限加细,即把区间 $[a,b]$ 无限细分,使每个小区间长度趋于零,则所有小矩形的面积之和的极限就是曲边梯形 $AabB$ 的面积.

根据上述思路,我们可按如下步骤计算曲边梯形的面积,如图 2-5 所示.

(1) 分割:任取分点 $a=x_0<x_1<x_2<\cdots<x_{i-1}<x_i<\cdots<x_{n-1}<x_n=b$ 把区间 $[a,b]$ 分成 $n$ 个小区间 $[x_0,x_1],[x_1,x_2],\cdots,[x_{i-1},x_i],\cdots,[x_{n-1},x_n]$. 这些小区间的长度分别为 $\Delta x_1=x_1-x_0,\cdots,\Delta x_i=x_i-x_{i-1},\cdots,\Delta x_n=x_n-x_{n-1}$. 过每个分点 $x_i(i=1,2,\cdots,n-1)$ 作 $x$ 轴的垂线,把曲边梯形 $AabB$ 分成 $n$ 个小曲边梯形,每个小曲边梯形的面积记为 $\Delta S_i(i=1,2,\cdots,n)$.

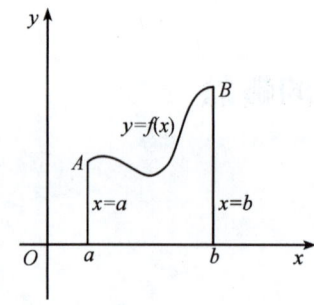

图 2-4

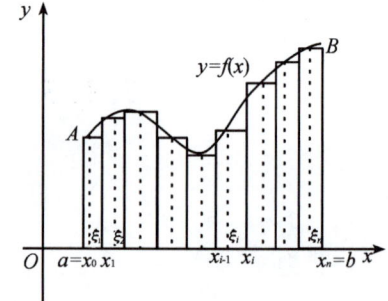

图 2-5

(2) 近似:在每个小区间 $[x_{i-1},x_i](i=1,2,\cdots,n)$ 上任取一点 $\xi_i(x_{i-1}\leqslant\xi_i\leqslant x_i)$,作以 $f(\xi_i)$ 为高,底边为 $\Delta x_i$ 的小矩形,用此小矩形的面积 $f(\xi_i)\Delta x_i$ 来近似代替小曲边梯形的面积 $\Delta S_i$,即

$$\Delta S_i \approx f(\xi_i)\Delta x_i \quad (i=1,2,\cdots,n)$$

(3) 求和:把这 $n$ 个小矩形的面积加起来,就得到曲边梯形面积 $S$ 的近似值,即

$$S \approx f(\xi_1)\Delta x_1+f(\xi_2)\Delta x_2+\cdots+f(\xi_n)\Delta x_n$$

即

$$S \approx \sum_{i=1}^{n} f(\xi_i)\Delta x_i$$

(4) 取极限:无论 $n$ 多大,各个小区间的长度多小,若用 $\Delta x=\max\{\Delta x_i\}$ 表示所有小区间 $\Delta x_i(i=1,2,\cdots,n)$ 长度的最大者,当 $\Delta x\to 0$ 时,和式 $\sum_{i=1}^{n} f(\xi_i)\Delta x_i$ 的极限就是曲边梯形的面积,即

$$S = \lim_{\Delta x \to 0} \sum_{i=1}^{n} f(\xi_i)\Delta x_i$$

从讨论中可以看出,上述和式的极限与 $\xi_i$ 在 $[x_{i-1},x_i](i=1,2,\cdots,n)$ 上的取法无关,与 $[a,b]$ 的分法无关.

## 2. 定积分的定义

**定义 2** 如果函数 $f(x)$ 在 $[a,b]$ 上有界,在 $[a,b]$ 中任意插入若干分点
$$a = x_0 < x_1 < x_2 < \cdots < x_{n-1} < x_n = b$$
将区间 $[a,b]$ 分成 $n$ 个小区间,在每个小区间 $[x_{i-1}, x_i]$ 上任取一点 $\xi_i (x_{i-1} \leqslant \xi_i \leqslant x_i)$,作和式

$$S_n = \sum_{i=1}^{n} f(\xi_i) \Delta x_i$$

定积分的概念

这里 $\Delta x_i = x_i - x_{i-1}$ 为小区间的长度,记 $\Delta x = \max\limits_{1 \leqslant i \leqslant n} \{\Delta x_i\}$.如果无论对 $[a,b]$ 的分法如何不同,也无论小区间 $[x_{i-1}, x_i]$ 上的点 $\xi_i$ 如何选取,只要当 $\Delta x \to 0$ 时,和式 $S_n$ 都有唯一确定的极限值 $S$,此时我们称该极限 $S$ 为函数 $f(x)$ 在区间 $[a,b]$ 上的**定积分**,记为 $\int_a^b f(x) \mathrm{d}x$,即

$$\int_a^b f(x) \mathrm{d}x = \lim_{\Delta x \to 0} \sum_{i=1}^{n} f(\xi_i) \Delta x_i$$

这里,$f(x)$ 称为**被积函数**,$f(x)\mathrm{d}x$ 称为**被积表达式**,$x$ 称为**积分变量**,$[a,b]$ 为积分区间,$a$ 为积分下限,$b$ 为积分上限.

根据定积分的定义,上面讨论的曲边梯形的面积就是曲线 $y = f(x)$ 在区间 $[a,b]$ 上的定积分,即

$$S = \int_a^b f(x) \mathrm{d}x$$

根据定积分的定义,我们可以得到如下结论:

(1) 定积分值是一个常数,它只与被积函数及积分区间有关,而与积分变量的符号无关,即

$$\int_a^b f(x) \mathrm{d}x = \int_a^b f(t) \mathrm{d}t$$

(2) 若 $f(x)$ 在 $[a,b]$ 上连续,或在有限个点上间断且有界,则 $\int_a^b f(x) \mathrm{d}x$ 存在,相应地称 $f(x)$ 在区间 $[a,b]$ 上可积.

课堂互动

(3) 在定义 2 中,我们假设 $a < b$,当 $b < a$ 时,我们规定

$$\int_a^b f(x) \mathrm{d}x = -\int_b^a f(x) \mathrm{d}x$$

特别地,当 $a = b$ 时,有

$$\int_a^a f(x) \mathrm{d}x = -\int_a^a f(x) \mathrm{d}x$$

故

课堂互动

$$\int_a^a f(x) \mathrm{d}x = 0$$

## 3. 定积分的几何意义

(1) 当 $f(x) \geqslant 0$ 时,定积分 $\int_a^b f(x) \mathrm{d}x$ 在几何上表示曲线 $y = f(x)$ 与直线 $x = a$、$x = b$ 及 $x$ 轴所围成的曲边梯形的面积(如图 2-4 所示).

(2) 当 $f(x)<0$ 时,定积分 $\int_a^b f(x)\mathrm{d}x$ 在几何上表示由曲线 $y=f(x)$ 与直线 $x=a$、$x=b$ 及 $x$ 轴所围成的曲边梯形面积的负值(如图 2-6 所示).

(3) 若函数 $f(x)$ 在 $[a,b]$ 上,既有 $f(x)\geqslant 0$,同时又有 $f(x)<0$,则定积分 $\int_a^b f(x)\mathrm{d}x$ 的几何意义是由曲线 $y=f(x)$,直线 $x=a$、$x=b$ 及 $x$ 轴所围成的各种图形面积的代数和,在 $x$ 轴上方的图形面积取正值,在 $x$ 轴下方的图形面积取负值(如图 2-7 所示).

定积分思想归纳

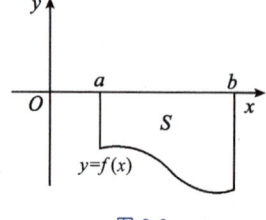
图 2-6

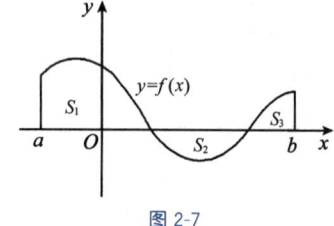
图 2-7

### 4. 定积分的基本性质

**性质 1** 常数因子可以提到积分号外面来,即
$$\int_a^b kf(x)\mathrm{d}x = k\int_a^b f(x)\mathrm{d}x \quad (k \text{ 为常数})$$

**性质 2** 两个函数的代数和的定积分等于定积分的代数和,即
$$\int_a^b [f(x)\pm g(x)]\mathrm{d}x = \int_a^b f(x)\mathrm{d}x \pm \int_a^b g(x)\mathrm{d}x$$

这个性质可以推广到任意有限多个函数的代数和的情况,即
$$\int_a^b [f_1(x)+f_2(x)+\cdots+f_n(x)]\mathrm{d}x = \int_a^b f_1(x)\mathrm{d}x + \int_a^b f_2(x)\mathrm{d}x + \cdots + \int_a^b f_n(x)\mathrm{d}x$$

**性质 3** 如果被积函数 $f(x)=k$($k$ 为任意常数),则
$$\int_a^b k\,\mathrm{d}x = k(b-a)$$

特别地,当 $k=1$ 时,
$$\int_a^b \mathrm{d}x = b-a$$

课堂互动

**性质 4** (定积分的可加性)如果积分区间 $[a,b]$ 被 $c$ 分成两个小区间 $[a,c]$ 及 $[c,b]$,则
$$\int_a^b f(x)\mathrm{d}x = \int_a^c f(x)\mathrm{d}x + \int_c^b f(x)\mathrm{d}x$$

**性质 5** 若在 $[a,b]$ 上 $f(x)\leqslant g(x)$,则
$$\int_a^b f(x)\mathrm{d}x \leqslant \int_a^b g(x)\mathrm{d}x$$

**性质 6** 若 $M$ 和 $m$ 分别是函数 $f(x)$ 在 $[a,b]$ 上的最大值和最小值,则
$$m(b-a) \leqslant \int_a^b f(x)\mathrm{d}x \leqslant M(b-a)$$

**性质 7** （定积分中值定理）如果 $f(x)$ 在区间 $[a,b]$ 内连续，则在 $[a,b]$ 内至少存在一点 $\xi(a\leqslant \xi \leqslant b)$，使得
$$\int_a^b f(x)\mathrm{d}x = f(\xi)(b-a)$$
其中，$f(\xi)=\dfrac{1}{b-a}\int_a^b f(x)\mathrm{d}x$ 为 $f(x)$ 在 $[a,b]$ 上的平均值，其几何意义是：当 $f(x)\geqslant 0$ 时，由曲线 $y=f(x)$，直线 $x=a$、$x=b$ 及 $x$ 轴所围成的曲边梯形的面积等于以区间 $[a,b]$ 为底，以 $f(\xi)$ 为高的矩形 $AabB$ 的面积（如图 2-8 所示）.

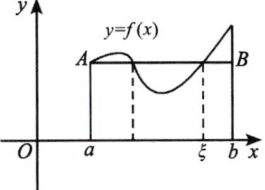

▶ **例 1** 不计算积分，比较下列定积分的大小：

(1) $\int_3^4 \ln x\, \mathrm{d}x$ 与 $\int_3^4 (\ln x)^2 \mathrm{d}x$

(2) $\int_0^1 x\, \mathrm{d}x$ 与 $\int_0^1 x^2\, \mathrm{d}x$

图 2-8

**解** (1) 因为 $x \in [3,4]$，则有 $\ln x > 1$，所以 $(\ln x)^2 > \ln x$，由性质 5 知
$$\int_3^4 \ln x\, \mathrm{d}x < \int_3^4 (\ln x)^2 \mathrm{d}x$$

(2) 因为 $x \in [0,1]$，则有 $x^2 \leqslant x$，由性质 5 知
$$\int_0^1 x\, \mathrm{d}x \geqslant \int_0^1 x^2\, \mathrm{d}x$$

▶ **例 2** 估计定积分 $\int_4^9 (\sqrt{x}+3)\mathrm{d}x$ 的值.

**解** 因为 $4 \leqslant x \leqslant 9$，所以 $2 \leqslant \sqrt{x} \leqslant 3$，从而有
$$5 \leqslant \sqrt{x}+3 \leqslant 6$$
由性质 6 知
$$5 \times (9-4) \leqslant \int_4^9 (\sqrt{x}+3)\mathrm{d}x \leqslant 6 \times (9-4)$$

即
$$25 \leqslant \int_4^9 (\sqrt{x}+3)\mathrm{d}x \leqslant 30$$

▶ **例 3** 估计定积分 $\int_{-1}^1 \mathrm{e}^{-x^2}\mathrm{d}x$ 的值.

**解** 先求 $\mathrm{e}^{-x^2}$ 在 $[-1,1]$ 上的最大值与最小值.

设 $f(x) = \mathrm{e}^{-x^2}$，则 $f'(x) = (\mathrm{e}^{-x^2})' = -2x\mathrm{e}^{-x^2}$.

令 $f'(x) = 0$，解得 $x = 0$. 且 $f(0) = 1$，$f(-1) = f(1) = \mathrm{e}^{-1} = \dfrac{1}{\mathrm{e}}$，所以 $f(x)$ 在 $[-1,1]$ 上的最大值为 1，最小值为 $\dfrac{1}{\mathrm{e}}$.

由性质 6 知

$$\frac{1}{e}(1+1) \leqslant \int_{-1}^{1} e^{-x^2} dx \leqslant 1+1$$

即

$$\frac{2}{e} \leqslant \int_{-1}^{1} e^{-x^2} dx \leqslant 2$$

## 习题 2.1.5

1. 利用定积分的几何意义解释下列各式：

(1) $\int_{0}^{1} x \, dx = \frac{1}{2}$ 　　(2) $\int_{-1}^{1} \sqrt{1-x^2} \, dx = \frac{\pi}{2}$

(3) $\int_{0}^{2\pi} \sin x \, dx = 0$ 　　(4) $\int_{-\frac{\pi}{2}}^{\frac{\pi}{2}} \cos x \, dx = 2\int_{0}^{\frac{\pi}{2}} \cos x \, dx$

2. 不计算积分值，比较下列各组积分值的大小：

(1) $\int_{1}^{2} x \, dx$ 与 $\int_{1}^{2} x^2 \, dx$ 　　(2) $\int_{0}^{1} e^x \, dx$ 与 $\int_{0}^{1} e^{x^2} \, dx$

(3) $\int_{1}^{2} \ln x \, dx$ 与 $\int_{1}^{2} (\ln x)^2 \, dx$ 　　(4) $\int_{0}^{\frac{\pi}{2}} \sin x \, dx$ 与 $\int_{0}^{\frac{\pi}{2}} \sin^2 x \, dx$

3. 估计下列各积分值：

(1) $\int_{1}^{2} (x^3+1) \, dx$ 　　(2) $\int_{0}^{2} e^{x^2-x} \, dx$

(3) $\int_{1}^{2} (2x^3-x^4) \, dx$ 　　(4) $\int_{e}^{e^2} \ln x \, dx$

## 2.1.6　牛顿 - 莱布尼兹公式

### 职业素养

基本公式揭示了定积分与原函数或不定积分之间的联系，体会事物普遍联系的原理，体会事物间的相互转化及对立统一的辩证关系，培养辩证唯物主义观点和透过现象看本质的能力，提高理性思维的能力，养成持之以恒、坚持不懈的品质.

通过对定积分基本性质的讨论，已获得有关积分的运算方法和大小的比较等知识，下面进一步讨论如何用较简便的方法计算积分的问题. 在此我们将建立定积分与不定积分之间的联系，并通过求原函数的方法来计算定积分，该结果称为**微积分基本定理**.

### 1. 原函数存在定理

设函数 $f(x)$ 在区间 $[a,b]$ 上连续，$x$ 为 $[a,b]$ 上的任意一点，则积分 $\int_{a}^{x} f(t) dt$ 存在，

称 $\int_a^x f(t)\mathrm{d}t$ 为积分上限函数.

**定理 1** 如果 $f(x)$ 在 $[a,b]$ 上连续,则积分上限函数 $p(x)=\int_a^x f(t)\mathrm{d}t$ 在 $[a,b]$ 上可导,且

$$p'(x)=\left[\int_a^x f(t)\mathrm{d}t\right]'=f(x) \quad (a\leqslant x\leqslant b)$$

**证明** 由导数定义有

$$p'(x)=\lim_{\Delta x\to 0}\frac{\Delta p}{\Delta x}=\lim_{\Delta x\to 0}\frac{p(x+\Delta x)-p(x)}{\Delta x}$$

$$=\lim_{\Delta x\to 0}\frac{\int_a^{x+\Delta x}f(t)\mathrm{d}t-\int_a^x f(t)\mathrm{d}t}{\Delta x}$$

$$=\lim_{\Delta x\to 0}\frac{\int_a^x f(t)\mathrm{d}t+\int_x^{x+\Delta x}f(t)\mathrm{d}t-\int_a^x f(t)\mathrm{d}t}{\Delta x}$$

$$=\lim_{\Delta x\to 0}\frac{\int_x^{x+\Delta x}f(t)\mathrm{d}t}{\Delta x}=\lim_{\Delta x\to 0}\frac{f(\xi)\Delta x}{\Delta x} \quad (x\leqslant \xi\leqslant x+\Delta x)$$

$$=\lim_{\Delta x\to 0}f(\xi)=\lim_{\xi\to x}f(\xi) \quad (\Delta x\to 0 \text{ 时},\text{有}\ \xi\to x)$$

$$=f(x)$$

由此得到如下定理:

**定理 2** (原函数存在定理) 如果 $f(x)$ 在 $[a,b]$ 上连续,则积分上限函数 $p(x)=\int_a^x f(t)\mathrm{d}t$ 为 $f(x)$ 在 $[a,b]$ 上的一个原函数.

▶ **例 1** 求下列变上限函数的导数:

(1) $\dfrac{\mathrm{d}}{\mathrm{d}x}\int_0^x \sin t^2\,\mathrm{d}t$.

**解** $\dfrac{\mathrm{d}}{\mathrm{d}x}\int_0^x \sin t^2\,\mathrm{d}t=\sin t^2\Big|_{t=x}=\sin x^2$

(2) $\dfrac{\mathrm{d}}{\mathrm{d}x}\int_x^{-1}\ln(1+t^2)\,\mathrm{d}t$.

**解** $\dfrac{\mathrm{d}}{\mathrm{d}x}\int_x^{-1}\ln(1+t^2)\,\mathrm{d}t=-\dfrac{\mathrm{d}}{\mathrm{d}x}\int_{-1}^x \ln(1+t^2)\,\mathrm{d}t=-\ln(1+x^2)$

(3) $\dfrac{\mathrm{d}}{\mathrm{d}x}\int_0^{x^2}\sqrt{1+t^2}\,\mathrm{d}t$.

**解** $\dfrac{\mathrm{d}}{\mathrm{d}x}\int_0^{x^2}\sqrt{1+t^2}\,\mathrm{d}t=\sqrt{1+(x^2)^2}\cdot(x^2)'=2x\sqrt{1+x^4}$

(4) $\dfrac{\mathrm{d}}{\mathrm{d}x}\displaystyle\int_{x^2}^{x^3}\dfrac{1}{\sqrt{1+t^2}}\mathrm{d}t$.

**解** 
$$\dfrac{\mathrm{d}}{\mathrm{d}x}\int_{x^2}^{x^3}\dfrac{1}{\sqrt{1+t^2}}\mathrm{d}t = \dfrac{\mathrm{d}}{\mathrm{d}x}\left[\int_{x^2}^{b}\dfrac{1}{\sqrt{1+t^2}}\mathrm{d}t + \int_{b}^{x^3}\dfrac{1}{\sqrt{1+t^2}}\mathrm{d}t\right]$$

$$= -\dfrac{\mathrm{d}}{\mathrm{d}x}\int_{b}^{x^2}\dfrac{1}{\sqrt{1+t^2}}\mathrm{d}t + \dfrac{\mathrm{d}}{\mathrm{d}x}\int_{b}^{x^3}\dfrac{1}{\sqrt{1+t^2}}\mathrm{d}t$$

$$= -2x\dfrac{1}{\sqrt{1+x^4}} + 3x^2\dfrac{1}{\sqrt{1+x^6}}$$

**例 2** 求极限 $\displaystyle\lim_{x\to 0}\dfrac{\int_0^x(\sqrt{1+t^2}-\sqrt{1-t^2})\mathrm{d}t}{x^3}$.

**解** 此极限属 "$\dfrac{0}{0}$" 型,可用洛必达法则得

$$\lim_{x\to 0}\dfrac{\int_0^x(\sqrt{1+t^2}-\sqrt{1-t^2})\mathrm{d}t}{x^3} = \lim_{x\to 0}\dfrac{\dfrac{\mathrm{d}}{\mathrm{d}x}\int_0^x(\sqrt{1+t^2}-\sqrt{1-t^2})\mathrm{d}t}{(x^3)'}$$

$$=\lim_{x\to 0}\dfrac{\sqrt{1+x^2}-\sqrt{1-x^2}}{3x^2}$$

$$=\lim_{x\to 0}\dfrac{1+x^2-1+x^2}{3x^2(\sqrt{1+x^2}+\sqrt{1-x^2})}$$

$$=\lim_{x\to 0}\dfrac{2x^2}{3x^2(\sqrt{1+x^2}+\sqrt{1-x^2})}$$

$$=\lim_{x\to 0}\dfrac{2}{3(\sqrt{1+x^2}+\sqrt{1-x^2})}$$

$$=\dfrac{1}{3}$$

### 2. 牛顿 - 莱布尼兹公式

**定理 3** 如果 $f(x)$ 为区间 $[a,b]$ 上的连续函数,且 $F(x)$ 是 $f(x)$ 在 $[a,b]$ 上的一个原函数,则

$$\int_a^b f(x)\mathrm{d}x = F(b) - F(a)$$

**证明** 已知 $F(x)$ 为 $f(x)$ 在 $[a,b]$ 上的一个原函数,而

$$p(x) = \int_a^x f(t)\mathrm{d}t$$

也是 $f(x)$ 在 $[a,b]$ 上的一个原函数,故有

$$p(x) = F(x) + C$$

即

$$p(x) = \int_a^x f(t)dt = F(x) + C$$

将 $x = a$ 代入,得
$$p(a) = \int_a^a f(t)dt = F(a) + C$$

于是有
$$F(a) + C = 0$$

即
$$-F(a) = C$$

所以
$$p(x) = F(x) - F(a)$$

将 $x = b$ 代入,得
$$p(b) = \int_a^b f(t)dt = F(b) + C$$

将 $t$ 改写为 $x$,得
$$\int_a^b f(x)dx = F(b) - F(a)$$

公式指出:对于连续函数 $f(x)$,如果已求出它的一个原函数 $F(x)$,那么 $f(x)$ 在$[a, b]$ 上的定积分就等于 $F(x)$ 在区间$[a,b]$ 上的改变量 $F(b) - F(a)$,即
$$\int_a^b f(x)dx = F(x)\Big|_a^b = F(b) - F(a)$$

这样就简化了定积分的计算.

**例 3** 求 $\int_0^1 x\,dx$.

**解** $\int_0^1 x\,dx = \frac{1}{2}x^2\Big|_0^1 = \frac{1}{2} - 0 = \frac{1}{2}$

**例 4** 求 $\int_1^2 \frac{1}{x}dx$.

**解** $\int_1^2 \frac{1}{x}dx = \ln|x|\Big|_1^2 = \ln 2 - \ln 1 = \ln 2$

**例 5** 求 $\int_{-1}^1 \frac{1}{1+x^2}dx$.

**解** $\int_{-1}^1 \frac{1}{1+x^2}dx = \arctan x\Big|_{-1}^1 = \arctan 1 - \arctan(-1)$

$\qquad = \frac{\pi}{4} - \left(-\frac{\pi}{4}\right) = \frac{\pi}{2}$

**例 6** 求 $\int_0^\pi (2\sin x - x)dx$.

**解** $\int_0^\pi (2\sin x - x)dx = \int_0^\pi 2\sin x\,dx - \int_0^\pi x\,dx$

$\qquad = -2\cos x\Big|_0^\pi - \frac{1}{2}x^2\Big|_0^\pi$

第二篇 积分学

$$= -2(\cos\pi - \cos 0) - \frac{1}{2}(\pi^2 - 0^2)$$
$$= -2 \times (-1-1) - \frac{1}{2}\pi^2 = 4 - \frac{1}{2}\pi^2$$

**例 7** 求 $\int_0^1 x e^{x^2} dx$.

**解** $\int_0^1 x e^{x^2} dx = \frac{1}{2}\int_0^1 e^{x^2} dx^2 = \frac{1}{2} e^{x^2} \Big|_0^1$
$= \frac{1}{2}(e^1 - e^0) = \frac{1}{2}(e-1)$

## 习题 2.1.6

1. 求下列函数的导数：

(1) $\dfrac{d}{dx} \int_1^x \dfrac{1}{1+t^2} dt$ 　　(2) $\dfrac{d}{dx} \int_x^5 \sqrt{1+t^3} dt$

(3) $\dfrac{d}{dx} \int_1^{x^2} t e^{-t^2} dt$ 　　(4) $\dfrac{d}{dx} \int_{x^2}^{x^4} \dfrac{1}{1+t^2} dt$

2. 求下列极限：

(1) $\lim\limits_{x\to 0} \dfrac{\int_0^x (1-e^{-2t^2}) dt}{x^3}$ 　　(2) $\lim\limits_{x\to 0} \dfrac{\int_0^x \arctan t\, dt}{x^2}$

3. 计算下列积分：

(1) $\int_3^6 (x^2+1) dx$ 　　(2) $\int_{-1}^1 (x^3 - 2x^2) dx$

(3) $\int_1^{27} \dfrac{1}{\sqrt[3]{x}} dx$ 　　(4) $\int_0^5 |2x-4| dx$

(5) $\int_0^1 x e^{x^2} dx$ 　　(6) $\int_0^5 \dfrac{x^3}{x^2+1} dx$

(7) $\int_0^4 \dfrac{x}{\sqrt{9+x^2}} dx$ 　　(8) $\int_0^3 e^{\frac{1}{2}x} dx$

(9) $\int_1^2 \dfrac{e^{\frac{1}{x}}}{x^2} dx$ 　　(10) $\int_0^a (\sqrt{a} - \sqrt{x})^2 dx$

(11) $\int_0^{\frac{\pi}{4}} \tan^2\theta\, d\theta$ 　　(12) $\int_0^1 (e^x - 1)^4 e^x dx$

(13) $\int_1^e \dfrac{1+\ln x}{x} dx$ 　　(14) $\int_0^\pi \cos^2 \dfrac{x}{2} dx$

(15) $\int_{-1}^1 \dfrac{x}{(x^2+1)^2} dx$ 　　(16) $\int_0^1 \dfrac{x}{1+x^2} dx$

## 2.1.7 定积分的换元法和分部积分法

**职业素养**

本节引入定积分的换元法和分部积分法,通过不同类型的凑微分题由难到易,化繁为简的转化,培养内心笃定,着眼于细节的耐心、执着,养成持之以恒、坚持不懈的工匠精神。

从上节可以看出,在求定积分时,若被积函数的原函数可直接用不定积分的第一类换元法和基本公式求出,则可直接利用牛顿-莱布尼兹公式求解.当然,用第二类换元法和分部积分法求出定积分中被积函数的原函数之后,再利用牛顿-莱布尼兹公式求解该定积分无疑也是正确的,但由于定积分概念的特殊性,我们有必要介绍更简单的方法.

### 1. 换元积分法

**定理 1** (换元积分法) 如果函数 $f(x)$ 在区间 $[a,b]$ 上连续,函数 $x=\varphi(t)$ 在区间 $[\alpha,\beta]$ 上单调且有连续的导数,当 $t$ 从 $\alpha$ 变到 $\beta$ 时,$x=\varphi(t)$ 在 $[a,b]$ 上变化,且有 $\varphi(\alpha)=a, \varphi(\beta)=b$,则有

$$\int_a^b f(x)\mathrm{d}x = \int_\alpha^\beta f[\varphi(t)]\varphi'(t)\mathrm{d}t$$

这个定理与不定积分换元法(第二类换元法)的定理类似,差别在于,不定积分最后需将变量还原,而定积分不需要作变量的还原,但要将积分限作相应的改变,即换元必须换限.同时被积函数和积分变量也要作相应的变换,这与不定积分的换元法相同.所以,对不定积分使用换元法的经验和技巧也可以用在定积分的换元积分上.

> **例 1** 求 $\int_1^9 \dfrac{1}{x+\sqrt{x}}\mathrm{d}x$.

**解** 令 $t=\sqrt{x}, t^2=x$,则 $\mathrm{d}x=2t\mathrm{d}t$. 当 $x=1$ 时,$t=1$,当 $x=9$ 时,$t=3$.

$$\int_1^9 \frac{1}{x+\sqrt{x}}\mathrm{d}x = \int_1^3 \frac{1}{t^2+t}\cdot 2t\mathrm{d}t = 2\int_1^3 \frac{1}{1+t}\mathrm{d}t$$
$$= 2\int_1^3 \frac{1}{1+t}\mathrm{d}(1+t) = 2\ln(t+1)\Big|_1^3$$
$$= 2\ln 4 - 2\ln 2 = 2\ln 2$$

> **例 2** 求 $\int_0^4 \dfrac{x+2}{\sqrt{2x+1}}\mathrm{d}x$.

**解** 令 $t=\sqrt{2x+1}$,则 $t^2=2x+1$,从而 $x=\dfrac{1}{2}(t^2-1), \mathrm{d}x=t\mathrm{d}t$. 当 $x=0$ 时,$t=1$,

当 $x=4$ 时,$t=3$.

$$\int_0^4 \frac{x+2}{\sqrt{2x+1}}dx = \int_1^3 \frac{1}{t}\left[\frac{1}{2}(t^2-1)+2\right]t\,dt$$

$$= \frac{1}{2}\int_1^3 (t^2+3)dt = \frac{1}{2}\left(\frac{1}{3}t^3+3t\right)\Big|_1^3$$

$$= \frac{1}{2}\times(9+9) - \frac{1}{2}\times\left(\frac{1}{3}+3\right) = \frac{22}{3}$$

**例 3** 求 $\int_0^a \sqrt{a^2-x^2}\,dx\ (a>0)$.

**解** 令 $x=a\sin t$,则 $dx=a\cos t\,dt$. 当 $x=0$ 时,$t=0$,当 $x=a$ 时,$t=\frac{\pi}{2}$.

$$\int_0^a \sqrt{a^2-x^2}\,dx = \int_0^{\frac{\pi}{2}} \sqrt{a^2-a^2\sin^2 t}\cdot a\cos t\,dt$$

$$= a^2\int_0^{\frac{\pi}{2}} \cos^2 t\,dt = a^2\int_0^{\frac{\pi}{2}} \frac{1+\cos 2t}{2}dt$$

$$= \frac{a^2}{2}\left(t+\frac{1}{2}\sin 2t\right)\Big|_0^{\frac{\pi}{2}} = \frac{\pi a^2}{4}$$

**例 4** 设函数 $f(x)$ 在区间 $[-a,a]$ 上可积. 若 $a>0$,试证:

(1) 当 $f(x)$ 为偶函数时,有

$$\int_{-a}^a f(x)dx = 2\int_0^a f(x)dx$$

(2) 当 $f(x)$ 为奇函数时,有

$$\int_{-a}^a f(x)dx = 0$$

**证明** 由积分的可加性有

$$\int_{-a}^a f(x)dx = \int_{-a}^0 f(x)dx + \int_0^a f(x)dx$$

对积分 $\int_{-a}^0 f(x)dx$ 作变换 $x=-t$,当 $x=-a$ 时,$t=a$,当 $x=0$ 时,$t=0$,则有

$$\int_{-a}^0 f(x)dx = -\int_a^0 f(-t)dt = \int_0^a f(-t)dt = \int_0^a f(-x)dx$$

于是

$$\int_{-a}^a f(x)dx = \int_0^a f(-x)dx + \int_0^a f(x)dx$$

(1) 若 $f(x)$ 为偶函数,有 $f(-x)=f(x)$,则

$$\int_{-a}^a f(x)dx = 2\int_0^a f(x)dx$$

(2) 若 $f(x)$ 为奇函数,有 $f(-x)=-f(x)$,则

$$\int_{-a}^a f(x)dx = 0$$

**例 5** 求 $\int_{-1}^1 \frac{x^2+2}{1+x^2}dx$.

**解** 因为 $f(x) = \dfrac{x^2+2}{1+x^2}$，则
$$f(-x) = \dfrac{(-x)^2+2}{1+(-x)^2} = \dfrac{x^2+2}{1+x^2}$$

所以
$$f(-x) = f(x)$$

于是
$$\int_{-1}^{1} \dfrac{x^2+2}{1+x^2} dx = 2\int_{0}^{1} \dfrac{x^2+2}{1+x^2} dx = 2\int_{0}^{1} \left(1 + \dfrac{1}{1+x^2}\right) dx$$
$$= 2(x + \arctan x) \Big|_{0}^{1} = 2 + \dfrac{\pi}{2}$$

## 2. 分部积分法

**定理 2** 设函数 $u(x)$、$v(x)$ 在区间 $[a,b]$ 上具有连续导数 $u'(x)$、$v'(x)$，则有
$$\int_{a}^{b} u(x) v'(x) dx = u(x) \cdot v(x) \Big|_{a}^{b} - \int_{a}^{b} v(x) \cdot u'(x) dx$$

即
$$\int_{a}^{b} u(x) dv(x) = u(x) \cdot v(x) \Big|_{a}^{b} - \int_{a}^{b} v(x) du(x)$$

由于使用定积分的分部积分公式的基本要求和具体计算步骤同不定积分的分部积分法相同，这里不再重复。

**例 6** 求 $\int_{1}^{e} \ln x \, dx$．

**解** $\int_{1}^{e} \ln x \, dx = x \ln x \Big|_{1}^{e} - \int_{1}^{e} x \, d(\ln x) = e - \int_{1}^{e} x \cdot \dfrac{1}{x} dx$
$= e - x \Big|_{1}^{e} = e - (e-1) = 1$

**例 7** 求 $\int_{0}^{1} x e^x \, dx$．

**解** $\int_{0}^{1} x e^x \, dx = \int_{0}^{1} x \, de^x = x e^x \Big|_{0}^{1} - \int_{0}^{1} e^x \, dx$
$= e - e^x \Big|_{0}^{1} = e - e + 1 = 1$

**例 8** 求 $\int_{0}^{\frac{\pi}{2}} x \cos x \, dx$．

**解** $\int_{0}^{\frac{\pi}{2}} x \cos x \, dx = \int_{0}^{\frac{\pi}{2}} x \, d(\sin x) = x \sin x \Big|_{0}^{\frac{\pi}{2}} - \int_{0}^{\frac{\pi}{2}} \sin x \, dx$
$= \dfrac{\pi}{2} + \cos x \Big|_{0}^{\frac{\pi}{2}} = \dfrac{\pi}{2} - 1$

**例 9** 求 $\int_{1}^{e} x \ln x \, dx$．

**解** $\int_{1}^{e} x \ln x \, dx = \int_{1}^{e} \ln x \, d\left(\dfrac{1}{2}x^2\right) = \dfrac{1}{2} x^2 \ln x \Big|_{1}^{e} - \dfrac{1}{2} \int_{1}^{e} x^2 \, d(\ln x)$

$$= \frac{1}{2}e^2 - \frac{1}{2}\int_1^e x^2 \cdot \frac{1}{x} dx = \frac{1}{2}e^2 - \frac{1}{4}x^2 \Big|_1^e$$

$$= \frac{1}{2}e^2 - \frac{1}{4}e^2 + \frac{1}{4} = \frac{1}{4}(e^2 + 1)$$

**例 10** 求 $\int_0^1 e^{\sqrt{x}} dx$.

**解** 令 $\sqrt{x} = t$, $x = t^2$, $dx = 2t\,dt$. 当 $x = 0$ 时, $t = 0$, 当 $x = 1$ 时, $t = 1$, 则

$$\int_0^1 e^{\sqrt{x}} dx = \int_0^1 e^t \cdot 2t\,dt = 2\int_0^1 t\,de^t$$

$$= 2te^t \Big|_0^1 - 2\int_0^1 e^t dt = 2e - 2e^t \Big|_0^1$$

$$= 2e - 2e + 2 = 2$$

**例 11** 求 $\int_0^{\frac{\pi}{2}} e^x \sin x\,dx$.

**解** $\int_0^{\frac{\pi}{2}} e^x \sin x\,dx = -\int_0^{\frac{\pi}{2}} e^x d(\cos x) = -e^x \cos x \Big|_0^{\frac{\pi}{2}} + \int_0^{\frac{\pi}{2}} \cos x\,de^x$

$$= 1 + \int_0^{\frac{\pi}{2}} \cos x \cdot e^x dx$$

$$= 1 + \int_0^{\frac{\pi}{2}} e^x d(\sin x) = 1 + e^x \sin x \Big|_0^{\frac{\pi}{2}} - \int_0^{\frac{\pi}{2}} \sin x\,de^x$$

$$= 1 + e^{\frac{\pi}{2}} - \int_0^{\frac{\pi}{2}} \sin x \cdot e^x dx$$

所以

$$2\int_0^{\frac{\pi}{2}} e^x \sin x\,dx = 1 + e^{\frac{\pi}{2}}$$

即

$$\int_0^{\frac{\pi}{2}} e^x \sin x\,dx = \frac{1}{2}(1 + e^{\frac{\pi}{2}})$$

### 习题 2.1.7

1. 计算下列积分：

(1) $\int_0^4 (1+2x)^{\frac{3}{2}} dx$

(2) $\int_1^5 \frac{\sqrt{x-1}}{x} dx$

(3) $\int_{-3}^{-1} \frac{1}{x^2 + 4x + 5} dx$

(4) $\int_0^7 \frac{1}{1+\sqrt[3]{1+u}} du$

(5) $\int_0^{\ln 2} \sqrt{e^x - 1}\,dx$

(6) $\int_0^1 \sqrt{4-x^2}\,dx$

(7) $\int_0^4 \frac{1}{1+\sqrt{x}} dx$

(8) $\int_0^1 \frac{e^x}{\sqrt{1+e^x}} dx$

(9) $\int_0^{\frac{1}{2}} \frac{x^2}{\sqrt{1-x^2}} dx$

2. 计算下列积分：

(1) $\int_0^1 x e^{-x} dx$  (2) $\int_0^{\frac{\pi}{2}} x \sin x \, dx$  (3) $\int_0^{\sqrt{\ln 2}} x^3 e^{x^2} dx$

(4) $\int_1^e (\ln x)^3 dx$  (5) $\int_0^{\frac{\sqrt{3}}{2}} \arccos x \, dx$  (6) $\int_0^{\sqrt{3}} \arctan x \, dx$

(7) $\int_1^2 x \ln x \, dx$  (8) $\int_0^{\frac{\pi^2}{4}} \cos \sqrt{x} \, dx$

3. 若函数 $f(x)$ 在区间 $[0,1]$ 内连续，试证明：

$$\int_0^{\frac{\pi}{2}} f(\sin x) dx = \int_0^{\frac{\pi}{2}} f(\cos x) dx$$

4. 利用函数的奇偶性计算下列定积分：

(1) $\int_{-1}^1 x^2 \arctan x \, dx$  (2) $\int_{-\frac{\pi}{6}}^{\frac{\pi}{6}} \sqrt{\sin^4 x - \sin^6 x} \, dx$

## 2.1.8 广义积分

**职业素养**

广义积分研究无穷积分区间上或无界被积函数的定积分. 通过本节的学习，在实事求是的基础上，培养勇于创新、追求突破的品质，并注重团队协作、尽职尽责的职业精神.

上面所讨论的定积分是以有限积分区间与有界被积函数为前提的，这样的定积分称为**常义积分**. 但是在实际问题中，有时还需要研究无穷积分区间上的定积分或无界被积函数的定积分，这两类被推广的定积分统称为**广义积分**.

### 1. 无限区间上的广义积分

**定义 1** 如果函数 $f(x)$ 在区间 $[a, +\infty)$ 上连续，取 $b > a$，则称

$$\lim_{b \to +\infty} \int_a^b f(x) dx$$

为 $f(x)$ 在 $[a, +\infty)$ 上的**广义积分**，记为

$$\int_a^{+\infty} f(x) dx = \lim_{b \to +\infty} \int_a^b f(x) dx$$

如果上述极限存在，则称广义积分 $\int_a^{+\infty} f(x) dx$ 存在，或称**收敛**；若该极限不存在，则称广义积分 $\int_a^{+\infty} f(x) dx$ 不存在，或称**发散**.

同理可以定义广义积分

$$\int_{-\infty}^{b} f(x)\mathrm{d}x = \lim_{a \to -\infty}\int_{a}^{b} f(x)\mathrm{d}x \quad (b > a)$$

和

$$\int_{-\infty}^{+\infty} f(x)\mathrm{d}x = \int_{-\infty}^{c} f(x)\mathrm{d}x + \int_{c}^{+\infty} f(x)\mathrm{d}x, c \in (-\infty, +\infty)$$

按照广义积分的定义，它是一类常义积分的极限．因此，广义积分的计算就是先计算常义积分，再取极限．

**例 1** 求 $\int_{0}^{+\infty} \dfrac{1}{1+x^2}\mathrm{d}x$．

**解** $\int_{0}^{+\infty} \dfrac{1}{1+x^2}\mathrm{d}x = \lim\limits_{b \to +\infty}\int_{0}^{b} \dfrac{1}{1+x^2}\mathrm{d}x = \lim\limits_{b \to +\infty} \arctan x \Big|_{0}^{b}$

$= \lim\limits_{b \to +\infty}(\arctan b - \arctan 0) = \dfrac{\pi}{2}$

**例 2** 求 $\int_{a}^{+\infty} \dfrac{1}{x^2}\mathrm{d}x \, (a > 0)$．

**解** $\int_{a}^{+\infty} \dfrac{1}{x^2}\mathrm{d}x = \lim\limits_{b \to +\infty}\int_{a}^{b} \dfrac{1}{x^2}\mathrm{d}x = \lim\limits_{b \to +\infty}\left(-\dfrac{1}{x}\right)\Big|_{a}^{b}$

$= \lim\limits_{b \to +\infty}\left(\dfrac{1}{a} - \dfrac{1}{b}\right) = \dfrac{1}{a}$

**例 3** 求 $\int_{-\infty}^{0} x\mathrm{e}^x \mathrm{d}x$．

**解** $\int_{-\infty}^{0} x\mathrm{e}^x\mathrm{d}x = \lim\limits_{a \to -\infty}\int_{a}^{0} x\mathrm{e}^x\mathrm{d}x = \lim\limits_{a \to -\infty}\int_{a}^{0} x\mathrm{d}\mathrm{e}^x$

$= \lim\limits_{a \to -\infty}\left(x\mathrm{e}^x\Big|_{a}^{0} - \int_{a}^{0}\mathrm{e}^x\mathrm{d}x\right)$

$= \lim\limits_{a \to -\infty}\left(-a\mathrm{e}^a - \mathrm{e}^x\Big|_{a}^{0}\right) = \lim\limits_{a \to -\infty}(-a\mathrm{e}^a - \mathrm{e}^0 + \mathrm{e}^a)$

$= -1$

**例 4** 求 $\int_{-\infty}^{+\infty} \dfrac{1}{1+x^2}\mathrm{d}x$．

**解** $\int_{-\infty}^{+\infty} \dfrac{1}{1+x^2}\mathrm{d}x = \int_{-\infty}^{0} \dfrac{1}{1+x^2}\mathrm{d}x + \int_{0}^{+\infty} \dfrac{1}{1+x^2}\mathrm{d}x$

$= \lim\limits_{a \to -\infty}\int_{a}^{0} \dfrac{1}{1+x^2}\mathrm{d}x + \lim\limits_{b \to +\infty}\int_{0}^{b} \dfrac{1}{1+x^2}\mathrm{d}x$

$= \lim\limits_{a \to -\infty}\arctan x\Big|_{a}^{0} + \lim\limits_{b \to +\infty}\arctan x\Big|_{0}^{b}$

$= -\lim\limits_{a \to -\infty}\arctan a + \lim\limits_{b \to +\infty}\arctan b$

$= -\left(-\dfrac{\pi}{2}\right) + \dfrac{\pi}{2} = \pi$

**例 5** 求 $\int_{1}^{+\infty} \dfrac{1}{x}\mathrm{d}x$．

**解** $\int_{1}^{+\infty} \dfrac{1}{x}\mathrm{d}x = \lim\limits_{b \to +\infty}\int_{1}^{b} \dfrac{1}{x}\mathrm{d}x = \lim\limits_{b \to +\infty}\ln|x|\Big|_{1}^{b} = \lim\limits_{b \to +\infty}\ln|b| = +\infty$

> **例 6** 求 $\int_1^{+\infty} \dfrac{1}{\sqrt{x}} dx$.

**解** $\int_1^{+\infty} \dfrac{1}{\sqrt{x}} dx = \lim\limits_{b \to +\infty} \int_1^b x^{-\frac{1}{2}} dx = \lim\limits_{b \to +\infty} \dfrac{x^{-\frac{1}{2}+1}}{-\frac{1}{2}+1} \Big|_1^b = \lim\limits_{b \to +\infty} 2\sqrt{x} \Big|_1^b$

$= 2 \lim\limits_{b \to +\infty} (\sqrt{b} - 1) = +\infty$

## 2. 无界函数的广义积分

**定义 2** 如果函数 $f(x)$ 在区间 $(a,b]$ 上连续，且 $\lim\limits_{x \to a^+} f(x) = \infty$，取 $\varepsilon > 0$，则称 $\lim\limits_{\varepsilon \to 0} \int_{a+\varepsilon}^b f(x) dx$ 为 $f(x)$ 在 $(a,b]$ 上的**广义积分**，记为

$$\int_a^b f(x) dx = \lim\limits_{\varepsilon \to 0} \int_{a+\varepsilon}^b f(x) dx$$

若上述极限存在，则称广义积分 $\int_a^b f(x) dx$ 收敛；若上述极限不存在，则称广义积分 $\int_a^b f(x) dx$ 发散.

同理，如果 $f(x)$ 在 $[a,b)$ 上连续，且 $\lim\limits_{x \to b^-} f(x) = \infty$，取 $\varepsilon > 0$，则称 $\lim\limits_{\varepsilon \to 0} \int_a^{b-\varepsilon} f(x) dx$ 为 $f(x)$ 在 $[a,b)$ 上的**广义积分**，记为

$$\int_a^b f(x) dx = \lim\limits_{\varepsilon \to 0} \int_a^{b-\varepsilon} f(x) dx$$

当 $\lim\limits_{\varepsilon \to 0} \int_a^{b-\varepsilon} f(x) dx$ 存在时，称广义积分 $\int_a^b f(x) dx$ 收敛；当 $\lim\limits_{\varepsilon \to 0} \int_a^{b-\varepsilon} f(x) dx$ 不存在时，称广义积分 $\int_a^b f(x) dx$ 发散.

若函数 $f(x)$ 在 $[a,b]$ 上除点 $c(a < c < b)$ 外连续，且 $\lim\limits_{x \to c} f(x) = \infty$，则当 $\int_a^c f(x) dx$ 和 $\int_c^b f(x) dx$ 都收敛时，称 $\int_a^b f(x) dx$ 收敛，且

$$\int_a^b f(x) dx = \int_a^c f(x) dx + \int_c^b f(x) dx$$

否则称广义积分 $\int_a^b f(x) dx$ 发散.

> **例 7** 求 $\int_0^1 \dfrac{1}{\sqrt{x}} dx$.

**解** 由于 $\lim\limits_{x \to 0^+} \dfrac{1}{\sqrt{x}} = +\infty$，说明 $\int_0^1 \dfrac{1}{\sqrt{x}} dx$ 为广义积分，所以

$$\int_0^1 \dfrac{1}{\sqrt{x}} dx = \lim\limits_{\varepsilon \to 0^+} \int_{0+\varepsilon}^1 \dfrac{1}{\sqrt{x}} dx = \lim\limits_{\varepsilon \to 0^+} 2\sqrt{x} \Big|_\varepsilon^1$$

$$= 2 \lim\limits_{\varepsilon \to 0^+} (1 - \sqrt{\varepsilon}) = 2$$

> 例8　讨论积分 $\int_{-1}^{1}\frac{1}{x^2}\mathrm{d}x$ 的敛散性.

解　由于 $\lim\limits_{x\to 0}\frac{1}{x^2}=+\infty$，说明 $\int_{-1}^{1}\frac{1}{x^2}\mathrm{d}x$ 为广义积分，所以

$$\int_{-1}^{1}\frac{1}{x^2}\mathrm{d}x=\int_{-1}^{0}\frac{1}{x^2}\mathrm{d}x+\int_{0}^{1}\frac{1}{x^2}\mathrm{d}x$$

而

$$\int_{0}^{1}\frac{1}{x^2}\mathrm{d}x=\lim\limits_{\varepsilon\to 0^+}\int_{0+\varepsilon}^{1}\frac{1}{x^2}\mathrm{d}x=-\lim\limits_{\varepsilon\to 0^+}\frac{1}{x}\Big|_{\varepsilon}^{1}$$

$$=-\lim\limits_{\varepsilon\to 0^+}\left(1-\frac{1}{\varepsilon}\right)=+\infty$$

同理

$$\int_{-1}^{0}\frac{1}{x^2}\mathrm{d}x=+\infty$$

所以 $\int_{-1}^{1}\frac{1}{x^2}\mathrm{d}x$ 发散.

## 习题 2.1.8

求下列广义积分：

(1) $\int_{-\infty}^{-1}\frac{1}{x^3}\mathrm{d}x$　　(2) $\int_{2}^{+\infty}\frac{1}{\sqrt{x}}\mathrm{d}x$　　(3) $\int_{0}^{+\infty}\frac{x}{(1+x^2)^4}\mathrm{d}x$

(4) $\int_{-\infty}^{1}\mathrm{e}^{3x}\mathrm{d}x$　　(5) $\int_{-\infty}^{0}\frac{\mathrm{e}^x}{1+\mathrm{e}^x}\mathrm{d}x$　　(6) $\int_{\mathrm{e}}^{+\infty}\frac{1}{(x\ln^3 x)}\mathrm{d}x$

(7) $\int_{0}^{1}\frac{1}{\sqrt{1-x}}\mathrm{d}x$　　(8) $\int_{0}^{\pi^2}\frac{\cos\sqrt{x}}{\sqrt{x}}\mathrm{d}x$　　(9) $\int_{0}^{1}\frac{x}{\sqrt{1-x^2}}\mathrm{d}x$

## 2.1.9　二重积分

### 职业素养

本节通过求曲顶柱体的体积引入二重积分的概念、性质及基本运算方法，如累次积分法是将二重积分的计算化为两个单重积分来进行计算. 通过本节的学习，培养独立思考，分层次创新的精神，同时养成一丝不苟、精益求精、坚持不懈的品质.

在 2.1.5 节中,我们从求曲边梯形的面积这类问题着手,通过分割、近似、求和、取极限四个步骤给出了一元函数定积分 $\int_a^b f(x)\mathrm{d}x$ 的概念,这种方法同样可以推广到二元函数和一般的多元函数中,从而建立多元函数积分的概念,使积分学有更广泛的应用. 为此我们将从求曲顶柱体的体积出发引出二重积分的定义,并进一步讨论二重积分的性质、几何意义及计算方法.

## 1. 曲顶柱体的体积

**定义 1** 设函数 $z=f(x,y)$ 在有界闭区域 $D$ 上连续,且 $f(x,y)\geqslant 0$,过区域 $D$ 边界上的所有点,作平行于 $z$ 轴的直线,这些直线构成一个曲面,则称此曲面为由边界产生的**柱面**. 以曲面 $z=f(x,y)$ 为顶,以区域 $D$ 为底,以 $D$ 的边界产生的柱面为侧面所围成的立体称为**曲顶柱体**(如图 2-9 所示).

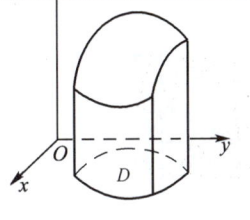

图 2-9

现在我们来讨论当 $z=f(x,y)\geqslant 0$ 时,曲顶柱体的体积.

(1) 分割:把曲顶柱体的底 —— 区域 $D$,任意分割成 $n$ 个小区域 $\Delta\sigma_1,\Delta\sigma_2,\cdots,\Delta\sigma_n$,且以 $\Delta\sigma_i$ 表示第 $i$ 个小区域的面积(如图 2-10 所示). 这样就把曲顶柱体分成了 $n$ 个小曲顶柱体. 用 $\Delta v_i$ 表示以 $\Delta\sigma_i$ 为底的第 $i$ 个小曲顶柱体的体积,$v$ 表示原曲顶柱体的体积,则

$$v=\sum_{i=1}^{n}\Delta v_i$$

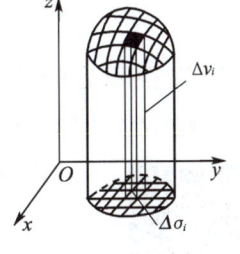

图 2-10

(2) 近似:在每一个小区域 $\Delta\sigma_i(i=1,2,\cdots,n)$ 内,任取一点 $(x_i,y_i)$,把以 $f(x_i,y_i)$ 为高,$\Delta\sigma_i$ 为底的平顶柱体的体积 $f(x_i,y_i)\Delta\sigma_i$ 作为 $\Delta v_i$ 的近似值,即

$$\Delta v_i \approx f(x_i,y_i)\Delta\sigma_i \quad (i=1,2,\cdots,n)$$

(3) 求和:把这些小曲顶柱体的体积的近似值 $f(x_i,y_i)\Delta\sigma_i$ 加起来,就得到所求的曲顶柱体体积 $v$ 的近似值,即

$$v=\sum_{i=1}^{n}\Delta v_i \approx \sum_{i=1}^{n}f(x_i,y_i)\Delta\sigma_i$$

(4) 取极限:当分割无限细密时,即当所有小区域的最大直径 $d\to 0$ 时,和式的极限就是所求曲顶柱体的体积 $v$,即

$$v=\lim_{d\to 0}\sum_{i=1}^{n}f(x_i,y_i)\Delta\sigma_i$$

## 2. 二重积分的定义

**定义 2** 如果 $f(x,y)$ 是定义在有界闭区域 $D$ 上的二元函数,将 $D$ 任意分割成 $n$ 个小区域 $\Delta\sigma_1,\Delta\sigma_2,\cdots,\Delta\sigma_n$(其面积仍记为 $\Delta\sigma_1,\Delta\sigma_2,\cdots,\Delta\sigma_n$),在每个小区域 $\Delta\sigma_i$ 中任取一点 $(x_i,y_i)$(如图 2-11 所示),$d_i$ 为区域 $\Delta\sigma_i$ 的直径,$i=1,2,\cdots,n$,作和式:

$$\sum_{i=1}^{n}f(x_i,y_i)\Delta\sigma_i$$

如果无论对 $D$ 怎样划分以及点 $(x_i, y_i)$ 在 $\Delta\sigma_i$ 上如何选取，$d = \max\{d_1, d_2, \cdots, d_n\} \to 0$ 时，这个和式有唯一的极限存在，则称此极限值为函数 $f(x,y)$ 在区域 $D$ 上的**二重积分**，记作 $\iint\limits_{D} f(x,y)\mathrm{d}\sigma$ 或 $\iint\limits_{D} f(x,y)\mathrm{d}x\mathrm{d}y$，即

$$\iint\limits_{D} f(x,y)\mathrm{d}\sigma = \iint\limits_{D} f(x,y)\mathrm{d}x\mathrm{d}y = \lim_{d \to 0} \sum_{i=1}^{n} f(x_i, y_i)\Delta\sigma_i$$

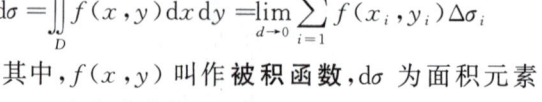

图 2-11

其中，$f(x,y)$ 叫作**被积函数**，$\mathrm{d}\sigma$ 为面积元素，$x, y$ 为积分变量，$D$ 为积分区域。

对于二重积分应注意以下两点：

(1) 如果函数 $z = f(x,y)$ 在有界闭区域 $D$ 上连续，则 $f(x,y)$ 在 $D$ 上的二重积分一定存在。

(2) 二重积分与被积函数和积分区域有关，与积分变量无关，即

$$\iint\limits_{D} f(x,y)\mathrm{d}x\mathrm{d}y = \iint\limits_{D} f(u,v)\mathrm{d}u\mathrm{d}v$$

### 3. 二重积分的几何意义

由定义 2 可知，如果 $f(x,y) \geqslant 0$，二重积分的数值就是以 $D$ 为底，以曲面 $z = f(x,y)$ 为顶，母线平行于 $z$ 轴的曲顶柱体的体积。

如果 $f(x,y) < 0$，柱体位于 $xy$ 平面下方，这时二重积分的数值是负的，其绝对值等于柱体的体积。所以，如果 $f(x,y)$ 在 $D$ 的某些部分上取正值，而在另一些部分上取负值，那么二重积分的几何意义就是以 $D$ 为底，以 $z = f(x,y)$ 为顶，母线平行于 $z$ 轴的柱体在各个部分上的体积的代数和。

### 4. 二重积分的性质

若 $f(x,y)$、$g(x,y)$ 在区域 $D$ 上的二重积分存在，则有如下性质：

(1) $\iint\limits_{D} kf(x,y)\mathrm{d}\sigma = k\iint\limits_{D} f(x,y)\mathrm{d}\sigma$（$k$ 为常数）

(2) $\iint\limits_{D} [f(x,y) \pm g(x,y)]\mathrm{d}\sigma = \iint\limits_{D} f(x,y)\mathrm{d}\sigma \pm \iint\limits_{D} g(x,y)\mathrm{d}\sigma$

(3) 设有界闭区域 $D$ 被分成 $D_1, D_2$，则

$$\iint\limits_{D} f(x,y)\mathrm{d}\sigma = \iint\limits_{D_1} f(x,y)\mathrm{d}\sigma + \iint\limits_{D_2} f(x,y)\mathrm{d}\sigma$$

(4) 如果在 $D$ 上有 $f(x,y) = 1$，$\sigma$ 表示 $D$ 的面积，则

$$\iint\limits_{D} 1\,\mathrm{d}\sigma = \iint\limits_{D} \mathrm{d}\sigma = \sigma$$

(5) 如果在 $D$ 上有 $f(x,y) \leqslant g(x,y)$，则

$$\iint\limits_{D} f(x,y)\mathrm{d}\sigma \leqslant \iint\limits_{D} g(x,y)\mathrm{d}\sigma$$

(6) 若 $M$、$m$ 分别表示 $f(x,y)$ 在区域 $D$ 上的最大值和最小值,$\sigma$ 是区域 $D$ 的面积,则

$$m\sigma \leqslant \iint\limits_{D} f(x,y)\mathrm{d}\sigma \leqslant M\sigma$$

(7) 如果 $f(x,y)$ 在闭区域 $D$ 上连续,$\sigma$ 是 $D$ 的面积,则在 $D$ 上至少存在一点 $(\xi,\eta)$,使得

$$\iint\limits_{D} f(x,y)\mathrm{d}\sigma = f(\xi,\eta) \cdot \sigma$$

此性质又称为**二重积分的中值定理**. 其几何意义是:以曲面 $f(x,y)$ 为顶的曲顶柱体的体积等于以被积函数在 $D$ 上的某一函数值为高,$D$ 为底的平顶柱体的体积.

### 5. 二重积分的计算

(1) 直角坐标系下计算二重积分

相对于二重积分,把定积分称为单重积分. 对于二重积分的计算是先把它化为两个单重积分,再通过计算两个单重积分而得到二重积分的值,这个积分方法称为**累次积分法**.

具体的计算方法为:在二重积分存在的条件下,区域 $D$ 可用平行于坐标轴的两组直线来划分,使面积元素 $\Delta\sigma_i = \Delta x_i \Delta y_i$,因 $\Delta\sigma_i > 0$,不妨设 $\Delta x_i > 0, \Delta y_i > 0$.

二重积分的定义可写成

$$\lim_{\substack{\max\Delta x_i \to 0 \\ \max\Delta y_i \to 0}} \sum_{i=1}^{n} f(x_i, y_i)\Delta x_i \Delta y_i = \iint\limits_{D} f(x,y)\mathrm{d}x\mathrm{d}y$$

即

$$\iint\limits_{D} f(x,y)\mathrm{d}\sigma = \iint\limits_{D} f(x,y)\mathrm{d}x\mathrm{d}y$$

记号 $\mathrm{d}x\mathrm{d}y$ 称为直角坐标系中的面积元素.

若 $D: a \leqslant x \leqslant b, c \leqslant y \leqslant d$,且 $f(x,y)$ 在 $D$ 上的二重积分存在,则

$$\iint\limits_{D} f(x,y)\mathrm{d}x\mathrm{d}y = \int_a^b \mathrm{d}x \int_c^d f(x,y)\mathrm{d}y$$

或

$$\iint\limits_{D} f(x,y)\mathrm{d}x\mathrm{d}y = \int_c^d \mathrm{d}y \int_a^b f(x,y)\mathrm{d}x$$

若 $D: a \leqslant x \leqslant b, \varphi_1(x) \leqslant y \leqslant \varphi_2(x)$,且 $f(x,y)$ 在 $D$ 上的二重积分存在,则

$$\iint\limits_{D} f(x,y)\mathrm{d}x\mathrm{d}y = \int_a^b \mathrm{d}x \int_{\varphi_1(x)}^{\varphi_2(x)} f(x,y)\mathrm{d}y$$

若 $D: \psi_1(y) \leqslant x \leqslant \psi_2(y), c \leqslant y \leqslant d$,且 $f(x,y)$ 在 $D$ 上的二重积分存在,则

$$\iint\limits_{D} f(x,y)\mathrm{d}x\mathrm{d}y = \int_c^d \mathrm{d}y \int_{\psi_1(y)}^{\psi_2(y)} f(x,y)\mathrm{d}x$$

若 $D$ 既可表示为 $a \leqslant x \leqslant b, \varphi_1(x) \leqslant y \leqslant \varphi_2(x)$,也可表示为 $c \leqslant y \leqslant d, \psi_1(y) \leqslant x \leqslant \psi_2(y)$,则有

$$\iint\limits_{D} f(x,y)\mathrm{d}x\mathrm{d}y = \int_a^b \mathrm{d}x \int_{\varphi_1(x)}^{\varphi_2(x)} f(x,y)\mathrm{d}y = \int_c^d \mathrm{d}y \int_{\psi_1(y)}^{\psi_2(y)} f(x,y)\mathrm{d}x$$

上述计算都是将二重积分化为二次积分,两种不同次序的二次积分可能计算难度不同,甚至可能一种次序下的积分较易,而另一种次序下的积分计算不出来.因此,二重积分的计算中有两类基本问题:

Ⅰ.选择积分次序

**例 1** 计算 $\iint_D (x+y)dxdy (D:0 \leqslant x \leqslant 1, 0 \leqslant y \leqslant 2)$.

**解** $\iint_D (x+y)dxdy = \int_0^1 dx \int_0^2 (x+y)dy = \int_0^1 \left[ \left(xy + \frac{1}{2}y^2\right)\Big|_0^2 \right]dx$

$= \int_0^1 (2x+2)dx = (x^2 + 2x)\Big|_0^1 = 3$

**例 2** 计算 $\iint_D x^2 y\,dxdy$, $D$ 为直线 $y=x$ 与抛物线 $y=x^2$ 所围成的区域(如图 2-12 所示).

**解** 直线 $y=x$ 与 $y=x^2$ 的交点是 $(0,0)$、$(1,1)$.

① 先对 $y$ 后对 $x$ 积分:

$D: x^2 \leqslant y \leqslant x, 0 \leqslant x \leqslant 1$

$\iint_D x^2 y\,dxdy = \int_0^1 dx \int_{x^2}^x x^2 y\,dy = \int_0^1 \left(\frac{1}{2}x^2 y^2 \Big|_{x^2}^x\right) dx$

$= \frac{1}{2}\int_0^1 x^2(x^2 - x^4)dx = \frac{1}{2}\int_0^1 (x^4 - x^6)dx$

$= \frac{1}{35}$

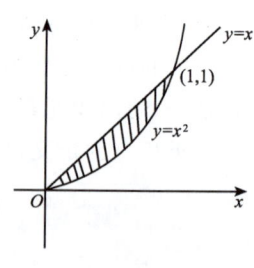

图 2-12

② 先对 $x$ 后对 $y$ 积分:

$D: y \leqslant x \leqslant \sqrt{y}, 0 \leqslant y \leqslant 1$

$\iint_D x^2 y\,dxdy = \int_0^1 dy \int_y^{\sqrt{y}} x^2 y\,dx$

$= \int_0^1 \left(\frac{1}{3}x^3 y \Big|_y^{\sqrt{y}}\right) dy$

$= \frac{1}{3}\int_0^1 (y^{\frac{5}{2}} - y^4)dy = \frac{1}{35}$

**例 3** 计算 $I = \iint_D xy\,dxdy$, $D$ 是由 $y = x-4$ 和 $y^2 = 2x$ 围成的区域(如图 2-13 所示).

**解** 直线 $y = x-4$ 与抛物线 $y^2 = 2x$ 的交点为 $(8,4)$、$(2,-2)$,先对 $x$ 后对 $y$ 积分:

$D: \frac{y^2}{2} \leqslant x \leqslant y+4, -2 \leqslant y \leqslant 4$

$\iint_D xy\,dxdy = \int_{-2}^4 dy \int_{\frac{y^2}{2}}^{y+4} xy\,dx = \int_{-2}^4 \left(y \cdot \frac{x^2}{2}\Big|_{\frac{y^2}{2}}^{y+4}\right) dy$

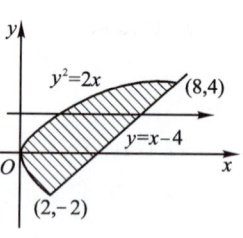

图 2-13

$$= \frac{1}{2}\int_{-2}^{4}(y^3+8y^2+16y-\frac{y^5}{4})\mathrm{d}y$$
$$=90$$

如果先对 $y$ 后对 $x$ 积分,需要把积分区域 $D$ 分成两小块,计算量要比上述做法繁琐一些.

Ⅱ.交换积分次序

**例 4** 求 $\int_0^1\mathrm{d}x\int_x^1\mathrm{e}^{-y^2}\mathrm{d}y$.

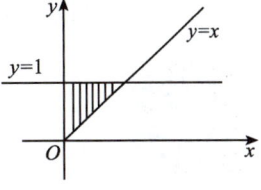

图 2-14

**解** 所给积分次序的里层积分 $\int_x^1\mathrm{e}^{-y^2}\mathrm{d}y$ 不能计算出来,因此需要交换积分的次序.先依据给定的积分确定积分区域 $D:0\leqslant x\leqslant 1,x\leqslant y\leqslant 1$,如图 2-14 所示,换为先对 $x$ 积分后对 $y$ 积分,即

$$\iint_D\mathrm{e}^{-y^2}\mathrm{d}x\mathrm{d}y=\int_0^1\mathrm{d}y\int_0^y\mathrm{e}^{-y^2}\mathrm{d}x=\int_0^1y\mathrm{e}^{-y^2}\mathrm{d}y=\int_0^1\left(\frac{y^2}{2}\right)'\mathrm{e}^{-y^2}\mathrm{d}y$$
$$=-\frac{1}{2}\int_0^1\mathrm{e}^{-y^2}\mathrm{d}(-y^2)=-\frac{1}{2}\mathrm{e}^{-y^2}\Big|_0^1=\frac{1}{2}\left(1-\frac{1}{\mathrm{e}}\right)$$

(2) 极坐标系下计算二重积分

在定积分的计算中利用适当的变换可以使计算变得简便,在二重积分中变量替换用得最多的是极坐标变换.极坐标和直角坐标的关系式为

$$\begin{cases}x=r\cos\theta\\y=r\sin\theta\end{cases},\quad D:\alpha\leqslant\theta\leqslant\beta,r_1(\theta)\leqslant r\leqslant r_2(\theta)$$
$$f(x,y)=f(r\cos\theta,r\sin\theta)$$

则有

$$\iint_D f(x,y)\mathrm{d}\sigma=\iint_D f(r\cos\theta,r\sin\theta)r\mathrm{d}r\mathrm{d}\theta$$
$$=\int_\alpha^\beta\mathrm{d}\theta\int_{r_1(\theta)}^{r_2(\theta)}f(r\cos\theta,r\sin\theta)r\mathrm{d}r$$

**例 5** 求 $\iint_D\mathrm{e}^{-x^2-y^2}\mathrm{d}x\mathrm{d}y$,$D:x^2+y^2=4$ 所围成的区域(如图 2-15 所示).

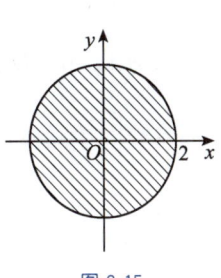

图 2-15

**解** 利用极坐标变换,被积函数变为

$$\mathrm{e}^{-x^2-y^2}=\mathrm{e}^{-r^2\cos^2\theta-r^2\sin^2\theta}=\mathrm{e}^{-r^2}$$

区域 $D$ 可表示为 $0\leqslant r\leqslant 2,0\leqslant\theta\leqslant 2\pi$,于是

$$\iint_D\mathrm{e}^{-x^2-y^2}\mathrm{d}x\mathrm{d}y=\int_0^{2\pi}\mathrm{d}\theta\int_0^2 r\mathrm{e}^{-r^2}\mathrm{d}r$$
$$=\int_0^{2\pi}\left(-\frac{1}{2}\mathrm{e}^{-r^2}\right)\Big|_0^2\mathrm{d}\theta=\frac{1}{2}\int_0^{2\pi}(1-\mathrm{e}^{-4})\mathrm{d}\theta$$

$$= \pi\left(1 - \frac{1}{e^4}\right)$$

**例 6** 求 $\iint_D y\,dx\,dy$，$D: x^2 + y^2 = 2ax$ 与 $x$ 轴围成的上半圆（如图 2-16 所示）.

**解** 圆周 $x^2 + y^2 = 2ax$ 在极坐标系下的方程为
$$r = 2a\cos\theta$$

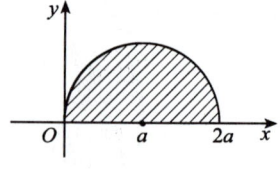

图 2-16

如图 2-16 所示，$D$ 可表示为 $0 \leqslant \theta \leqslant \dfrac{\pi}{2}$，$0 \leqslant r \leqslant 2a\cos\theta$.

$$\iint_D y\,dx\,dy = \int_0^{\frac{\pi}{2}} d\theta \int_0^{2a\cos\theta} r\sin\theta \cdot r\,dr$$

$$= \frac{1}{3}\int_0^{\frac{\pi}{2}} (r^3 \Big|_0^{2a\cos\theta})\sin\theta\,d\theta$$

$$= \frac{8}{3}a^3 \int_0^{\frac{\pi}{2}} \cos^3\theta \sin\theta\,d\theta = -\frac{8}{3}a^3 \int_0^{\frac{\pi}{2}} \cos^3\theta\,d(\cos\theta)$$

$$= -\frac{2}{3}a^3 \cos^4\theta \Big|_0^{\frac{\pi}{2}} = \frac{2}{3}a^3$$

从以上计算可以看出，如果积分区域 $D$ 为圆的一部分，被积函数为 $f(x^2 + y^2)$，则二重积分用极坐标计算常常比较简便.

## 习题 2.1.9

1. 求下列二重积分：

(1) $\iint_D (x + 4y^3)\,d\sigma$，$D: 0 \leqslant x \leqslant 1, 0 \leqslant y \leqslant 1$；

(2) $\iint_D e^{x+y}\,d\sigma$，$D: 0 \leqslant x \leqslant 1, 0 \leqslant y \leqslant 1$；

(3) $\iint_D x^3\,d\sigma$，$D$ 是由 $y = x, y = x + 4, x = 1, x = 2$ 围成的区域；

(4) $\iint_D x^2 y\,d\sigma$，$D$ 是由 $x^2 + y^2 = 1$ 与 $x$ 轴，$y$ 轴围成的在第一象限的区域；

(5) $\iint_D \dfrac{x^2}{y^2}\,d\sigma$，$D$ 是由曲线 $y = \dfrac{1}{x}$ 与直线 $y = x, x = 2$ 围成的区域；

(6) $\iint_D xy^3\,d\sigma$，$D$ 是由 $y = x^2$ 与 $y^2 = x$ 围成的区域；

(7) $\iint_D (x^2 - 2y)\,d\sigma$，$D$ 是由 $y = x^2$ 与 $y = x$ 围成的区域；

(8) $\iint_D y^2\,d\sigma$，$D$ 是由 $y^2 = x$ 与 $x = 1$ 围成的区域.

2. 求下列二重积分：

(1) $\iint_D \sqrt{x^2 + y^2}\,dx\,dy$，$D$ 是圆 $(x-1)^2 + y^2 \leqslant 1$ 的上半圆部分；

(2) $\iint\limits_{D} y\,dx\,dy$，$D$ 是圆 $x^2 + y^2 = a^2$ 所围成的在第一象限中的区域；

(3) $\iint\limits_{D} \cos(x+y)\,dx\,dy$，$D$ 由 $x=0, y=\pi, y=x$ 所围成；

(4) $\iint\limits_{D} x^2\,dx\,dy$，$D$ 是由 $x^2 + y^2 = 1$ 及 $x^2 + y^2 = 4$ 围成的环形区域．

## 2.1.10 微分方程

**职业素养**

微分方程是数学理论联系实际的一个重要桥梁，通过学习可以深刻领会数学建模思想，提高解决问题和分析问题的能力．在学习过程中，要培养协作共进的团队精神，培育并弘扬严谨认真、勇于探索、追求完美的工匠精神．

在科学技术和经济管理中有些实际问题，往往需要通过未知函数及其导数所满足的关系式去求未知函数．这种关系式就是**微分方程**．本节主要讨论微分方程的一些基本概念以及几种常用的、基本的和简单的微分方程的解法．

### 1. 微分方程的一般概念

**例 1** 某曲线的切线斜率为 $3x^2$，且通过点 $(1,2)$，求这个曲线的方程．

**解** 设所求曲线方程为 $y(x)$，则

$$\frac{dy}{dx} = 3x^2 \qquad (1)$$

课堂互动

两边求不定积分有

$$y = \int 3x^2\,dx = x^3 + C$$

把 $(1,2)$ 代入上式有

$$2 = 1^3 + C$$

即 $C = 1$，代入 $y = x^3 + C$ 中有

$$y = x^3 + 1$$

课堂互动

从上面可以看出，方程 (1) 含有未知函数的导数．例 1 是通过未知函数的导数求未知函数，这就是我们要介绍的微分方程的问题．

**定义 1** 含有未知函数的导数（或微分）的方程称为**微分方程**．对于给定的微分方程，如果其中的未知函数是一元函数，这样的微分方程称为**常微分方程**．

**定义 2** 微分方程中出现的未知函数的最高阶导数的阶数，称为**微分方程的阶**．

169

**定义 3** 如果把某个函数代入微分方程中,能使该方程成为恒等式,则称此函数为**微分方程的解**. 如果微分方程的解中包含任意常数,且独立的任意常数的个数与微分方程的阶数相同,这样的解称为**微分方程的通解**. 不包含任意常数的解,称为**微分方程的特解**.

▷ **例 2** 设方程 $y'' - y = 0$.

(1) 说明微分方程的阶数;

(2) 验证 $y = C_1 e^x + C_2 e^{-x}$ 为它的通解;

(3) 给定初始条件 $y\big|_{x=0} = 0, y'\big|_{x=0} = 1$,求特解.

**解** (1) 由定义 2 可知,$y'' - y = 0$ 为二阶微分方程.

(2) $y' = C_1 e^x - C_2 e^{-x}, y'' = C_1 e^x + C_2 e^{-x}$,代入原方程有
$$y'' - y = C_1 e^x + C_2 e^{-x} - (C_1 e^x + C_2 e^{-x}) = 0$$
由于 $C_1$、$C_2$ 为两个任意常数,故 $y = C_1 e^x + C_2 e^{-x}$ 为 $y'' - y = 0$ 的通解.

(3) 将 $y\big|_{x=0} = 0$,代入 $y = C_1 e^x + C_2 e^{-x}$ 有
$$C_1 e^0 + C_2 e^{-0} = C_1 + C_2 = 0$$

将 $y'\big|_{x=0} = 1$ 代入 $y' = C_1 e^x - C_2 e^{-x}$ 中有
$$C_1 - C_2 = 1$$

解方程组 $\begin{cases} C_1 + C_2 = 0 \\ C_1 - C_2 = 1 \end{cases}$,得出

$$\begin{cases} C_1 = \dfrac{1}{2} \\ C_2 = -\dfrac{1}{2} \end{cases}$$

所以特解为
$$y = \frac{1}{2} e^x - \frac{1}{2} e^{-x}$$

## 2. 一阶微分方程

(1) 可分离变量的方程

**定义 4** 如果微分方程可表示为 $\dfrac{\mathrm{d}y}{\mathrm{d}x} = f(x)g(y)$ 或 $M(x)N(y)\mathrm{d}x + P(x)Q(y)\mathrm{d}y = 0$ 的形式,则称它为**一阶可分离变量的微分方程**.

对这类方程求解的步骤如下:

① 变量分离化成
$$\frac{\mathrm{d}y}{g(y)} = f(x)\mathrm{d}x \quad (g(y) \neq 0)$$

② 两端积分得
$$\int \frac{\mathrm{d}y}{g(y)} = \int f(x)\mathrm{d}x$$

③ 设 $G(y)$、$F(x)$ 分别为 $\dfrac{1}{g(y)}$ 和 $f(x)$ 的原函数,则通解为
$$G(y)=F(x)+C$$

可分离变量的微分方程

▶ **例 3** 解微分方程 $y'=-\dfrac{y}{x}$.

**解** 变量分离可化为
$$\frac{\mathrm{d}y}{y}=-\frac{\mathrm{d}x}{x}$$

两边积分得
$$\int \frac{1}{y}\mathrm{d}y=-\int\frac{1}{x}\mathrm{d}x$$
$$\ln|y|=-\ln|x|+C_1$$
$$=-\ln|x|+\ln C_2$$
$$=\ln\frac{C_2}{|x|}$$

所以
$$|y|=\frac{C_2}{|x|}$$
$$y=\pm\frac{C_2}{x}$$

即
$$y=\frac{C}{x}\quad(C=\pm C_2)$$

以后为了运算方便,可以把 $\ln|y|$ 写成 $\ln y$,只要记住最后得到的任意常数 $C$ 可正可负即可.

▶ **例 4** 求微分方程 $\dfrac{\mathrm{d}y}{\mathrm{d}x}=2xy$ 的通解.

**解** 变量分离可化为
$$\frac{\mathrm{d}y}{y}=2x\,\mathrm{d}x$$
$$\int\frac{\mathrm{d}y}{y}=\int 2x\,\mathrm{d}x$$
$$\ln y=x^2+C_1$$
$$y=\mathrm{e}^{x^2+C_1}=\mathrm{e}^{x^2}\cdot\mathrm{e}^{C_1}$$

所以通解为
$$y=C\mathrm{e}^{x^2}\quad(C=\mathrm{e}^{C_1})$$

(2) 一阶线性微分方程

**定义 5** 如果在一阶微分方程中,$y$ 及 $y'$ 的幂是一次的,形如
$$y'+p(x)y=q(x)$$
$p(x)$、$q(x)$ 为 $x$ 的函数,则称方程为**一阶线性微分方程**.

这种方程的求法如下:

首先设
$$y'+p(x)y=0$$

分离变量得
$$\frac{\mathrm{d}y}{y} = -p(x)\mathrm{d}x$$

一阶线性微分方程

积分得
$$\ln y = -\int p(x)\mathrm{d}x + C_1$$

即
$$y = \mathrm{e}^{-\int p(x)\mathrm{d}x + C_1} = C\mathrm{e}^{-\int p(x)\mathrm{d}x}$$

再设
$$y = C(x)\mathrm{e}^{-\int p(x)\mathrm{d}x}$$

两边关于 $x$ 求导得
$$y' = C'(x)\mathrm{e}^{-\int p(x)\mathrm{d}x} + C(x)\mathrm{e}^{-\int p(x)\mathrm{d}x} \cdot [-p(x)]$$

代入原方程得
$$C'(x)\mathrm{e}^{-\int p(x)\mathrm{d}x} = q(x)$$
$$C'(x) = q(x)\mathrm{e}^{\int p(x)\mathrm{d}x}$$

即
$$C(x) = \int q(x)\mathrm{e}^{\int p(x)\mathrm{d}x}\mathrm{d}x + C$$

再代入 $y$ 的表达式中有
$$y = \mathrm{e}^{-\int p(x)\mathrm{d}x}\left[\int q(x)\mathrm{e}^{\int p(x)\mathrm{d}x}\mathrm{d}x + C\right]$$

▷ **例 5** 求微分方程 $y' + y = x$ 的解.

**解** $p(x) = 1, q(x) = x$，则
$$\begin{aligned}
y &= \mathrm{e}^{-\int \mathrm{d}x}\left(\int x\mathrm{e}^{\int \mathrm{d}x}\mathrm{d}x + C\right) \\
&= \mathrm{e}^{-x}\left(\int x\mathrm{e}^{x}\mathrm{d}x + C\right) \\
&= \mathrm{e}^{-x}\left(\int x\mathrm{d}\mathrm{e}^{x} + C\right) \\
&= \mathrm{e}^{-x}\left(x\mathrm{e}^{x} - \int \mathrm{e}^{x}\mathrm{d}x + C\right) \\
&= \mathrm{e}^{-x}(x\mathrm{e}^{x} - \mathrm{e}^{x} + C) \\
&= x - 1 + C\mathrm{e}^{-x}
\end{aligned}$$

### 3. 高阶微分方程

二阶及二阶以上的微分方程统称为**高阶微分方程**. 下面将讨论几种特殊的高阶微分方程.

（1）可降阶的微分方程

▷ **例 6** 求微分方程 $y''' = \sin x$ 的通解.

**解** 已知 $y''' = \sin x$，则
$$y'' = \int \sin x\mathrm{d}x = -\cos x + C_1$$
$$y' = \int (-\cos x + C_1)\mathrm{d}x = -\sin x + C_1 x + C_2$$

因此

$$y = \int (-\sin x + C_1 x + C_2)\,dx$$
$$= \cos x + \frac{1}{2}C_1 x^2 + C_2 x + C_3$$

即为方程的通解.

(2) 二阶常系数线性微分方程

形如 $y'' + py' + qy = f(x)$，其中 $p$、$q$ 为常数，称为**二阶常系数线性非齐次微分方程**.

形如 $y'' + py' + qy = 0$，其中 $p$、$q$ 为常数，称为**二阶常系数线性齐次微分方程**.

下面只给出二阶常系数线性齐次微分方程的解法.

对于 $y'' + py' + qy = 0$，有特征方程 $r^2 + pr + q = 0$. 若 $r_1$、$r_2$ 为其两个特征根，则有

① 当 $r_1 \neq r_2$ 时，通解为 $y = C_1 e^{r_1 x} + C_2 e^{r_2 x}$ ($r_1$、$r_2$ 为实数);

② 当 $r_1 = r_2$ 时，通解为 $y = (C_1 + C_2 x) e^{r_1 x}$ ($r_1$、$r_2$ 为实数);

③ 当 $r_1 = \alpha + i\beta$、$r_2 = \alpha - i\beta$ 时，通解为 $y = e^{\alpha x}(C_1 \cos\beta x + C_2 \sin\beta x)$.

▶ **例 7** 求方程 $y'' + 4y' - 5y = 0$ 的通解.

**解**
$$r^2 + 4r - 5 = 0$$
其根为
$$r_1 = -5, \quad r_2 = 1$$
通解为
$$y = C_1 e^{-5x} + C_2 e^{x}$$

▶ **例 8** 求方程 $y'' + 4y' + 4y = 0$ 的通解.

**解**
$$r^2 + 4r + 4 = 0$$
解得
$$r_1 = r_2 = -2$$
通解为
$$y = C_1 e^{-2x} + C_2 x e^{-2x}$$

▶ **例 9** 求方程 $2y'' + 4y' + \frac{9}{2} = 0$ 的通解.

**解**
$$2r^2 + 4r + \frac{9}{2} = 0$$
解得
$$r = -1 \pm \frac{\sqrt{5}}{2} i$$
通解为
$$y = \left( C_1 \cos \frac{\sqrt{5}}{2} x + C_2 \sin \frac{\sqrt{5}}{2} x \right) e^{-x}$$

### 习题 2.1.10

1. 指出下列各微分方程的自变量、未知函数、方程的阶数：

(1) $y' = x^2 + 5$　　　　(2) $x^2 dy + y^2 dx = 0$

(3) $\dfrac{d^2 x}{dy^2} + xy = 0$　　　　(4) $t(x')^2 - 2tx' + t = 0$

(5) $y^{(5)} - 2y''' + y' + 2y = 0$

2. 解下列微分方程：

(1) $\dfrac{\mathrm{d}y}{\mathrm{d}x} = \dfrac{1}{y}$ 

(2) $\dfrac{\mathrm{d}y}{\mathrm{d}x} = 2xy^2$

(3) $\dfrac{\mathrm{d}y}{\mathrm{d}x} = \mathrm{e}^{x-y}$

3. 解下列微分方程：

(1) $y' + \dfrac{1}{x^2} y = 0$ 

(2) $y' + 3y = \mathrm{e}^{2x}$

(3) $y' - \dfrac{1}{x} y = 1$ 

(4) $y' - \dfrac{2x}{1+x^2} y = 1 + x^2$

4. 解下列微分方程：

(1) $y'' = x + \sin x$ 

(2) $y''' = x\mathrm{e}^x$

(3) $y'' - 5y' + 6y = 0$ 

(4) $y'' - 9y = 0$

(5) $y = y'' + y'$ 

(6) $y'' + 2y' + y = 0$

## 数学史话

### "数学王子"——高斯[①]

高斯(1777—1855,德国人)是历史上最伟大的数学家之一,并且是那个时代最伟大的数学家.他预见了19世纪的许多进展.

高斯是一位在幼小时便崭露头角的数学家,故有"数学王子"之称.他在十岁时计算从1到100连续一百个自然数之和采用的速算法,一直被传为佳话.相传当他不满三岁时,有一次看父亲计算周薪账目,父亲边念边算,最后读出总数预备记下,这时身边忽然传来儿子细小的声音："爸爸,算错了,总数应当是…".惊讶不已的父亲再度复核时,发现果然高斯的结果是正确的.高斯的小学老师要求高斯所在班上的学生算出从1到100这些整数的和,好让他们忙碌半天,但是高斯认识到这些数可归类为$1+100,2+99,3+98$,等等,直到$50+51$.每一个这样的和等于101,共有50个这样的和,所以前100个整数的和等于$101\times 50$,高斯立即算出了这个简单乘积.这位教师看出了高斯的非凡才能,给他以额外的辅导和鼓励,并说服城里有钱的人为高斯提供受教育所需的经费.

高斯在年轻时便研究出了一些重要的数学成果.他十七岁时得到了二次互反律,十八岁时用代数方法解决了两千多年来的一道几何难题:正十七边形可以用尺规作图(后来他得出具有素数 $P = 2^{2^n} + 1$ 边的正多边形均可用尺规作图).高斯为此异常兴奋,决心终生研究数学.后人在他的墓碑上刻了一个正十七边形,纪念这一重要发现.

高斯发明了最小二乘法,这种方法是为了求出同一个量的一系列测量值的最佳值.最小二乘法的另一个应用是求符合一组数据的最佳直线.为了求最佳的直线,要使数据与直线的差的平方和达到最小.如果我们只把位于直线上面和下面的差加起来,正项和负项可

---

[①] 鲁又文.数学古今谈.天津:科学技术出版社,1984

能会抵消.当差值被平方时,所有的项便都为正,所以没有抵消的情况发生.后来,高斯用他的最小二乘法计算行星轨道,使得它符合观察数据,这种方法在 1800 年发表于他的著作《天体运动理论》中.关于观察误差,他推出标准正态曲线.高斯导出正态曲线是根据这样的假定:如果给出了同一个量的一系列测量值,这个量的最可能的正确值等于所有这些测量值的平均值.图 2-17 表明:概率在所有测量值的平均值处为最大,在比平均值更大或更小的测量值处,概率减小,测量值离开平均值越远,它跟被测量的真值相差越大,该曲线所代表的概率分布被称为高斯分布,这是概率论和数理统计中最有用的分布.

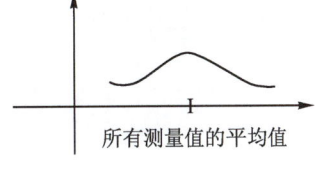

图 2-17

在高斯 21 岁时,还完成了关于数论的巨著《算术研究》,这花费了他几年的工夫.同时,高斯对数学物理学也很感兴趣,并且在这个领域里作出了许多贡献.为纪念他,磁的单位被称作高斯.1800 年,发现了一颗小行星——谷神星,但是它太小,很快就找不到了.高斯从很少几个观察到的数据计算其轨道,他告诉观察者该在天空的什么位置去寻找这颗"消失了的"小行星.谷神星在高斯预言的地点找到了,他也因之名声大振,被任命为哥廷根天文台台长,他担任此职直到去世.

1821—1848 年,高斯是汉诺威和丹麦政府在大地测量方面的科学顾问.因此,他面对一个在曲面(地球)上进行测量的问题.在研究中,他发展了曲面的内蕴坐标的概念.例如,在一个球上,人们可以用纬度和经度,而不把球看作三维空间的一部分,也不用不顺手的 $(x,y,z)$ 坐标.对于不能嵌入通常的三维空间的更为复杂的曲面的研究,内蕴坐标也是必不可少的.高斯说明如何用内蕴坐标表示那些重要的量,例如曲线的长,曲线上任何点的曲率.曲面理论是微分几何的主题,后来被爱因斯坦应用于广义相对论.

# 第二部分 数学模型与应用

## 2.2.1 财贸、金融模型与应用

### 职业素养

本节从资本现值与投资问题、净增长与资本形成问题两个方面阐述积分学在财贸与金融模型中的应用.通过案例的分析,不断深化理解概念,锻炼逻辑思维能力,当遇到困难的时候要广开思路想办法,迎难而上.

### 1. 资本现值与投资问题

现有一笔本金 $P_0$ 元,现将其存入银行,按年利率为 $r$ 作连续复利计算,则 $t$ 年后的本利和 $P_t$(又称为 $P_0$ 元资金在 $t$ 年后的累积值或终值)为 $P_0 e^{rt}$ 元.

终值是一笔资金在未来时刻的价值,而现值是指未来的一笔资金在当前的价值,即:若 $t$ 年末希望获得 $P_t$ 元的累积值,则按连续复利计算,现值应有 $P_t e^{-rt}$ 元.由此可见,计算现值的过程正好与计算终值的过程相反.求现值的过程又被称作贴现过程.

**例 1** 假设你需要为孩子存一笔教育资金,希望 18 年后这笔基金的终值为 150000 元,若年复利率为 2.75%,按连续复利计息,现需存入多少本金?

**解** 若按连续复利计息,则 18 年后资金 $P_{18}=150000$ 元的现值为 $P_0=P_t e^{-rt}$,则

$$P_0 = 150000 \times e^{-2.75\% \times 18} = 150000 \times e^{-0.495} \approx 91435.64$$

即现在需要存入银行 91435.64 元.

设在时间区间 $[0,T]$ 内 $t$ 时刻的单位时间收入为 $R(t)$,称为收入率,若按年利率 $r$ 的连续复利计算,则在时间区间 $[t,t+\Delta t]$ 的收入现值为 $R(t)e^{-rt}dt$.按定积分的微元法思路,则在 $[0,T]$ 内得到的总收入现值为

$$R = \int_0^T R(t) e^{-rt} dt$$

若收入率 $R(t)=A$($A$ 为常数),则称为均匀收入率.如果年利率 $r$ 也是常数,则总收入的现值为

$$R = \int_0^T A\mathrm{e}^{-rt}\,\mathrm{d}t = A\left.\frac{-\mathrm{e}^{-rt}}{r}\right|_0^T = \frac{A}{r}(1-\mathrm{e}^{-rT})$$

▶ **例 2** 若连续 3 年内保持收入率每年 7500 元不变,且年利率为 7.5%,问其现值是多少?

**解** 由题可知,均匀收入率 $A = 7500$ 元, $r = 7.5\%$,所以现值为

$$R = \int_0^3 A\mathrm{e}^{-rt}\,\mathrm{d}t = \int_0^3 7500\mathrm{e}^{-0.075t}\,\mathrm{d}t = \frac{7500}{0.075}(1-\mathrm{e}^{-0.075\times 3})$$

$$\approx 100000 \times (1-0.7985) = 20148(元)$$

即现值为 20148 元.

若在 $t = 0$ 时,一次投入的资金为 $a$,则在 $[0,T]$ 内的纯收入的贴现值(也称投资效益)为

$$R^* = R - a = \int_0^T A\mathrm{e}^{-rt}\,\mathrm{d}t - a$$

即

纯收入的贴现值 = 总收入现值 - 总投资

▶ **例 3** 现在对某企业给予一笔投资 $A$,经核算,该企业在 $T$ 年中可以按每年 $a$ 元的均匀收入率获得收入,若年利率为 $r$,试求:

(1) 该投资的纯收入贴现值(或称为投资的价值);

(2) 收回该笔投资的时间.

**解** (1) 因为年收入率为 $a$,年利率为 $r$,故投资后 $T$ 年中获总收入的现值为

$$R = \int_0^T a\mathrm{e}^{-rt}\,\mathrm{d}t = a\left.\frac{-\mathrm{e}^{-rt}}{r}\right|_0^T = \frac{a}{r}(1-\mathrm{e}^{-rT})$$

从而投资所获得的纯收入的贴现值为

$$R^* = R - A = \frac{a}{r}(1-\mathrm{e}^{-rT}) - A$$

(2) 收回投资,即总收入的现值等于投资,故有

$$\frac{a}{r}(1-\mathrm{e}^{-rT}) = A$$

于是

$$T = \frac{1}{r}\ln\frac{a}{a-Ar}$$

即收回投资的时间为

$$T = \frac{1}{r}\ln\frac{a}{a-Ar}$$

▶ **例 4** 如对某企业投资 800 万元,年利率为 5%,设在 20 年中的均匀收入率为 $a = 200$ 万元/年,试求:

(1) 该投资的纯收入贴现值;

(2) 收回该笔投资的时间.

177

**解** 由题意可知,总收入的值为

$$R = \frac{200}{0.05}(1-e^{-0.05\times 20}) = 4000(1-e^{-1}) \approx 2528.5(万元)$$

从而投资所得的纯收入为

$$R^* = R - A = 2528.5 - 800 = 1728.5(万元)$$

投资收回期为

$$T = \frac{1}{0.05}\ln\frac{200}{200-800\times 0.05} \approx 4.46(年)$$

若回收期为无限时期,则纯收入的贴现值为

$$R^* = R - a = \int_0^{+\infty} Ae^{-rt}dt - a$$

▶ **例5** 有一个大型投资项目,投资成本为 $A = 10000$ 万元,投资年利率为 $5\%$,每年的均匀收入率为 $a = 2000$ 万元,求该投资为无限期时的纯收入的贴现值.

**解**
$$y = \int_0^{+\infty} ae^{-rt}dt = \int_0^{+\infty} 2000e^{-0.05t}dt$$
$$= \lim_{b\to +\infty}\int_0^b 2000e^{-0.05t}dt = \lim_{b\to +\infty}\frac{2000}{0.05}(1-e^{-0.05b}) = 40000$$

从而投资为无限期时的纯收入的贴现值为

$$R^* = R - a = 40000 - 10000 = 30000(万元)$$

▶ **例6** 某工厂生产某种产品的购置设备成本费用为 50 万元,在 10 年中每年可收回 20 万元,如果年利率为 9%,并且假定购置的设备在 10 年中完全失去价值,求其投资效益.

**解** 由题意可知,收入率 $A = 20$ 万元,年利率为 $r = 9\%$,投资 $a = 50$ 万元,故投资效益为

$$R^* = R - a = \int_0^T Ae^{-rt}dt - a$$
$$= \int_0^{10} 20e^{-0.09t}dt - 50 = -\frac{20e^{-0.09t}}{0.09}\Big|_0^{10} - 50$$
$$= \frac{20}{0.09}(1-e^{-0.9}) - 50 \approx 81.87(万元)$$

▶ **例7** 假设某工厂准备采购一台机器,其使用寿命为 10 年,购置此机器需资金 8.5 万元,而如果租用此机器每月需付租金 1000 元. 若资金的年利率为 6%,按连续复利计算,请你为该工厂作决策:购进机器与租用机器哪种方式更合算?

**解** 将 10 年租金总值的现值与购进费用相比较,即可作出选择.

由于每月租金为 1000 元,所以每年租金为 12000 元,故 $R(t) = 12000$,于是由公式 $R =$

$\int_0^T R(t)\mathrm{e}^{-rt}\mathrm{d}t$ 知租金总值的现值 $R$ 为

$$R = \int_0^{10} 12000\mathrm{e}^{-0.06t}\mathrm{d}t = -\frac{12000}{0.06}\mathrm{e}^{-0.06t}\Big|_0^{10}$$
$$= 20000(1-\mathrm{e}^{-0.6}) = 90238(元)$$

因此与购进费用 8.5 万元相比,购进机器更合算.

### 2. 净增长与资本形成问题

由牛顿-莱布尼兹公式可知,如果函数 $f(x)$ 在区间 $[a,b]$ 上连续,$F(x)$ 是 $f(x)$ 的一个原函数,那么

$$\int_a^b f(x)\mathrm{d}x = F(b) - F(a)$$

由导数的定义可知,$f(x)$ 是 $F(x)$ 关于 $x$ 的变化率,而 $F(b)-F(a)$ 是 $F(x)$ 在 $[a, b]$ 上的净改变量,所以微积分基本定理(牛顿-莱布尼兹公式)又可表述为:

**净增定理** 变化率的积分等于净增长,即

$$\int_a^b F'(x)\mathrm{d}x = F(b) - F(a)$$

▶ **例 8** 设某种消费品的消费速度为 $f(t) = 0.02t + 4$(单位:百元/月),求上半年的消费量 $Q$.

**解** 消费速度就是消费量关于时间 $t$ 的变化率,所以,相应于区间 $[t, t+\mathrm{d}t]$ 的微消费量

$$\mathrm{d}Q = (0.02t + 4)\mathrm{d}t$$

所以

$$Q = \int_0^6 (0.02t + 4)\mathrm{d}t = (0.01t^2 + 4t)\Big|_0^6$$
$$= 24.36(百元)$$

▶ **例 9** 设某产品的边际成本为 $C'(x) = 4 + \dfrac{x}{4}$(万元/百台),边际收入 $R'(x) = 8 - x$(万元/百台),求产量由 1 百台增到 5 百台的总成本的增量与总收入的增量.

**解** 产量由 1 百台增到 5 百台的总成本的增量为

$$C(5) - C(1) = \int_1^5 C'(x)\mathrm{d}x = \int_1^5 \left(4 + \frac{x}{4}\right)\mathrm{d}x$$
$$= 16 + \frac{x^2}{8}\Big|_1^5 = 16 + 3 = 19(万元)$$

产量由 1 百台增到 5 百台的总收入的增量为

$$R(5) - R(1) = \int_1^5 R'(x)\mathrm{d}x = \int_1^5 (8-x)\mathrm{d}x = 32 - \frac{x^2}{2}\Big|_1^5 = 32 - 12 = 20(万元)$$

> **例10** 公司租赁商店,年租金5000元.若物价波动时,要求实际租金不得因此降低.那么,当公司支出200000元作租金时,求:

(1) 无通胀,可租几年?

(2) 若通胀率为5%,又可租几年?

**解** 设可租$x$年,由于年租金就是租金关于时间的变化率,则

(1) 无通胀,可租$\frac{200000}{5000}=40$(年),也可由$\int_0^x 5000\mathrm{d}t = 200000$,得$x=40$.

(2) 由连续复利计算知,当通胀率为5%时,第$t$年的年租金为$5000\mathrm{e}^{0.05t}$,相应于无穷小区间$[t,t+\mathrm{d}t]$,需付租金

$$\mathrm{d}y = 5000\mathrm{e}^{0.05t}\mathrm{d}t \quad (0 \leqslant t \leqslant x)$$

所以

$$\int_0^x 5000\mathrm{e}^{0.05t}\mathrm{d}t = 200000$$

即

$$100000(\mathrm{e}^{0.05x} - 1) = 200000$$

得

$$x = \frac{\ln 3}{0.05} \approx 22(\text{年})$$

资本形成就是增加一定资本总量的过程,若此过程视为时间$t$的连续过程,资本总量函数为时间的连续可导函数:$Z=Z(t)$,则资本形成率(资本形成的速度)为资本$Z$对时间$t$的导数$\frac{\mathrm{d}Z}{\mathrm{d}t}$,此时,资本形成率也称为在时间$t$处的净投资,记为$I(t)$,即

$$I(t) = \frac{\mathrm{d}Z}{\mathrm{d}t}$$

由导数与不定积分的关系,有

$$Z(t) = \int I(t)\mathrm{d}t$$

设初始时刻$t_0$时的资本为$Z_0$,由积分上限函数的性质知,资本函数可表为

$$Z(t) = Z(t_0) + \int_{t_0}^t I(t)\mathrm{d}t$$

上式表明,在任意时刻$t$,资本总量$Z(t)$等于初始资本$Z_0$(或$Z(t_0)$)加上从$t_0$时刻起到$t$时刻止所增加的资本数量.根据上式求出在时间间隔$[t_1,t_2]$上资本形成的总量.

$$Z(t_2) = Z(t_0) + \int_{t_0}^{t_2} I(t)\mathrm{d}t$$

$$Z(t_1) = Z(t_0) + \int_{t_0}^{t_1} I(t)\mathrm{d}t$$

$$Z(t_2) - Z(t_1) = \int_{t_0}^{t_2} I(t)\mathrm{d}t - \int_{t_0}^{t_1} I(t)\mathrm{d}t = \int_{t_1}^{t_2} I(t)\mathrm{d}t$$

即
$$\int_{t_1}^{t_2} I(t)\,\mathrm{d}t = Z(t)\Big|_{t_1}^{t_2} = Z(t_2) - Z(t_1)$$

**例 11** 设净投资函数 $I(t) = 8t^{\frac{1}{3}}$（单位：万元 / 年），求：

(1) 第 1 年期间资本积累的总量；

(2) 若原始资本 $Z(0)$ 为 100 万元，问从开始到第 8 年末的总资本；

(3) 若原始资本 $Z(0)$ 为 100 万元，第 1 年到第 8 年的资本积累的总量.

**解** (1) 第 1 年期间所积累的原始资本为
$$Z(1) = \int_0^1 I(t)\,\mathrm{d}t = \int_0^1 8t^{\frac{1}{3}}\,\mathrm{d}t = 6t^{\frac{4}{3}}\Big|_0^1 = 6(万元)$$

(2) 从开始到第 8 年末的总资本是
$$Z(8) = Z(0) + \int_0^8 8t^{\frac{1}{3}}\,\mathrm{d}t = 100 + 6t^{\frac{4}{3}}\Big|_0^8 = 196(万元)$$

(3) 第 1 年到第 8 年的资本积累的总量为
$$\int_1^8 8t^{\frac{1}{3}}\,\mathrm{d}t = 6t^{\frac{4}{3}}\Big|_1^8 = 570(万元)$$

## 习题 2.2.1

1. 现将 2000 元存入银行，按年利率 2.75% 进行复利计算，问 20 年后本利和为多少？

2. 有一笔按 2.75% 的年利率进行复利计算的投资，在 16 年后得到 1200 元，问当初的投资额应为多少？

3. 设某物现售价为 5000 元，分期付款购买，10 年付清，每年付款数相同. 若以年利率 3% 贴现，按连续复利计算，每年应付款多少元？

4. 现对某企业给予一笔投资 100 万元，在 10 年中每年可获收益 25 万元，年利率为 5%，试求：

(1) 该投资的纯收入贴现值；

(2) 收回该笔投资的时间.

5. 若某企业投资 $a = 1000$ 万元，年利率为 $r = 5\%$，设有 20 年内的均匀收入率 $A = 200$ 万元，试求：

(1) 该投资的纯收入贴现值；

(2) 收回该笔投资的时间.

6. 某工厂生产某种产品，计划在 $t = 0$ 时需要投入 $a$ 万元，每年可为工厂收入 $b$ 万元，若年利率为 $r$，求：

(1) $[0, T]$ 内的纯收入的贴现值；

(2) 时间没有限制时，纯收入的贴现值.

7. 设净投资函数 $I(t)=12t^{\frac{1}{2}}$(万元/年),原始资本 $Z(0)=100$ 万元,求:
(1) 第 1 年到第 4 年的资本积累的总量;
(2) 第 9 年末的总资本是多少?

8. 设边际成本为 $C'=20+\dfrac{50}{\sqrt{x}}$(元/件),当产量由 100 件增至 400 件时,要增加多少成本?

9. 某产品销量关于时间(年)的变化率为 $f(t)=1340-850\mathrm{e}^{-t}$,求该产品前 5 年的总销量.

10. 设消费速度为 $f(t)=100+12t-0.06t^2$(千元/月),求新年度前四个月的消费量.

## 2.2.2 会计、统计模型与应用

### 职业素养

对于总收益函数、收入预测等问题经常会用到积分学的相关知识.通过本节内容的学习,了解数学在实际工作中的应用,不断提升学习积分学的热情和兴趣,培养爱岗敬业的职业精神,精益求精的良好品质.

### 1. 由边际函数求总函数

由边际分析,我们知道总函数(如总成本、总收益、总利润等)的导数是边际函数(如边际成本、边际收益、边际利润等),但在经济学中经常遇到已知边际函数求总量的问题,比如由边际需求求总需求、由边际成本求总成本、由边际收益求总收益、由边际利润求总利润等等.对于这类问题,当已知初始条件时,即可以用不定积分求总函数,也可用定积分求出总函数.

例如,已知边际成本 $C'(x)$、固定成本 $C_0$、边际收益 $R'(x)$,则

总成本函数为 $$C(x)=\int_0^x C'(x)\mathrm{d}x+C_0$$

总收益函数为 $$R(x)=\int_0^x R'(x)\mathrm{d}x$$

总利润函数为 $$L(x)=\int_0^x [R'(x)-C'(x)]\mathrm{d}x-C_0$$

**例 1** 销售某产品,设边际收益 $R'(x)=8-x$,求总收益函数 $R(x)$.

**解 方法一** 先求边际收益的全体原函数.

$$\int R'(x)\mathrm{d}x=\int(8-x)\mathrm{d}x=8x-\frac{1}{2}x^2+C$$

易知,当销量 $x=0$ 时,总收益 $R(0)=0$,代入上式,可知 $C=0$.故

$$R(x)=8x-\frac{1}{2}x^2$$

**方法二**  由牛顿-莱布尼兹公式知 $R(x)-R(0)=\int_0^x(8-t)\mathrm{d}t$,又当销量 $x=0$ 时,总收益 $R(0)=0$,所以

$$R(x)=R(0)+\int_0^x(8-t)\mathrm{d}t=\left(8t-\frac{1}{2}t^2\right)\Big|_0^x=8x-\frac{1}{2}x^2$$

▶ **例 2**  已知生产某种产品 $x$ 单位时,边际收益为 $R'(x)=200-\dfrac{x}{200}$(元/单位).求:

(1) 总收益函数 $R(x)$ 和平均收益 $\overline{R}(x)$;

(2) 生产 100 个单位产品的总收益;

(3) 生产 100 个单位产品后再生产 100 个单位产品的总收益.

**解**  (1) 总收益函数为

$$R(x)=\int_0^x R'(t)\mathrm{d}t=\int_0^x\left(200-\frac{t}{200}\right)\mathrm{d}t=\left(200t-\frac{t^2}{400}\right)\Big|_0^x=200x-\frac{x^2}{400}$$

平均收益为

$$\overline{R}(x)=\frac{R(x)}{x}=200-\frac{x}{400}(\text{元}/\text{单位})$$

(2) 生产 100 个单位产品的总收益为

$$R(100)=200x-\frac{x^2}{400}\Big|_{x=100}=19975(\text{元})$$

(3) 生产 100 个单位产品后再生产 100 个单位产品的总收益为

$$\int_{100}^{200}\left(200-\frac{x}{200}\right)\mathrm{d}x=\left(200x-\frac{x^2}{400}\right)\Big|_{100}^{200}=19925(\text{元})$$

### 2. 由边际函数求总函数的极值

设边际收益为 $R'(x)$,边际成本为 $C'(x)$,固定成本为 $C_0$,已知 $R'(x)=C'(x)$,即销量(产量)为 $x=x_0$ 时利润最大,由净增定理有

$$L(x_0)-L(0)=\int_0^{x_0}L'(x)\mathrm{d}x=\int_0^{x_0}[R'(x)-C'(x)]\mathrm{d}x$$

又当 $x=0$ 时,$L(0)=R(0)-C_0=-C_0$,则最大利润为

$$L(x_0)=\int_0^{x_0}[R'(x)-C'(x)]\mathrm{d}x-C_0$$

其中,$\int_0^{x_0}L'(x)\mathrm{d}x$ 称为销量(产量)为 $x_0$ 时的毛利润,即没有计算固定成本时的利润.

▶ **例 3**  生产某产品需固定成本 50 万元,边际成本与边际收益与产量 $x$ 的关系分别为

$$C'(x)=x^2-14x+111(\text{万元}/\text{单位})$$

$$R'(x)=100-2x(\text{万元}/\text{单位})$$

试确定最大利润 $L$（设产销平衡）.

**解** 令 $L'(x)=0$，即 $R'(x)=C'(x)$，得 $x_1=1, x_2=11$. 因最大利润一定存在，且
$$L''(11)=R''(11)-C''(11)<0, \quad L''(1)>0$$
所以 $L(11)$ 为最大利润. 由
$$L(11)=\int_0^{11}(12x-x^2-11)\mathrm{d}x-50=\frac{334}{3}(\text{万元})$$

▶ **例 4** 某工厂生产某种产品 $x$ 单位时，其边际成本函数 $C'(x)=0.4x-2$，固定成本 $C_0=100$ 百元. 求：

(1) 此产品从 30 个单位到 50 个单位所需的成本；

(2) 总成本函数 $C(x)$；

(3) 若此产品的销售单价为 10 百元，求总利润函数 $L(x)$；

(4) 何时才能获得最大利润，最大利润是多少？

**解** (1) 此产品从 30 个单位到 50 个单位所需的成本，就是边际成本在区间 $[30,50]$ 上的定积分，于是所需成本为
$$\int_{30}^{50}(0.4x-2)\mathrm{d}x=(0.2x^2-2x)\Big|_{30}^{50}=280(\text{百元})$$

(2) 总成本函数为
$$C(x)=\int_0^x C'(x)\mathrm{d}x+C_0=\int_0^x(0.4x-2)\mathrm{d}x+100$$
$$=(0.2x^2-2x)\Big|_0^x+100=0.2x^2-2x+100$$

(3) 设销售 $x$ 单位产品得到的总收入为 $R(x)$，依题意有 $R(x)=10x$，因此，总利润函数为
$$L(x)=R(x)-C(x)=10x-(0.2x^2-2x+100)=12x-0.2x^2-100$$

(4) 令 $L'(x)=12-0.4x=0$，得 $x=30$，而
$$L''(x)\big|_{x=30}=-0.4<0$$
所以当 $x=30$ 时，$L(x)$ 有最大值
$$L(30)=12\times 30-0.2\times 30^2-100=80(\text{百元})$$

▶ **例 5** 某种产品每天生产 $x$ 单位时的固定成本为 $C_0=100$ 元，边际成本 $C'(x)=0.6x+20$（元/单位），边际收益 $R'(x)=38$（元/单位），求：

(1) 每天生产多少单位时利润最大？最大利润是多少？

(2) 在利润最大时的产量的基础上又生产了 10 个单位产品，总利润是多少？

**解** (1) 由利润最大原则知，当 $R'(x)=C'(x)$ 时利润最大，即
$$38=0.6x+20$$
得 $x=30$，则最大利润为

$$L(30) = \int_0^{30}[R'(x) - C'(x)]dx - C_0 = \int_0^{30}(38 - 0.6x - 20)dx - 100$$
$$= (-0.3x^2 + 18x)\Big|_0^{30} - 100 = 170(\text{元})$$

（2）在利润最大的产量的基础上又生产了 10 个单位产品时总利润的变化为
$$\int_{30}^{40}[R'(x) - C'(x)]dx = (-0.3x^2 + 18x)\Big|_{30}^{40} = -30(\text{元})$$

即在最大利润的生产量 $x=30$ 个单位产品的基础上，再生产 10 个单位的产品，总利润将减少 30 元，变为 140 元.

▶ **例 6** 已知某产品的边际收入 $R'(q) = 25 - 2q$，边际成本 $C'(q) = 13 - 4q$，固定成本 $C_0 = 10$，求当 $q = 5$ 时的毛利润和纯利润.

**解** 由已知条件可知，边际利润 $L'(q) = R'(q) - C'(q) = 12 + 2q$，所以当销量 $q = 5$ 时的毛利润为
$$\int_0^5(12 + 2q)dq = (12q + q^2)\Big|_0^5 = 85$$

又固定成本 $C_0 = 10$，所以纯利润为 $85 - 10 = 75$.

**3. 收入预测**

▶ **例 7** 中国人的收入正在逐年提高. 据统计，深圳 2002 年的年人均收入为 21914 元人民币，假设这一人均收入以速度 $V(t) = 600 \cdot (1.05)^t$（元／年）增长，这里 $t$ 是从 2003 年开始算起的年数，估算 2009 年深圳的年人均收入是多少？

**解** 因为深圳年人均收入以速度 $V(t) = 600 \cdot (1.05)^t$（元／年）增长，由净增定理可知，这 7 年间年人均收入的净增值为
$$\int_0^7 600 \cdot (1.05)^t dt = 600 \cdot \int_0^7 (1.05)^t dt = 600\left[\frac{(1.05)^t}{\ln 1.05}\right]\Big|_0^7 \approx 5006.3(\text{元})$$

所以，2009 年深圳的年人均收入为
$$21914 + 5006.3 = 26920.3(\text{元})$$

## 习题 2.2.2

1. 设投资 2000 万元建成煤矿，在时刻 $t$ 的追加成本（成本关于时间的变化率）和收益增速（收益关于时间的变化率）分别是
$$C'(t) = 6 + 2\sqrt[3]{t^3}（\text{百万元／年}）$$
$$R'(t) = 18 - \sqrt[3]{t^2}（\text{百万元／年}）$$
求何时停产利润最大？并确定最大利润.

2. 已知某产品的边际收益函数为
$$R'(Q) = 10(10 - Q)e^{-\frac{Q}{10}}$$

其中 $Q$ 为销量,求该产品的总收益函数 $R(Q)$.

3. 某商品需求量 $Q$ 是价格 $p$ 的函数,最大需求量为 100,已知边际需求函数为 $Q' = -\dfrac{30}{p+1}$,求需求量与价格的函数关系.

4. 已知某产品的边际成本函数为 $C'(x) = x + 24$,固定成本为 1000 元,求总成本函数 $C(x)$.

5. 已知边际收益函数为 $R'(x) = 20 - 0.01x$,且当销售量 $x$ 为零时,总收益 $R$ 为零,求:

(1) 总收益函数 $R(x)$;

(2) 销售 200 件产品后,再销售 400 件产品的收益.

6. 某产品的边际成本函数为 $C'(x) = 2$,固定成本为零,边际收益为 $R'(x) = 20 - 0.02x$ 求:

(1) 生产量为多少时,总利润最大?

(2) 在利润最大的产量的基础上又生产了 50 个产品,这时总利润是多少?

7. 已知生产某商品 $x$ 个单位时,边际收益函数为 $R'(x) = 200 - \dfrac{x}{5}$(元 / 单位),试求:

(1) 生产 $x$ 单位时总收益函数 $R(x)$ 以及平均单位收益 $\overline{R}(x)$;

(2) 生产这种产品 2000 个单位时总收益和平均单位收益.

8. 某种产品产量为 $x$ 单位时,边际成本函数为 $C'(x) = 80$(元 / 单位),固定成本 $C(0) = 500$ 元.求生产 100 个单位产品时的总成本和平均成本.

9. 已知某种产品生产 $x$ 个单位时,边际收益为 $R'(x) = 200 - \dfrac{x}{100}(x > 0)$,求:

(1) 生产了 50 个单位产品的总收益;

(2) 生产了 100 个单位产品后再生产 100 个单位产品的总收益.

10. 设某产品的边际成本 $C'(x) = 2 + \dfrac{x}{2}$(万元 / 百台),其中 $x$ 是产量(百台),边际收益 $R'(x) = 8 - x$(万元 / 百台),若固定成本为 $C(0) = 1$ 万元,求总成本函数、总收益函数、总利润函数,并求当产量为多少时利润最大.

11. 某种产品的总成本 $C(x)$ 万元的边际成本 $C'(x) = 1$(万元 / 百台),边际收益 $R'(x) = 5 - x$(万元 / 百台),其中 $x$ 为产量,固定成本为 1 万元,问产量为多少时总利润 $L(x)$ 最大?

12. 设生产某产品的固定成本为 1 万元,边际收益和边际成本(万元 / 百台)分别为 $R'(x) = 8 - x$,$C'(x) = 4 + \dfrac{x}{4}$.求:

(1) 产量由 1 百台增加到 5 百台时,总收益增加多少?

(2) 产量由 1 百台增加到 5 百台时,总成本增加多少?

(3) 产量为多少时,总利润最大;

(4) 总利润最大时的总收益、总成本和总利润.

13. 设某种商品每天生产 $x$ 单位时固定成本为 20 元,边际成本函数为 $C'(x) =$

$0.4x+2$(元/单位),求总成本函数 $C(x)$.如果这种商品规定的销售单价为 18 元,且产品可以全部售出,求总利润函数 $L(x)$,并问每天生产多少单位时才能获得最大利润.

### 2.2.3 经济管理、物流模型与应用

**职业素养**

许多现实问题与数学是密不可分的.本节中的实际问题涉及国内生产总值、生产效益计算等问题,从不同角度帮助我们理解这些问题在数学范畴内解决问题的方法.在学习的同时强化分析问题解决问题的能力,树立科学品质,培养探索精神和尊重科学的态度.

#### 1. 国内生产总值(GDP)问题

GDP 作为经济增长的代名词,是宏观经济中最受关注的经济统计数字,被认为是衡量国民经济发展情况的最重要的一个指标.微分方程是研究经济增长的问题重要方法.

**例 1** 2010 年,我国 GDP 超过日本成为全球第二大经济体,我国 GDP 何时超越美国,成为很多人讨论的话题.2010 年我国的 GDP 约为 5.98 万亿美元,如果我国能保持每年 10.4% 的相对增长率,而美国 2010 年的 GDP 为 14.6 万亿美元,如果美国能保持每年 5.8% 的相对增长率,到 2030 年我国的 GDP 能否超过美国?

**分析**:根据已知条件,我们要把每年 GDP 的相对增长率(每年 GDP 的相对增长率指 GDP 的增长率和当年 GDP 的比值)作为突破口,建立微分方程,运用数学工具解微分方程,从而获得 2030 年中美 GDP 的预测值.

**解** (1) 建立微分方程

记 $t=0$ 代表 2010 年,并设第 $t$ 年的 GDP 为 $p(t)$.由题意知,从 2010 年起,我国 $p(t)$ 的相对增长率为 10.4%,即

$$\frac{\dfrac{\mathrm{d}p(t)}{\mathrm{d}t}}{p(t)}=10.4\%$$

得微分方程:$\dfrac{\mathrm{d}p(t)}{p(t)}=10.4\%\mathrm{d}t$,且 $p(0)=5.98$.其中 $p(0)=5.98$ 为微分方程的初始条件,即为该问题的约束条件.

(2) 求通解

分离变量得

$$\frac{1}{p(t)}\mathrm{d}p(t)=10.4\%\mathrm{d}t$$

方程两边同时积分,得

即通解为
$$p(t) = Ce^{0.104t}$$

(3) 求特解

将 $p(0) = 5.98$ 代入通解,得 $C = 5.98$,所以从 2010 年起第 $t$ 年我国的 GDP 为
$$p(t) = 5.98e^{0.104t}$$

将 $t = 2030 - 2010 = 20$ 代入上式,得 2030 年我国 GDP 的预测值为
$$p(20) = 5.98e^{0.104 \times 20} \approx 47.87(万亿美元)$$

同理,可求得 2030 年美国 GDP 的预测值为
$$p(20) = 14.6e^{0.058 \times 20} \approx 46.57(万亿美元)$$

由此可以看出,只要每年保持 10.4% 的相对增长率,到 2030 年,我国的 GDP 有可能超越美国.

▶ **例 2** 1999 年我国的国内生产总值(GDP) 为 80423 亿元,如果我国能保持每年 8% 的相对增长率,问到 2010 年我国的 GDP 是多少?

**解** (1) 建立微分方程

记 $t = 0$ 代表 1999 年,并设第 $t$ 年的 GDP 为 $p(t)$. 由题意知,从 1999 年起,我国 $p(t)$ 的相对增长率为 8%,即
$$\frac{\frac{dp(t)}{dt}}{p(t)} = 8\%$$

得微分方程:$\frac{dp(t)}{p(t)} = 8\% dt$,且 $p(0) = 80423$.

(2) 求通解

分离变量得
$$\frac{1}{p(t)} dp(t) = 8\% dt$$

方程两边同时积分,得
$$\ln p(t) = 0.08t + \ln C$$

即通解为
$$p(t) = Ce^{0.08t}$$

(3) 求特解

将 $p(0) = 80423$ 代入通解,得 $C = 80423$,所以从 2010 年起第 $t$ 年我国的 GDP 为
$$p(t) = 80423 \cdot e^{0.104t}$$

将 $t = 2010 - 1999 = 11$ 代入上式,得 2010 年我国 GDP 的预测值为
$$p(11) = 80423 \cdot e^{0.08 \times 11} \approx 193891.7871(亿元)$$

## 2. 一阶常微分方程在经济管理中的其他应用

很多经济问题往往可以转化成微分方程来求解,下面通过实例来介绍常微分方程在经济中的其他应用.

> **例3** 已知某产品的纯利润 $L$ 对广告费 $x$ 的变化率 $\dfrac{dL}{dx}$ 与常数 $A$ 和纯利润 $L$ 之差成正比,当 $x=0$ 时,$L=L_0$,试求纯利润 $L$ 与广告费 $x$ 之间的函数关系.

**解** 由题意列出方程:

$$\begin{cases} \dfrac{dL}{dx}=k(A-L) \\ L\big|_{x=0}=L_0 \end{cases}$$

分离变量积分得

$$\int \dfrac{dL}{A-L}=\int k\,dx$$

$$-\ln(A-L)=kx+\ln C_1$$

即

$$A-L=Ce^{-kx} \quad (\text{其中 } C=\dfrac{1}{C_1})$$

所以

$$L=A-Ce^{-kx}$$

由初始条件 $L\big|_{x=0}=L_0$,解得 $C=A-L_0$.

所以纯利润与广告费的函数关系为

$$L=A-(A-L_0)e^{-kx}$$

> **例4** 某商店统计其月售货款额不超过 $a$ 元,在一个月内前 $t$ 日累积售货款额 $y$ 显然是 $t$ 的增函数,已知 $y$ 的增长速度与 $y(a-y)$ 成正比.本月共30天,已经过了10天,前5日累积售货款额为 $\dfrac{a}{3}$ 元,前10日累积售货款额为 $\dfrac{a}{2}$ 元,预计本月售货款额为多少?

**解** 设前 $t$ 日累积售货款额 $y$ 与 $t$ 的函数关系为 $y=y(t)$,定义域为 $\{t\mid 1\leqslant t\leqslant 30, t\text{ 为正整数}\}$,把它扩大为 $D=[1,30]$,从而 $y$ 的增长速度可以用 $\dfrac{dy}{dt}$ 表示.

由题意知

$$\dfrac{dy}{dt}=ky(a-y) \tag{1}$$

其中,比例系数 $k>0$.所以,这个问题就转化成求常微分方程(1)在初始条件 $y\big|_{t=5}=\dfrac{a}{3}$,$y\big|_{t=10}=\dfrac{a}{2}$ 的特解.再令 $t=30$,此时的 $y$ 值即为所求的售货款额.

对方程(1)分离变量可得

$$\dfrac{1}{a}\left(\dfrac{1}{a-y}+\dfrac{1}{y}\right)dy=k\,dt$$

两边积分,得

$$\dfrac{1}{a}\left(\int \dfrac{1}{a-y}dy+\int \dfrac{1}{y}dy\right)=\int k\,dt$$

所以
$$\frac{1}{a}(\ln|y|-\ln|a-y|)=kt+C_1 \quad (C_1 \text{ 为任意常数})$$

于是方程(1)的通解为
$$\left(\frac{y}{a-y}\right)^{\frac{1}{a}}=Ce^{kt} \quad (t\in D, C \text{ 为任意常数})$$

将 $y\big|_{t=5}=\frac{a}{3}, y\big|_{t=10}=\frac{a}{2}$ 代入通解中得
$$k=\frac{\ln 2}{5a}, \quad C=2^{-\frac{2}{a}}$$

所以方程(1)的特解为
$$y=\frac{a\cdot 2^{\frac{t}{5}-2}}{1+2^{\frac{t}{5}-2}} \quad (t\in D)$$

当 $t=30$ 时,$y=\frac{16}{17}a$.

所以,预计本月售货款额为 $\frac{16}{17}a$ 元.

**例 5** (逻辑斯蒂曲线)在商品销售预测中,时刻 $t$ 时的销售量用 $x=x(t)$ 表示,如果商品销售的增长速度 $\frac{\mathrm{d}x(t)}{\mathrm{d}t}$ 正比于销售量 $x(t)$ 与销售接近饱和水平的程度 $a-x(t)$ 的乘积($a$ 为饱和水平),求销售量函数 $x(t)$.

**解** 根据题意建立微分方程
$$\frac{\mathrm{d}x(t)}{\mathrm{d}t}=kx(t)(a-x(t)) \quad (k \text{ 为比例系数})$$

分离变量得
$$\frac{\mathrm{d}x(t)}{x(t)(a-x(t))}=k\,\mathrm{d}t$$

变形为
$$\left(\frac{1}{x(t)}+\frac{1}{a-x(t)}\right)\mathrm{d}x(t)=ak\,\mathrm{d}t$$

两边积分得
$$\ln\frac{x(t)}{a-x(t)}=akt+C_1 \quad (C_1 \text{ 为任意常数})$$

即
$$\frac{x(t)}{a-x(t)}=e^{akt+C_1}=C_2 e^{akt} \quad (C_2 \text{ 为任意常数})$$

从而可得通解为
$$x(t)=\frac{aC_2 e^{akt}}{1+C_2 e^{akt}}=\frac{a}{1+Ce^{-akt}} \quad (C \text{ 为任意常数})$$

其中任意常数 $C$ 由给定的初始条件确定.

**例 6** （市场动态均衡价格）设某种商品的市场价格 $P=P(t)$ 随时间 $t$ 变动,其需求函数为 $Q_d=b-aP(a,b>0)$,供给函数为 $Q_s=-d+cP(c,d>0)$. 又设价格 $P$ 随时间 $t$ 的变化率与超额需求 $Q_d-Q_s$ 成正比,求价格函数 $P=P(t)$.

**解** 由题意知,价格函数 $P=P(t)$ 满足微分方程

$$\begin{cases} \dfrac{\mathrm{d}P}{\mathrm{d}t}=A(Q_d-Q_s)=-A(a+c)P+A(b+d) \\ P\big|_{t=0}=P(0) \end{cases}$$

利用一阶线性微分方程通解公式得

$$P=\mathrm{e}^{-\int A(a+c)\mathrm{d}t}\cdot\left[\int A(b+d)\mathrm{e}^{\int A(a+c)\mathrm{d}t}\,\mathrm{d}t+C_1\right]$$

$$=\mathrm{e}^{-A(a+c)t}\cdot\left[\frac{A(b+d)}{A(a+c)}\mathrm{e}^{A(a+c)t}+C_1\right]$$

$$=\frac{b+d}{a+c}+C_1\mathrm{e}^{-A(a+c)t}$$

根据初始条件 $P\big|_{t=0}=P(0)$,得 $C_1=P(0)-\dfrac{b+d}{a+c}$,代入上式有

$$P=\frac{b+d}{a+c}+\left(P(0)-\frac{b+d}{a+c}\right)\cdot\mathrm{e}^{-A(a+c)t}$$

由解的表达式可得,当 $t\to+\infty$ 时,$P(t)\to\dfrac{b+d}{a+c}$,称 $\dfrac{b+d}{a+c}$ 为均衡价格,即当 $t\to+\infty$ 时,价格将逐步趋向均衡价格.

## 3. 生产效益计算

生产效益指的是在一定条件下,生产了多少产品,得到了多少收入,获得多少利润,一般说来得到的（产量、收入、利润）越多,生产效益就越高.

已知某产品总产量 $Q$ 的变化率为

$$\frac{\mathrm{d}Q}{\mathrm{d}t}=f(t)$$

由净增定理可知,该产品在时间区间 $[a,b]$ 内的总产量为

$$Q=\int_a^b f(t)\mathrm{d}t$$

**例 7** （求生产的总费用）已知某种产品每小时生产 $x$ 台,总费用的变化率为

$$f(x)=6x-15(千元／台)$$

（1）求总费用；

（2）如果该产品每台售价 3 千元,每小时产量为多少台时才能获利最大？最大利润是多少？

**解** （1）设总费用为 $F(x)$，则 $F'(x)=f(x)$，所以

$$F(x)=\int_0^x (6t-15)\mathrm{d}t = (3t^2-15t)\Big|_0^x = 3x^2-15x$$

（2）由题意，销售该产品 $x$ 台时的总收入 $R(x)=3x$，于是

$$L(x)=R(x)-F(x)=3x-(3x^2-15x)=18x-3x^2$$

令 $L'(x)=18-6x=0$，得 $x=3$. 又因为 $L''(x)=-6<0$，所以当每小时生产 3 台时才能获利最大，最大利润为

$$L(3)=18\times 3-3\times 3^2=27(千元)$$

▶ **例 8** （商品销售量）某种商品一年中的销售速度为

$$v(t)=100+100\sin\left(2\pi t-\frac{\pi}{2}\right),(t\text{ 的单位：月};0\leqslant t\leqslant 12)$$

求此商品前 3 个月的销售总量.

**解** 由变化率求总改变量知，商品在前 3 个月的销售总量 $Q$ 为

$$\begin{aligned}Q &= \int_0^3 \left[100+100\sin\left(2\pi t-\frac{\pi}{2}\right)\right]\mathrm{d}t \\ &= \int_0^3 100\mathrm{d}t + \int_0^3 100\sin\left(2\pi t-\frac{\pi}{2}\right)\cdot\frac{1}{2\pi}\mathrm{d}\left(2\pi t-\frac{\pi}{2}\right) \\ &= 100t\Big|_0^3 + \frac{100}{2\pi}\int_0^3 \sin\left(2\pi t-\frac{\pi}{2}\right)\mathrm{d}\left(2\pi t-\frac{\pi}{2}\right) \\ &= 300-\frac{100}{2\pi}\left[\cos\left(2\pi t-\frac{\pi}{2}\right)\right]\Big|_0^3=300\end{aligned}$$

### 4. 广告策略

▶ **例 9** 某出口公司每月销售额是 1000000 美元，平均利润是销售额的 10%，根据公司以往的经验，广告宣传期间月销售额的变化率近似服从增长曲线

$$S=1000000\mathrm{e}^{0.02t} \quad (t\text{ 以月为单位})$$

该公司现在需要决定是否举行一次为期一年的总成本为 130000 美元的广告活动. 按惯例，对于超过 100000 美元的广告活动，如果新增销售额产生的利润超过广告投资的 10%，则决定做广告. 试问该公司按惯例是否应该做此广告？

**解** 一年的总销售额为

$$d=\int_0^{12} S\mathrm{d}t = \int_0^{12} 1000000\mathrm{e}^{0.02t}\mathrm{d}t = \frac{1000000\mathrm{e}^{0.02t}}{0.02}\Big|_0^{12}$$

$$=50000000(\mathrm{e}^{0.24}-1)\approx 13562458(美元)$$

而公司的利润是销售额的 10%，所以新增销售额产生的利润是

$$0.10\times(13562458-12000000)=156246(美元)$$

所以做广告所产生的实际利润为

$$156246 - 130000 = 26246 (美元)$$

这说明盈利大于广告成本的 10%，该公司应该做广告.

## 习题 2.2.3

1. 已知某商品的需求价格弹性为 $\dfrac{dQ}{dp} = -p(\ln p + 1)$，且当 $p = 1$ 时，需求量 $Q = 1$. 求：

(1) 商品对价格的需求函数；

(2) 当 $p \to +\infty$ 时，需求是否趋于稳定.

2. 已知某商品的需求量 $Q$ 与供给量 $S$ 都是价格 $P$ 的函数：

$$Q = Q(P) = \frac{a}{P^2}, \quad S = S(P) = bP \quad (a > 0, b > 0 \text{ 为常数})$$

价格 $P$ 是时间 $t$ 的函数，且满足 $\dfrac{dP}{dt} = K[Q(P) - S(P)]$（$K$ 为正常数），假设当 $t = 0$ 时，价格为 1. 试求：

(1) 需求量等于供给量的均衡价格 $P_e$；

(2) 价格函数 $P(t)$；

(3) $\lim\limits_{t \to +\infty} P(t)$.

3. 已知某厂的利润 $L$ 对广告支出 $x$ 的函数满足

$$\frac{dL}{dx} = b - a(L + x) \quad (a > 0, b > 0 \text{ 为常数})$$

若当 $x = 0$ 时，$L = L_0$，试求利润 $L$ 与广告支出 $x$ 之间的函数关系.

4. 设某商品投放市场，其最初价格 $P = 30$，设需求函数为 $Q_d = 20 - P$，供给函数为 $Q_s = -40 + 2P$. $P$ 在时刻 $t$ 的变化率等于超额需求 $(Q_d - Q_s)$ 的 4 倍，试确定价格与时间的函数 $P(t)$.

5. 如果已知某企业的利润 $L(x)$ 关于促销费用 $x$ 的变化率是

$$\frac{dL(x)}{dx} = 0.3(300 - L(x))$$

而在未进行促销活动前，利润为 $L(0) = 200$ 万元，试求利润 $L$ 与促销费用 $x$ 之间的函数关系.

6. 已知某产品的总产量的变化率为 $\dfrac{dQ}{dt} = 40 + 12t - \dfrac{3}{2}t^2$（单位：天），求从第 2 天到第 10 天产品的总产量 $Q$.

7. 某工厂生产某种产品，其总产量的变化率 $f(x)$ 是时间 $x$ 的函数：$f(x) = 100 + 6x - 0.3x^2$（单位：小时），试求从 $x = 0$ 到 $x = 10$ 这 10 个小时的总产量.

8. 某种商品的销售量 $q$ 随收入 $I$ 的变化率为 $\dfrac{dq}{dI} = q + ae^I$（$a$ 是常数），且当 $I = 0$ 时，$q = q_0$，求函数 $q = q(I)$.

9. (求商品的总销售量) 某种商品总销售量的变化率是时间 $t$（$t$ 的单位：季度）的函数 $P(t) = 20 + 3t - 0.15t^2$，求第一季度和第二季度的总销售量各是多少？

10. 已知某产品日产量为 $x$ 件时总费用的变化率为 $f(x) = 0.6x - 10$(元/件).

(1) 求总费用 $F(x)$；

(2) 若该产品出厂价为 8 元/件，求获得最大利润的日产量和最大利润值.

11. 已知某种商品每天生产 $x$ 单位时，总费用的变化率是 $f(x) = 0.2x - 6$(元/单位)，求总费用函数 $F(x)$. 如果这种商品的销售单价是 10 元，求总利润函数 $L(x)$，并求每天生产多少单位时才能获得最大利润？

12. 已知某种商品每周生产 $x$ 个单位时，总费用 $F(x)$ 的变化率为 $F'(x) = 0.4x - 12$(元/单位)，且已知 $F(0) = 80$ 元，求总费用函数 $F(x)$. 如果该商品的销售单价为 20 元/单位，求总利润函数 $L(x)$，并求每周生产多少个单位时，才能获得最大利润？

## 2.2.4 其他模型与应用

### 职业素养

本节介绍了平面图形的面积及旋转体体积的求法，从平面到立体分别阐述了这些模型与积分学的关系. 可通过各种案例的学习，锻炼空间思维能力，激发学习热情与探求新知的欲望. 培养空间想象能力，树立思维严谨、工作求实、持之以恒、坚持不懈的意识.

在本篇 2.1.5 节中，我们知道了定积分的几何意义. 事实上，利用定积分我们还可以求解旋转体的体积等. 本节主要讨论平面图形的面积、旋转体的体积及利用二重积分求立体的体积.

### 1. 平面图形的面积

(1) 若 $f(x) \geqslant 0$，如图 2-18 所示，则其面积为

$$S = \int_a^b f(x) \, dx$$

(2) 若 $f(x) \leqslant 0$，如图 2-19 所示，则其面积为

$$S = -\int_a^b f(x) \, dx$$

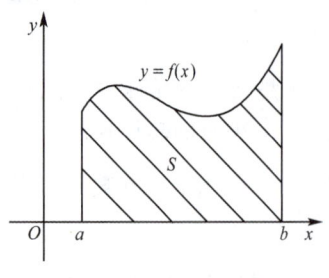

图 2-18

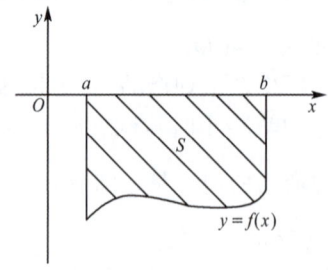

图 2-19

(3) 若 $f(x)$ 在 $[a,b]$ 内既有取正值的部分,也有取负值的部分,如图 2-20 所示,则其面积为

$$S = S_1 + S_2 + S_3 = \int_a^{c_1} f(x)\mathrm{d}x - \int_{c_1}^{c_2} f(x)\mathrm{d}x + \int_{c_2}^{b} f(x)\mathrm{d}x$$

(4) 若曲线 $y=f(x)$ 位于曲线 $y=g(x)$ 的上方,如图 2-21 或图 2-22 所示,则其面积为

$$S = \int_a^b f(x)\mathrm{d}x - \int_a^b g(x)\mathrm{d}x$$

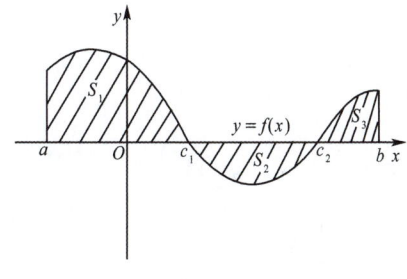

图 2-20

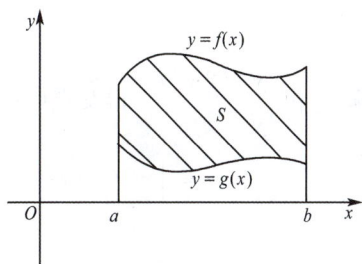

图 2-21

或

$$S = \int_a^b [f(x) - g(x)]\mathrm{d}x$$

(5) 若曲线 $x=\varphi(y)$ 位于曲线 $x=\psi(y)$ 的右侧,如图 2-23 所示,则其面积为

$$S = \int_c^d \varphi(y)\mathrm{d}y - \int_c^d \psi(y)\mathrm{d}y = \int_c^d [\varphi(y) - \psi(y)]\mathrm{d}y$$

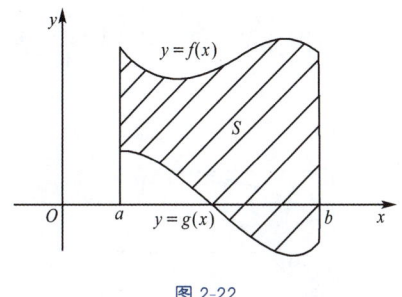

图 2-22

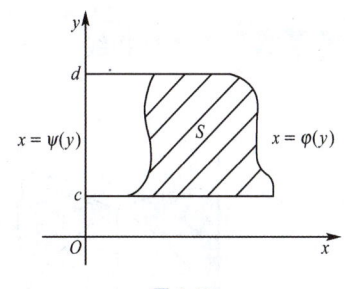

图 2-23

▶ **例 1** 求由曲线 $y=\dfrac{1}{x}$ 与直线 $y=x$、$x=2$ 所围成的图形的面积.

**解** 先画出图形(图 2-24),再求出 $y=\dfrac{1}{x}$ 与 $y=x$ 的交点 $(1,1)$,从而有

$$S = \int_1^2 \left(x - \frac{1}{x}\right) dx = \left(\frac{1}{2}x^2 - \ln|x|\right)\Big|_1^2 = (2 - \ln 2) - \left(\frac{1}{2} - 0\right) = \frac{3}{2} - \ln 2$$

**例2** 求由抛物线 $y = 2 - x^2$, $y = x^2$ 所围成的图形（图 2-25）的面积.

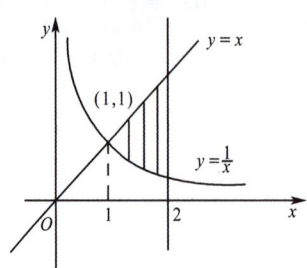

图 2-24

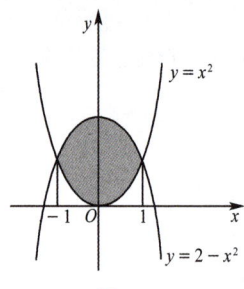

图 2-25

**解** 由 $\begin{cases} y = 2 - x^2 \\ y = x^2 \end{cases}$ 得交点 $(-1, 1), (1, 1)$，故

$$S = \int_a^b [f(x) - g(x)] dx = \int_{-1}^1 [(2 - x^2) - x^2] dx$$

$$= 2\int_0^1 (2 - 2x^2) dx = 2\left(2x - \frac{2}{3}x^3\right)\Big|_0^1 = \frac{8}{3}$$

**例3** 求由曲线 $y = \sin x$, $y = \cos x$，直线 $x = \frac{\pi}{2}$ 及 $y$ 轴所围成的平面图形（图 2-26）的面积.

**解** 所围平面图形的面积为

$$S = \int_0^{\frac{\pi}{2}} |\sin x - \cos x| dx$$

$$= \int_0^{\frac{\pi}{4}} (\cos x - \sin x) dx + \int_{\frac{\pi}{4}}^{\frac{\pi}{2}} (\sin x - \cos x) dx$$

$$= (\cos x + \sin x)\Big|_0^{\frac{\pi}{4}} - (\cos x + \sin x)\Big|_{\frac{\pi}{4}}^{\frac{\pi}{2}} = 2(\sqrt{2} - 1)$$

**例4** 求由抛物线 $y^2 = 2x$、直线 $y = x - 4$ 所围成的图形（图 2-27）的面积.

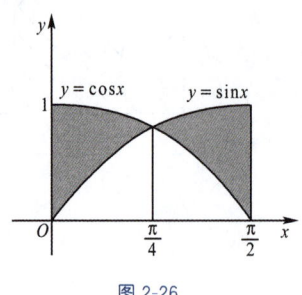

图 2-26

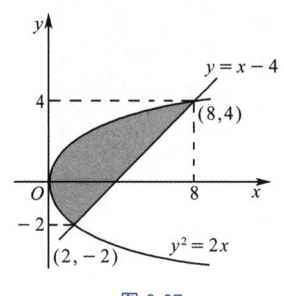

图 2-27

**解** 由 $\begin{cases} y^2 = 2x \\ y = x - 4 \end{cases}$ 得交点 $(2, -2), (8, 4)$. 故所求面积为

**方法一** 取 $x$ 做积分变量，则

$$A = \int_0^2 [\sqrt{2x} - (-\sqrt{2x})] dx + \int_2^8 [\sqrt{2x} - (x-4)] dx = 18$$

**方法二** 取 $y$ 做积分变量,则
$$A = \int_{-2}^4 \left[(y+4) - \frac{y^2}{2}\right] dy = 18$$

▶ **例 5** 求椭圆 $\dfrac{x^2}{a^2} + \dfrac{y^2}{b^2} = 1$ 的面积(图 2-28).

**解** 由椭圆的对称性可知
$$A = 4A_1 = 4b \int_0^a \sqrt{1 - \frac{x^2}{a^2}} dx$$

设 $x = a\sin t$,有
$$A = 4ab \int_0^{\frac{\pi}{2}} \cos^2 t\, dt = 4ab \int_0^{\frac{\pi}{2}} \frac{1 + \cos 2t}{2} dt = \pi ab.$$

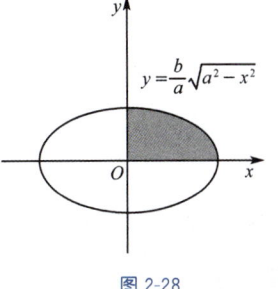

图 2-28

## 2. 旋转体的体积

我们常见的圆台、篮球、救生圈等,均可看作是一曲面绕某一定轴旋转而围成的,这样的几何体叫作旋转体.

(1) 设立体是由连续曲线 $y = f(x)$,直线 $x = a$、$x = b$ 及 $x$ 轴所围成的平面图形绕 $x$ 轴旋转而得的旋转体,如图 2-29 所示,所求体积为
$$V_x = \int_a^b \pi f^2(x) dx = \pi \int_a^b f^2(x) dx$$

(2) 设立体是由连续曲线 $x = \varphi(y)$,直线 $y = c$、$y = d$ 及 $y$ 轴所围成的平面图形绕 $y$ 轴旋转而得的旋转体,如图 2-30 所示,所求体积为
$$V_y = \int_c^d \pi \varphi^2(y) dy = \pi \int_c^d \varphi^2(y) dy$$

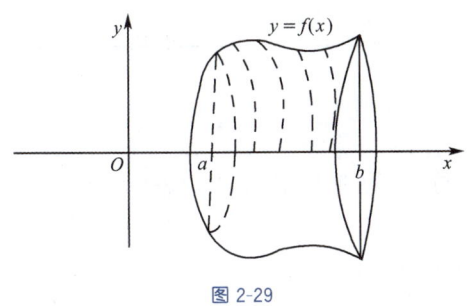

图 2-29

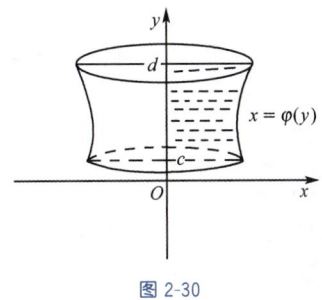

图 2-30

(3) 设立体是由连续曲线 $y = f(x)$、$y = g(x)$ ($f(x) \geqslant g(x)$),直线 $x = a$、$x = b$ 所围成的平面图形绕 $x$ 轴旋转形成的旋转体,如图 2-31 所示,所求体积为
$$V_x = \pi \int_a^b [f^2(x) - g^2(x)] dx$$

(4) 设立体是由连续曲线 $x = \varphi(y)$、$x = \psi(y)$ ($\varphi(y) \geqslant \psi(y)$),直线 $y = c$、$y = d$ 所围成的平面图形绕 $y$ 轴旋转形成的旋转体,如图 2-32 所示,所求体积为
$$V_y = \pi \int_c^d [\varphi^2(y) - \psi^2(y)] dy$$

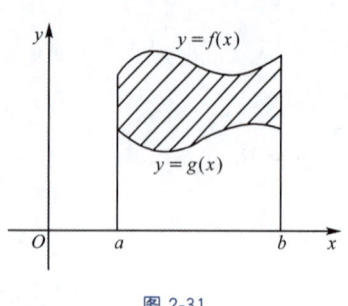

图 2-31

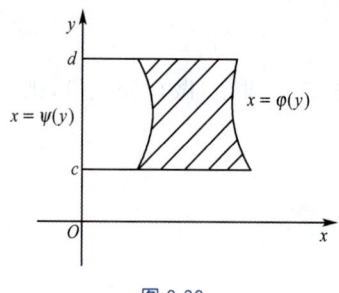

图 2-32

**例 6** 求由 $y=\sqrt{x}$、$x=4$ 及 $y=0$ 所围成的图形绕 $x$ 轴旋转一周所生成的旋转体的体积.

**解** 平面图形如图 2-33 所示,所求体积为
$$V_x = \pi \int_0^4 y^2 \, \mathrm{d}x = \pi \int_0^4 x \, \mathrm{d}x = 8\pi$$

**例 7** 求由 $y=\dfrac{x^2}{4}$、$y=1$ 及 $x=0$ 所围成的平面图形绕 $y$ 轴旋转一周所生成的旋转体的体积.

**解** 平面图形如图 2-34 所示,所求体积为
$$V_y = \pi \int_0^1 x^2 \, \mathrm{d}y = \pi \int_0^1 4y \, \mathrm{d}y = 2\pi$$

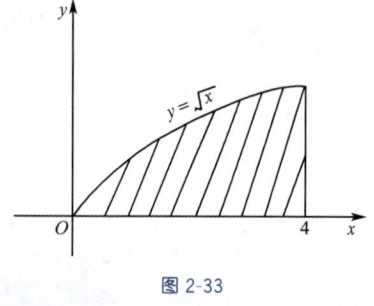

图 2-33

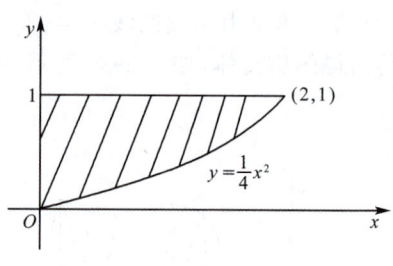

图 2-34

**例 8** 求由 $y=\mathrm{e}^x$、$y=\sin x$、$x=0$ 与 $x=1$ 所围成的图形绕 $x$ 轴旋转一周所生成的旋转体的体积.

**解** 平面图形如图 2-35 所示,所求体积为
$$\begin{aligned}V_x &= \pi \int_0^1 (\mathrm{e}^{2x} - \sin^2 x)\, \mathrm{d}x \\ &= \pi \cdot \frac{\mathrm{e}^{2x}}{2}\bigg|_0^1 - \pi \int_0^1 \frac{1-\cos 2x}{2}\, \mathrm{d}x \\ &= \frac{\pi}{2}(\mathrm{e}^2 - 1) - \frac{\pi}{2}\left(1 - \frac{\sin 2}{2}\right) \\ &= \frac{\pi}{2}\left(\mathrm{e}^2 - 2 + \frac{\sin 2}{2}\right)\end{aligned}$$

**例 9** 求由 $y=x^3$，$x=1$ 及 $x$ 轴所围成的图形分别绕 $x,y$ 轴旋转一周所生成的旋转体（图 2-36）的体积.

**解**
$$V_x = \pi \int_0^1 y^2 dx = \pi \int_0^1 x^6 dx = \frac{\pi}{7}$$
$$V_y = \pi \cdot 1^2 \cdot 1 - \pi \int_0^1 x^2 dy$$
$$= \pi - \pi \int_0^1 y^{\frac{2}{3}} dy = \pi - \frac{3}{5}\pi = \frac{2}{5}\pi$$

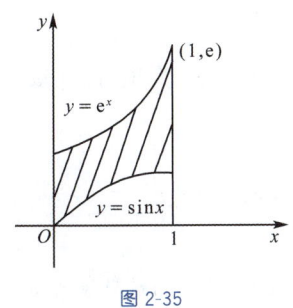

图 2-35

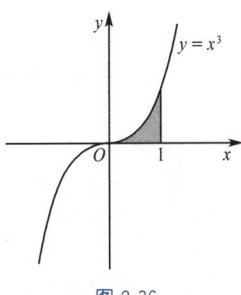

图 2-36

**例 10** 求由 $y=\sin x$ 和它在 $x=\frac{\pi}{2}$ 处的切线及 $x=\pi$ 所围图形绕 $x$ 轴旋转而成的旋转体（图 2-37）的体积.

**解**
$$V_x = \pi \cdot 1^2 \cdot \frac{\pi}{2} - \pi \int_{\frac{\pi}{2}}^{\pi} \sin^2 x \, dx$$
$$= \frac{\pi^2}{2} - \pi \int_{\frac{\pi}{2}}^{\pi} \frac{1-\cos 2x}{2} dx$$
$$= \frac{\pi^2}{2} - \frac{\pi^2}{4} = \frac{\pi^2}{4}$$

**例 11** 求底面半径为 $r$，高为 $h$ 的圆锥体的体积.

**解** 以圆锥的顶点为原点，以顶点到底面的高所在直线为 $x$ 轴的正半轴建立直角坐标系，如图 2-38 所示，则圆锥体可看作 Rt△$OPQ$ 绕 $x$ 轴旋转一周而形成的旋转体. 由于直线 $OP$ 的方程为
$$y = \frac{r}{h} x$$

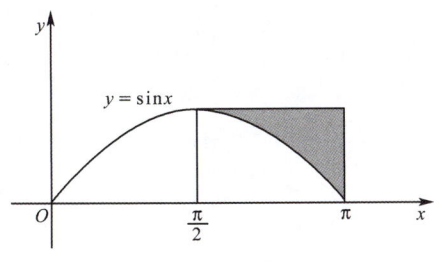

图 2-37

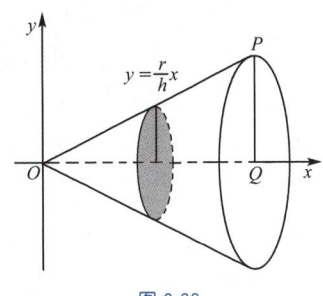

图 2-38

则所求圆锥体的体积为

$$V = \pi \int_0^h \left(\frac{r}{h}x\right)^2 dx = \frac{\pi r^2}{3h^2} \cdot x^3 \Big|_0^h = \frac{\pi r^2}{3h^2} \cdot h^3 = \frac{1}{3}\pi r^2 h$$

### 3. 空间曲线所围成的立体的体积

（1）由二重积分的几何意义可知，当 $z = f(x,y) \geqslant 0$ 时，以 $f(x,y)$ 为顶，$D$ 为底的曲顶柱体体积 $V$ 为

$$V = \iint_D f(x,y) dx dy$$

（2）若 $f(x,y) \geqslant g(x,y)$ 在 $D$ 内成立，则以 $f(x,y)$ 为顶，以 $g(x,y)$ 为底的直柱体体积 $V$ 为

$$V = \iint_D [f(x,y) - g(x,y)] dx dy$$

> **例 12** 计算由平面 $x=0, y=0, x+y=1$ 所围成的柱体被平面 $z=0$ 以及抛物面 $x^2 + y^2 = 6 - z$ 截得的立体的体积（图 2-39）。

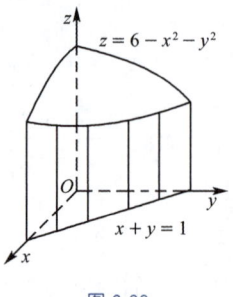

图 2-39

**解** 此立体为以 $D$（由 $x=0, y=0, x+y=1$ 围成）为底，以曲面 $z = 6 - x^2 - y^2$ 为顶的曲顶柱体，则

$$\begin{aligned} V &= \iint_D (6 - x^2 - y^2) d\sigma \\ &= 6 \iint_D d\sigma - \int_0^1 dx \int_0^{1-x} (x^2 + y^2) dy \\ &= 6 \times \frac{1}{2} - \int_0^1 \left[ x^2(1-x) + \frac{1}{3}(1-x)^3 \right] dx \\ &= 3 - \left(\frac{1}{3} - \frac{1}{4} + \frac{1}{12}\right) = \frac{17}{6} \end{aligned}$$

**例 13** 求由坐标面 $x=0, y=0, z=0$ 及 $\dfrac{x}{a}+\dfrac{y}{b}+\dfrac{z}{c}=1$ 所围成的立体的体积.

**解** 所求形体如图 2-40 所示. 在平面 $xOy$ 上的投影域 $D$ 如图 2-41 所示. 因此

$$V = c\iint_D \left(1-\dfrac{x}{a}-\dfrac{y}{b}\right)\mathrm{d}x\,\mathrm{d}y$$

$$= c\int_0^b \mathrm{d}y \int_0^{a\left(1-\frac{y}{b}\right)} \left(1-\dfrac{x}{a}-\dfrac{y}{b}\right)\mathrm{d}x$$

$$= c\int_0^b \left[\left(1-\dfrac{y}{b}\right)x - \dfrac{x^2}{2a}\right]\Bigg|_0^{a\left(1-\frac{y}{b}\right)} \mathrm{d}y$$

$$= \dfrac{ac}{2}\int_0^b \left(1-\dfrac{y}{b}\right)^2 \mathrm{d}y = \dfrac{abc}{6}$$

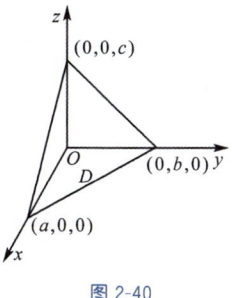

图 2-40

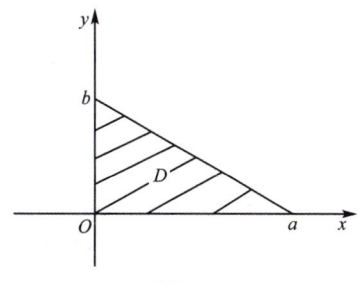

图 2-41

**例 14** 求由抛物线柱面 $x=2y^2$ 与 $\dfrac{x}{4}+\dfrac{y}{2}+\dfrac{z}{2}=1$ 和 $z=0$ 所围成的立体的体积. 如图 2-42 所示,即要求以 $z=2-y-\dfrac{x}{2}$ 为顶,以 $x=2y^2$ 和 $\dfrac{x}{4}+\dfrac{y}{2}=1$ 所围成的平面区域 $D$(如图 2-43 所示)为底的柱体体积.

**解** $V = \iint_D \left(2-y-\dfrac{x}{2}\right)\mathrm{d}x\,\mathrm{d}y$

$$= \int_{-2}^1 \mathrm{d}y \int_{2y^2}^{4-2y} \left(2-y-\dfrac{x}{2}\right)\mathrm{d}x$$

$$= \int_{-2}^1 \left(2x-yx-\dfrac{x^2}{4}\right)\Bigg|_{2y^2}^{4-2y} \mathrm{d}y$$

$$= \int_{-2}^1 (4-4y-3y^2+2y^3+y^4)\,\mathrm{d}y$$

$$= \left(4y-2y^2-y^3+\dfrac{1}{2}y^4+\dfrac{1}{5}y^5\right)\Bigg|_{-2}^1 = \dfrac{81}{10}$$

课堂互动

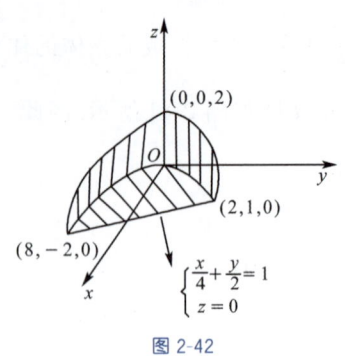
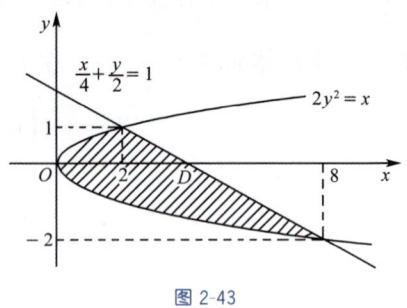

图 2-42　　　　　　　　　　图 2-43

## 习题 2.2.4

1. 求下面各题中平面图形的面积：

(1) 曲线 $y=\dfrac{1}{x}$ 与直线 $x=1$、$x=4$ 及 $x$ 轴所围成的图形；

(2) 曲线 $y=x^2+1$ 在区间 $[0,2]$ 上的曲边梯形；

(3) 曲线 $y=4-x^2$ 与 $x$ 轴所围成的图形；

(4) 曲线 $y=-x^2$ 与 $y=x^2-2$ 所围成的图形；

(5) 曲线 $y=x^2$ 与直线 $y=x$ 及 $y=2x$ 所围成的图形；

(6) 曲线 $y=x^3$ 与直线 $x=0$、$y=1$ 所围成的图形；

(7) 曲线 $y=x^2$、$4y=x^2$ 及 $y=1$ 所围成的图形；

(8) 曲线 $y=x^3$ 及 $y=\sqrt[3]{x}$ 所围成的图形.

2. 求由 $y=x^2$ 与 $y=1$ 所围成的平面图形绕 $y$ 轴旋转一周所生成的旋转体的体积.

3. 求椭圆 $\dfrac{x^2}{2^2}+\dfrac{y^2}{3^2}=1$ 分别绕 $x$ 轴、$y$ 轴旋转一周所生成的旋转体的体积.

4. 求 $y=x^2$ 与 $x=y^2$ 所围成的图形绕 $x$ 轴旋转一周所生成的旋转体的体积.

5. 计算由坐标面、平面 $x=4$、$y=4$ 及抛物面 $z=x^2+y^2+1$ 所围成的立体的体积.

6. 应用二重积分计算由平面 $x+2y+z=1$ 及三个坐标平面围成的立体的体积.

7. 求由 $\dfrac{x}{2}+\dfrac{y}{3}+\dfrac{z}{4}=1$ 与三个坐标平面所围成的立体的体积.

8. 求由曲面 $x^2+2y^2+z=16$，平面 $x=2$、$y=2$ 及三个坐标平面围成的立体的体积.

# 积分学知识结构图

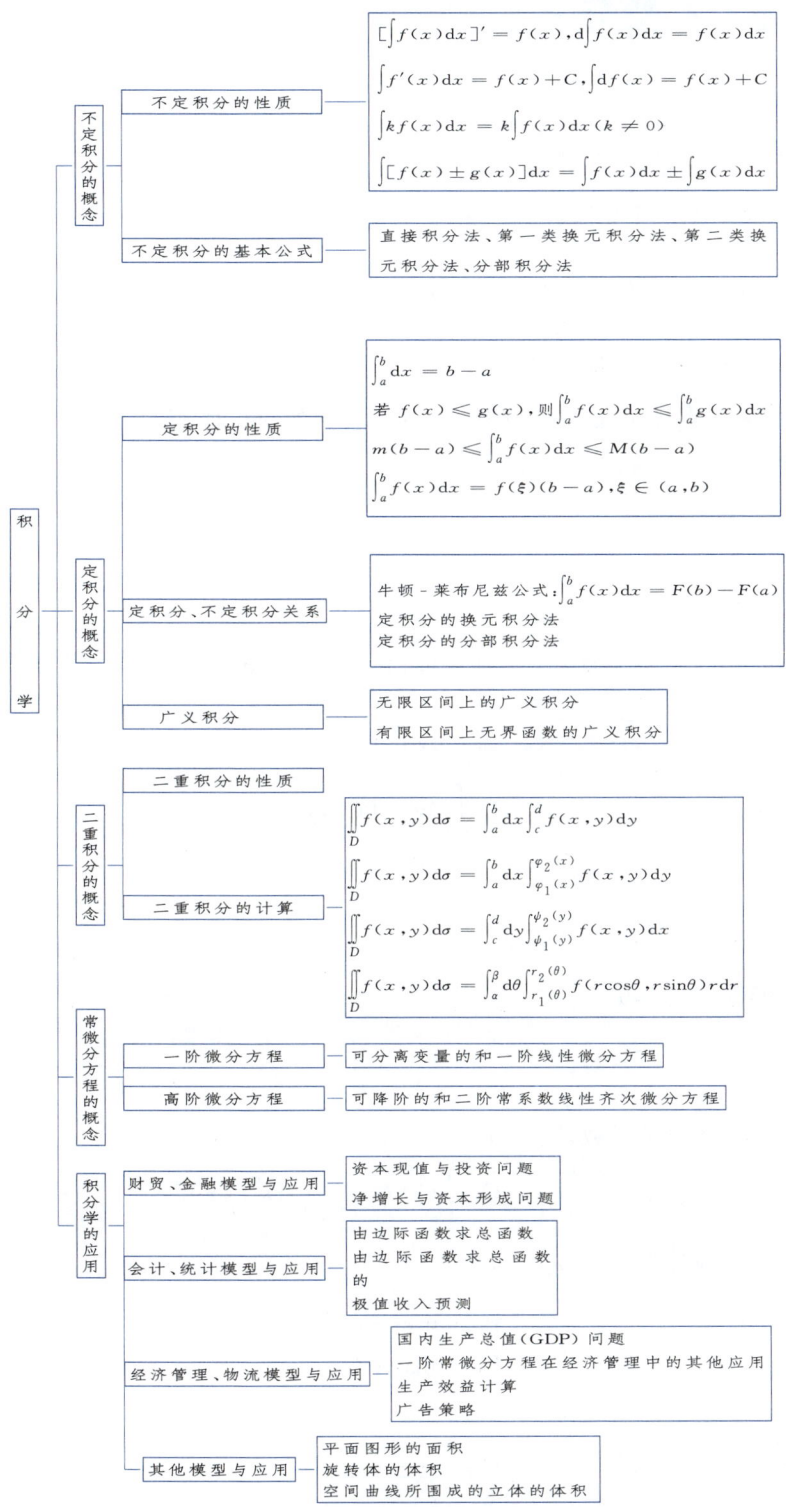

## 复习题二

**一、填空题**

(1) 若 $F'(x) = f(x)$，则 $\left[\int F'(x)dx\right]' = $ _____.

(2) 设 $f(x) = k\tan 2x$ 的一个原函数为 $\dfrac{2}{3}\ln\cos 2x + 3$，则 $k = $ _____.

(3) 设 $f(x)$ 在 $[-a, a]$ 上连续，且为偶函数，则 $\int_{-a}^{a} [f(x) + f(-x)]dx = $ _____.

(4) 定积分 $\int_{\frac{\pi}{4}}^{\frac{5\pi}{4}} (1 + \sin^2 x)dx$ 的值的范围是 _____.

(5) 求由曲线 $y^2 = x$ 与直线 $y = x - 2$ 所围成的平面图形的面积时，选 _____ 为积分变量，计算比较简单.

**二、选择题**

(1) $\int_0^1 x^2 dx$ (  ) $\int_0^1 x^3 dx$.

A. $=$      B. $<$      C. $>$      D. 无法判定

(2) 区域 $D$ 由直线 $x = 0$、$y = 1$ 及 $y = x$ 所围成，则 $\iint\limits_{D} f(x, y)d\sigma = $ (  ).

A. $\int_0^1 dy \int_y^1 f(x, y)dx$      B. $\int_0^1 dx \int_x^1 f(x, y)dy$

C. $\int_0^1 dx \int_0^x f(x, y)dy$      D. $\int_0^1 dy \int_1^y f(x, y)dx$

(3) 当区域 $D$ 为 (  ) 时，二重积分 $\iint\limits_{D} d\sigma = 1$.

A. $D = \{(x, y) \mid 0 \leqslant x \leqslant 1, 0 \leqslant y \leqslant x\}$

B. $D = \{(x, y) \mid 0 \leqslant x \leqslant 2, 0 \leqslant y \leqslant \dfrac{1}{2}x\}$

C. $D = \{(x, y) \mid 0 \leqslant x + y \leqslant 1\}$

D. $D = \{(x, y) \mid 0 \leqslant x \leqslant 1, x \leqslant y \leqslant 1\}$

(4) 设函数 $f(x)$ 具有连续的导数，则 $f(x) = $ (  ).

A. $d\int f(x)dx$    B. $\int df(x)$    C. $\dfrac{d}{dx}\int f(x)dx$    D. $f(x)dx$

(5) 设 $\ln f(x) = \cos x$，则 $\int \dfrac{xf'(x)}{f(x)}dx = $ (  ).

A. $x\cos x - \sin x + C$      B. $x\sin x - \cos x + C$

C. $x(\cos x + \sin x) + C$      D. $x\sin x + C$

**三、计算**

(1) $\int \dfrac{3x^4 + 3x^2 + 1}{x^2 + 1}dx$

(2) $\int \dfrac{dx}{\sqrt[3]{2 - 3x}}$

(3) $\int \tan x \sec^5 x \, dx$        (4) $\int_1^{e^2} x^3 \ln x \, dx$

(5) $\int_0^{\frac{\pi}{2}} |\sin - \cos x| \, dx$        (6) $\int_1^{+\infty} \frac{1}{(1+x)^3} dx$

四、求解下列各题

(1) 求由曲线 $y = \sin x$、$y = 0$, $x \in [0, \pi]$ 绕 $x$ 轴旋转而成的旋转体的体积.

(2) 计算二重积分 $\iint\limits_D (3x + 2y) d\sigma$,其中 $D$ 为两坐标轴及直线 $x + y = 2$ 所围成的区域.

五、解微分方程

(1) $(1 + e^x) y^2 y' = e^x$        (2) $\frac{dy}{dx} = \frac{2x}{1+x^2} y + 1$

六、应用题

1. 求一曲线方程,该曲线通过原点,它在点 $(x, y)$ 处的切线斜率为 $2x + y$.

2. 设 $y = f_1(x)$ 与 $y = f_2(x)$ 分别为方程 $\frac{dy}{dx} + p(x) y = Q_1(x)$ 与 $\frac{dy}{dx} + p(x) y = Q_2(x)$ 的解,求证:$y = f_1(x) + f_2(x)$ 是方程 $\frac{dy}{dx} + p(x) y = Q_1(x) + Q_2(x)$ 的解.

# 综合测试题

## （A）

### 一、填空题（每小题 2 分，共 10 分）

1. 函数 $y = \sqrt{\ln(4-x)}$ 的定义域是 _____．
2. 函数 $y = x^2 - 2x$ 的单调递增区间是 _____．
3. 曲线 $y = x^3 + 6x + 2$ 的拐点是 _____．
4. 设 $f(x)$ 在 $[-a, a]$ 上为奇函数，则 $\int_{-a}^{a} f(x) \mathrm{d}x = $ _____．
5. 微分方程 $y' + y = 0$ 的通解是 _____．

### 二、选择题（每小题 2 分，共 10 分）

1. 设 $f(x) = \sin x^2$，且 $\varphi(x) = x^2 + 1$，则 $f[\varphi(x)] = ($ _____ $)$．

   A. $\sin(x^2 + 1)^2$  B. $\sin^2(x^2 + 1)$
   C. $\sin(x^2 + 1)$  D. $\sin^2 x^2 + 1$

2. 当 $x \to \infty$ 时，$f(x) = \dfrac{\sin x}{x}$ ( _____ )．

   A. 无界  B. 没有极限
   C. 是无穷小量  D. 无意义

3. 设 $f(x, y) = x^y$，则 $f_x'(x, y) = ($ _____ $)$．

   A. $x^y \ln x$  B. $y x^{y-1}$
   C. $x^y$  D. $y x^{y-1} \ln x$

4. 若 $\int f(x) \mathrm{d}x = x^2 \mathrm{e}^{2x} + C$，则 $f(x) = ($ _____ $)$．

   A. $2x \mathrm{e}^{2x}$  B. $2x^2 \mathrm{e}^{2x}$
   C. $x \mathrm{e}^{2x}$  D. $2x \mathrm{e}^{2x}(1 + x)$

5. $\int_0^1 \mathrm{d}x \int_0^{1-x} f(x, y) \mathrm{d}y = ($ _____ $)$．

   A. $\int_0^{1-x} \mathrm{d}y \int_0^1 f(x, y) \mathrm{d}x$  B. $\int_0^1 \mathrm{d}y \int_0^{1-x} f(x, y) \mathrm{d}x$
   C. $\int_0^1 \mathrm{d}y \int_0^1 f(x, y) \mathrm{d}x$  D. $\int_0^1 \mathrm{d}y \int_0^{1-y} f(x, y) \mathrm{d}x$

### 三、求极限（每小题 5 分，共 10 分）

1. $\lim\limits_{x \to 0} \dfrac{\sqrt{1+x} - \sqrt{3-x}}{x^2 - 1}$
2. $\lim\limits_{x \to \infty} \left( \dfrac{1+x}{x} \right)^{2x}$
3. $\lim\limits_{x \to 1} \dfrac{x^2 - 1}{2x^2 - x - 1}$
4. $\lim\limits_{x \to \infty} \left( \dfrac{x-a}{x+a} \right)^x$

5. $\lim\limits_{x \to 0} \dfrac{2\arcsin x}{3x}$

### 四、求导数或微分（每小题 5 分，共 20 分）

1. $y = \arctan\sqrt{x}$，求 $y'$

2. $y = \dfrac{e^x}{x^2 + x}$，求 $y'$

3. $y = e^{\sin x} + \ln^2 \cos x$，求 $y'$

4. $y = e^{-x}\cos(3-x)$，求 $dy$

5. $y = \tan(x+y)$，求 $dy$

6. $y = x e^{x^2}$，求 $y''$

7. $z = x e^{xy}$，求 $z_x{'}$，$z_y{'}$

8. $z = \ln\dfrac{y}{x}$，求 $dz$

### 五、求积分或解微分方程（每小题 6 分，共 24 分）

1. $\displaystyle\int \ln(x+1)\,dx$

2. $\displaystyle\int \dfrac{1}{x(1+x)}\,dx$

3. $\displaystyle\int \dfrac{dx}{2+3x^2}$

4. $\displaystyle\int \dfrac{1}{x\ln x}\,dx$

5. $\displaystyle\int \dfrac{1}{\sqrt{x}(1+x)}\,dx$

6. $\displaystyle\int_0^{+\infty} x e^{-x}\,dx$

7. $\displaystyle\iint\limits_{D}(x+6y)\,d\sigma$，其中 $D$ 是由 $y=x$、$y=5x$、$x=1$ 所围成的区域

8. $xy' + y = 3$，$y\big|_{x=1} = 0$

### 六、应用题（前两个小题每题 9 分，后一题 8 分，共 26 分）

1. 设某厂生产某种产品 $q$ 个时，其销售收入为 $R(q) = 300q$，成本函数为 $C(q) = 0.24q^2 + 10$，求使利润达到最大的产量 $q$，并求出最大利润值.

2. 求由曲线 $y = \dfrac{1}{x}$ 与直线 $y = x$，$x = 2$ 所围成的平面图形的面积.

3. 设两种产品产量分别为 $x$、$y$ 时的总成本函数为
$$C(x,y) = \ln(xy) + xy + 10$$
分别求出当产量 $x=2$、$y=3$ 时的边际成本，并解释其经济意义.

## （B）

### 一、填空题（每小题 2 分，共 10 分）

1. 若 $f(x+1) = x^2 - 2$，则 $f(x) =$ _____.

2. 函数 $f(x) = x^3 - 6x^2$ 的凹区间为 _____.

3. 设 $e^{-x}$ 是 $f(x)$ 的一个原函数，则 $\displaystyle\int x f(x)\,dx =$ _____.

4. 设 $z = \arctan(xy)$，则 $dz =$ _____.

5. 设 $D: x^2 + y^2 \leqslant a^2$，则 $\displaystyle\iint\limits_{D} 2\,d\sigma =$ _____.

### 二、选择题（每小题 2 分，共 10 分）

1. 设 $f(x)$ 的定义域为 $[0,1]$，则 $f(x-1)$ 的定义域为（    ）.

A. $[0,1]$      B. $[1,2]$
C. $[-1,0]$     D. $[0,2]$

2. 设 $y=f(u)$、$u=\varphi(x)$ 都是可微函数,则对复合函数 $y=f[\varphi(x)]$ 有( ).
   A. $dy=f'(u)du$    B. $dy=f'[\varphi(x)]dx$
   C. $dy=f'(u)\varphi(x)dx$   D. $dy=f'(u)dx$

3. 函数 $y=x^3+12x+1$ 在定义域内( ).
   A. 单调递增     B. 单调递减
   C. 图形上凹     D. 图形上凸

4. 下列积分正确的是( ).
   A. $\int_{-1}^{1}\dfrac{dx}{x^2}=2$    B. $\int_{-\frac{\pi}{2}}^{\frac{\pi}{2}}\sin x\,dx=2$
   C. $\int_{-1}^{1}x^2 dx=0$    D. $\int_{-\frac{\pi}{2}}^{\frac{\pi}{2}}x^3\cos x\,dx=0$

5. 设 $f(x+y,x-y)=x^2-y^2$,则 $f'_x+f'_y=($   ).
   A. $2x-2y$     B. $2x+2y$
   C. $x+y$      D. $x-y$

### 三、求极限(每小题 5 分,共 10 分)

1. $\lim\limits_{x\to 3}\dfrac{2x^2-7x+3}{x^2+4x-21}$    2. $\lim\limits_{x\to 0}(1+2x)^{\frac{1}{x}}$

3. $\lim\limits_{x\to\infty}\left[\sqrt{x(x+2)}-\sqrt{x^2-2x+3}\right]$   4. $\lim\limits_{x\to 0}\dfrac{\tan x-\sin x}{x^2}$

5. $\lim\limits_{x\to\infty}\{x[\ln(x+2)-\ln x]\}$

### 四、求导数或微分(每小题 5 分,共 20 分)

1. $y=\dfrac{1-\ln x}{1+\ln x}$,求 $y'$    2. $x^2+y^2-xy=1$,求 $dy$

3. $y=\ln\dfrac{1}{x+\sqrt{x^2+1}}$,求 $y'$   4. $y=x\arcsin(\ln x)$,求 $y'$

5. $x+y=\arctan y$,求 $y'$    6. $y=3^{\sin x}$,求 $dy$

7. $z=e^{\sin x}\cdot\cos y$,求 $z'_x, z'_y$   8. $z=f(xy,x^2+y^2)$,求 $z'_x, z'_y$

### 五、求积分或解微分方程(每小题 6 分,共 24 分)

1. $\int\dfrac{dx}{e^x+e^{-x}}$    2. $\int x(x^2-1)^2 dx$

3. $\int\dfrac{1}{\sqrt{2-5x}}dx$    4. $\int x e^{-x^2} dx$

5. $\int\dfrac{x^3}{3+x}dx$     6. $\int_{1}^{e}x^2\ln x\,dx$

7. $\iint\limits_{D}(x^2+y^2)d\sigma$,其中 $D$ 是圆域:$x^2+y^2\leqslant 4$

8. $xy' - y - \sqrt{x^2+y^2} = 0$

**六、应用题（前两个小题每题 9 分，后一题 8 分，共 26 分）**

1. 设边际成本是 $C'(q) = 1000 - 20q + q^2$，其中 $q$ 是产品单位数，固定成本是9000元，且单位售价为 3400 元，试求：

(1) 成本函数、收入函数、利润函数；

(2) 销售量为多少时可得最大利润，最大利润是多少？

2. 要造一个体积为 5400 立方米的长方形厂房，已知左、右及后墙的单位面积造价相等，而前墙、房顶及地面单位面积造价分别是左右墙的 4 倍、2 倍及 0.5 倍，问厂房的尺寸如何，才能使厂房的造价最低？

3. 求曲线 $y = x^3 - 3x + 2$ 在 $x$ 轴上介于两极值点间的曲边梯形的面积.

# 习题参考答案

## 第○篇

#### 习题 0.1.1

1. (1) 不同. 定义域不同, $f(x)$ 的定义域为 $(-\infty,-3) \cup (-3,+\infty)$, $g(x)$ 的定义域为 $(-\infty,+\infty)$
   (2) 不同. 对应法则不同, 当 $x=-1$ 时, $f(-1)=-1$, 而 $g(-1)=1$
2. (1) $(2,+\infty)$  (2) $(-\infty,-1) \cup (-1,+\infty)$
   (3) 适合 $x+y>0$ 的点 $(x,y)$ 的全体
3. 略
4. (1) 非奇非偶函数  (2) 奇函数  (3) 奇函数
5. (1) $y=\sqrt{x}\ (x \geqslant 0)$  (2) $y=\dfrac{\lg(x-1)}{\lg 2}\ (x>1)$
6. (1) $T=\pi$  (2) $T=\pi$  (3) $T=\pi$  (4) $T=2\pi$
7. $y=\sqrt{d^2-x^2}\ (0<x<d)$

#### 习题 0.1.2

1. (1) $y=\sin u, u=3x$  (2) $y=u^{\frac{1}{2}}, u=2-3x$
   (3) $y=\ln u, u=\arctan v, v=\sqrt{t}, t=1+x^2$
   (4) $y=u^2, u=\sin v, v=\dfrac{1}{x}$
   (5) $y=\ln u, u=\sin v, v=e^t, t=x+1$
   (6) $y=\cos u, u=\sqrt{v}, v=3x+2$
2. (1) $y=\cos^2 x$  (2) $y=\tan 2x$  (3) $y=e^{\sin(x^2+1)}$
3. $f(\cos x)=2-2\cos^2 x$

#### 习题 0.1.3

1. (1) 0  (2) 0  (3) 2  (4) 1  (5) 无
2. $2,-1$, 不存在
3. $-1,1$, 不存在

### 习题 0.1.4

1. (1) 9　(2) 0　(3) 0　(4) $-\dfrac{2}{5}$　(5) $\infty$　(6) 0　(7) $-2$　(8) $\dfrac{\sqrt{3}}{6}$　(9) $\dfrac{1}{2}$

2. $a=0, b=6$

3. (1) 5　(2) 1　(3) $\dfrac{1}{2}$　(4) $\dfrac{1}{e}$　(5) $\dfrac{2}{5}$　(6) 4　(7) 1　(8) $e^2$　(9) $e^{-1}$　(10) $e^{-\frac{1}{2}}$

4. (1) 1　(2) $\ln 2$　(3) $-\dfrac{1}{4}$

### 习题 0.1.5

1. (1) 无穷大量　(2) 无穷小量　(3) 无穷大量　(4) 无穷小量

2. $x \to 1, x \to -1$

3. $\dfrac{x}{10^8}, 2^x, 100000x, x\cos\dfrac{2}{x}$

4. (1) 0　(2) 0　(3) $\dfrac{3}{2}$　(4) 1　(5) $\dfrac{1}{2}$　(6) $\dfrac{2}{3}$　(7) 1　(8) 0　(9) $\dfrac{1}{2}$

### 习题 0.1.6

1. 证明略.

2. 连续区间为 $(-\infty, -1) \cup (-1, 3) \cup (3, +\infty)$

3. (1) $x=-1$　(2) $x=1$　(3) $x=k\pi (k \in \mathbf{Z})$　(4) $x=\dfrac{k}{3}\pi+\dfrac{\pi}{6}(k\in \mathbf{Z})$

4. (1) $x=1, x=4$ 均为第二类间断点

   (2) $x=0$ 为第一类间断点

   (3) $x=0$ 为第一类间断点

5. (1) $a=8$　(2) $a=1$

6. (1) $-\dfrac{\sqrt{2}}{2}$　(2) 1　(3) 0　(4) 1

7. 证明略

### 习题 0.2.1

1. 529 元
2. 33.33 万元
3. 选择一次性付款
4. 56126 元

5.4517 元

▶ 习题 0.2.2

15680 元

▶ 习题 0.2.3

6 万元

▶ 复习题 ○

一、1. 1　2. 奇　3. $x=0$,一　4. $a=1, b=-1$　5. 一

二、1. D　2. A　3. C　4. D　5. D

三、1. $-\dfrac{2}{5}$　2. 0　3. $\dfrac{2^{20} \cdot 3^{30}}{5^{50}}$　4. $\dfrac{1}{e}$　5. $\dfrac{1}{2}$　6. 0

四、$k=1$

五、略

## 第一篇

▶ 习题 1.1.1

1. (1) $6x$　(2) $a$　(3) $-\sin x$

2. (1) $f'(x_0)$　(2) $f'(0)$　(3) $2f'(x_0)$

3. $f'(\dfrac{\pi}{6}) = -\dfrac{1}{2}, f'(\dfrac{\pi}{3}) = -\dfrac{\sqrt{3}}{2}$

4. 切线方程: $\dfrac{\sqrt{3}}{2}x + y - \dfrac{1}{2}(1 + \dfrac{\sqrt{3}}{3}\pi) = 0$

   法线方程: $\dfrac{2\sqrt{3}}{3}x - y + \dfrac{1}{2} - \dfrac{2\sqrt{3}}{9}\pi = 0$

5. (1) $\dfrac{1}{6}x^{-\frac{5}{6}}$　(2) $\dfrac{16}{5}x^2 \cdot \sqrt[5]{x}$　(3) $-\dfrac{3}{x^4}$　(4) $\dfrac{9}{4}x\sqrt[4]{x}$

6. (1) 在 $x=0$ 处连续,不可导

   (2) 在 $x=0$ 处连续且可导

▶ 习题 1.1.2

1. (1) $6x + \dfrac{4}{x^3}$　(2) $4x + \dfrac{5}{2}x^{\frac{3}{2}}$　(3) $\sqrt{x}(\dfrac{9}{2} + \dfrac{7}{2x} + \dfrac{1}{2x^2})$

   (4) $x(2\cos x - x\sin x)$　(5) $\tan x + x\sec^2 x - 2\sec x \tan x$　(6) $\dfrac{1 - 2\ln x}{x^3}$

(7) $\dfrac{(x\cos x - \sin x)(\sin^2 x - x^2)}{x^2 \sin^2 x}$

(8) $-2x\tan x \ln x + (1-x^2)\sec^2 x \ln x + \dfrac{1-x^2}{x}\tan x$

2. (1) $12(2x-3)^5$  (2) $\dfrac{1}{x^2}\csc^2\dfrac{1}{x}$  (3) $-\dfrac{3x^5\cos\sqrt{1-x^6}}{\sqrt{1-x^6}}$  (4) $-15\sin(5x+\dfrac{\pi}{4})$

(5) $-\dfrac{2}{1-2x}$  (6) $\dfrac{\sin 3x}{x} + 3\ln 2x \cdot \cos 3x$  (7) $n\sin^{n-1}x\cos(n+1)x$

(8) $\dfrac{1}{x\ln x \ln(\ln x)}$  (9) $-x\tan(x^2)\sqrt{\cos x^2}$  (10) $\dfrac{1}{1-x^2}$

(11) $\dfrac{\sin 2x \sin x^2 - 2x\sin^2 x \cos x^2}{\sin^2 x^2}$  (12) $\dfrac{1}{2\sqrt{x}}\sec^2 x + 2\sqrt{x}\sec^2 x \tan x$

(13) $\dfrac{1}{3}\sin\dfrac{2x}{3}\cot\dfrac{x}{2} - \dfrac{1}{2}\sin^2\dfrac{x}{3}\csc^2\dfrac{x}{2}$  (14) $\dfrac{1}{\sqrt{x^2+a^2}}$

3. (1) $4 - \dfrac{1}{x^2}$  (2) $-2\sin x - x\cos x$

4. $(-1)^n \dfrac{(n-2)!}{x^{n-1}}$  $(n \geqslant 2)$

### 习题 1.1.3

1. (1) $10x^9 + 10^x\ln 10$  (2) $\left(\dfrac{5}{2}\right)^x \ln\left(\dfrac{5}{2}\right) + 40^x \ln 40$  (3) $2x\,e^{x^2+1}$  (4) $2^x \ln 2 \cos 2^x$

(5) $\dfrac{1}{(x+1)\sqrt{x^2+2x}}$  (6) $e^{2x}(2\cos 3x - 3\sin 3x)$  (7) $-\dfrac{1}{2\sqrt{x-x^2}}$

(8) $-\dfrac{2ax}{a^2+x^4}$  (9) $-\dfrac{2}{\sqrt{1-4x^2}\arccos 2x}$  (10) $\dfrac{2\arcsin x}{\sqrt{1-x^2}}$

(11) $\dfrac{1}{2\sqrt{x}}\text{arccot}\,x - \dfrac{\sqrt{x}}{1+x^2}$  (12) $\sqrt{a^2-x^2}$

(13) $6e^{2x}\sec^3(e^{2x})\tan e^{2x}$  (14) $\dfrac{\cos x}{2\sqrt{\sin x}\sqrt{1-\sin x}}$

2. (1) $\dfrac{\sqrt{x+2}\cdot(2-x)^3}{(x+1)^5}\left[\dfrac{1}{2(x+2)} + \dfrac{3}{x-2} - \dfrac{5}{x+1}\right]$

(2) $\dfrac{1}{2}\sqrt{x\sin x\sqrt{1-e^x}}\left[\dfrac{1}{x} + \cot x - \dfrac{e^x}{2(1-e^x)}\right]$

(3) $\left(\dfrac{x}{1+x}\right)^x\left[\ln\left(\dfrac{x}{1+x}\right) + \dfrac{1}{1+x}\right]$  (4) $x^{\cos x}\left(\dfrac{\cos x}{x} - \sin x \ln x\right)$

3. (1) $-\dfrac{y^2 e^x}{1+ye^x}$  (2) $-\dfrac{\sin(x+y)}{1+\sin(x+y)}$  (3) $\dfrac{2y}{2y-1}$  (4) $\dfrac{1+y^2}{2+y^2}$

4. $\dfrac{2x^3 y}{y^2+1}$

### 习题 1.1.4

1. (1) $\ln|1+x|+C$  (2) $\dfrac{1}{8}$  (3) $2\sqrt{x}+C$  (4) $\sin x+C$

   (5) $\dfrac{1}{\omega}\sin\omega x+C$  (6) $2\tan x$

2. (1) $(1-2x^2)e^{-x^2}dx$  (2) $\dfrac{2x\cos x-(1-x^2)\sin x}{(1-x^2)^2}dx$  (3) $\dfrac{1}{2\sqrt{x(1-x)}}dx$

   (4) $\dfrac{2\ln(1-x)}{x-1}dx$  (5) $\dfrac{2e^{2x}}{1+e^{4x}}dx$  (6) $8x\tan(1+2x^2)\sec^2(1+2x^2)dx$

   (7) 1

3. (1) 0.5151  (2) 1.0355  (3) 2.0494

   (4) 9.9867  (5) 0.01309  (6) 0.002

### 习题 1.1.5

1. (1) 满足, $\xi=0.25$  (2) 满足, $\xi=2$

   (3) 不满足  (4) 不满足

2. (1) 满足, $\xi=1$  (2) 满足, $\xi=e-1$

   (3) 满足, $\xi=\dfrac{5-\sqrt{43}}{3}$  (4) 满足, $\xi=-1$

3. 略

### 习题 1.1.6

(1) 2  (2) $\dfrac{1}{2}$  (3) 0  (4) 0  (5) 1  (6) 1  (7) $\dfrac{1}{2}$  (8) $-\dfrac{1}{2}$  (9) e  (10) 1

### 习题 1.1.7

1. (1) 单增 $(0,+\infty)$, 单减 $(-1,0)$  (2) 单增 $(0,+\infty)$, 单减 $(-\infty,0)$

   (3) 单增 $(-1,0)$、$(1,+\infty)$, 单减 $(-\infty,-1)$、$(0,1)$

   (4) 单增 $(\dfrac{1}{2},+\infty)$, 单减 $(0,\dfrac{1}{2})$  (5) 单减 $(-\infty,+\infty)$

   (6) 单增 $(-\infty,-2)$、$(0,+\infty)$, 单减 $(-2,-1)$、$(-1,0)$

2. 略

3. (1) 极大值 $y(0)=-1$  (2) 极大值 $y(\pm 1)=1$, 极小值 $y(0)=0$

   (3) 极大值 $y(3)=108$, 极小值 $y(5)=0$

   (4) 极小值 $y(1)=2-4\ln 2$

   (5) 极大值 $y(2)=4e^{-2}$, 极小值 $y(0)=0$

(6) 极小值 $y(\frac{2}{5}) = -\frac{3}{5}(\frac{2}{5})^{\frac{2}{3}}$，极大值 $y(0) = 0$

4. (1) 最大值为 ln5，最小值为 0　(2) 最大值为 $\frac{1}{2}$，最小值为 0.

5. $x = -3$ 时有最小值 27.

### 习题 1.1.8

1. (1) 凹区间 $(-\infty, \frac{1}{3})$，凸区间 $(\frac{1}{3}, +\infty)$，拐点 $(\frac{1}{3}, \frac{2}{27})$

 (2) 凹区间 $(-1, 1)$，凸区间 $(-\infty, -1)$、$(1, +\infty)$，拐点 $(\pm 1, \ln 2)$

 (3) 凹区间 $(2, +\infty)$，凸区间 $(-\infty, 2)$，拐点 $(2, 2e^{-2})$

 (4) 凹区间 $(-\sqrt{3}, 0)$、$(\sqrt{3}, +\infty)$，凸区间 $(-\infty, -\sqrt{3})$、$(0, \sqrt{3})$，拐点 $(0, 0)$、$(\sqrt{3}, \frac{\sqrt{3}}{2})$、$(-\sqrt{3}, -\frac{\sqrt{3}}{2})$

2. (1) $y = 0$，水平渐近线　(2) $x = 1$，铅垂渐近线

 (3) $y = 0$，水平渐近线；$x = 0$，铅垂渐近线

3. 略

### 习题 1.1.9

1. (1) $\frac{\partial z}{\partial x} = 3x^2 y - y^3, \frac{\partial z}{\partial y} = x^3 - 3xy^2$

 (2) $\frac{\partial z}{\partial x} = \sin(x-y) + (x+y)\cos(x-y), \frac{\partial z}{\partial y} = \sin(x-y) - (x+y)\cos(x-y)$

 (3) $\frac{\partial z}{\partial x} = y\cos(xy) - y\sin(2xy), \frac{\partial z}{\partial y} = x\cos(xy) - x\sin(2xy)$

 (4) $\frac{\partial z}{\partial x} = -\frac{y}{x^2}\cot\frac{y}{x}, \frac{\partial z}{\partial y} = \frac{1}{x}\cot\frac{y}{x}$

 (5) $\frac{\partial z}{\partial x} = \frac{2x}{y^2}\ln(3x-2y) + \frac{3x^2}{(3x-2y)y^2}, \frac{\partial z}{\partial y} = -\frac{2x^2}{y^3}\ln(3x-2y) - \frac{2x^2}{(3x-2y)y^2}$

 (6) $\frac{\partial z}{\partial x} = 3x^2 \sin y \cos y(\cos y - \sin y), \frac{\partial z}{\partial y} = x^3(\sin y + \cos y)(1 - 3\cos y \sin y)$

2. $f'_x(1, 0) = 0, f'_y(0, 1) = 0$

3. 略

4. (1) $\frac{\partial^2 z}{\partial x^2} = 72x^2 y + 30xy^5, \frac{\partial^2 z}{\partial y^2} = 100x^3 y^3$

 $\frac{\partial^2 z}{\partial x \partial y} = 24x^3 + 75x^2 y^4, \frac{\partial^2 z}{\partial y \partial x} = 24x^3 + 75x^2 y^4$

 (2) $\frac{\partial^2 z}{\partial x^2} = -\frac{2x}{(1+x^2)^2}, \frac{\partial^2 z}{\partial y^2} = -\frac{2y}{(1+y^2)^2}, \frac{\partial^2 z}{\partial x \partial y} = 0, \frac{\partial^2 z}{\partial y \partial x} = 0$

5. $\dfrac{\partial z}{\partial x}=-\dfrac{\sin 2x}{\sin 2z}, \dfrac{\partial z}{\partial y}=-\dfrac{\sin 2y}{\sin 2z}$

6. (1) 极大值 $z(2,-2)=8$  (2) 极小值 $z(-1,1)=0$

7. $dz=\dfrac{1}{6}dx+\dfrac{1}{3}dy$

8. (1) $dy=(y+\dfrac{1}{y})dx+(x-\dfrac{x}{y^2})dy$  (2) $dz=\dfrac{y^2}{(x^2+y^2)^{\frac{3}{2}}}dx-\dfrac{xy}{(x^2+y^2)^{\frac{3}{2}}}dy$

   (3) $dz=-\dfrac{y}{x^2}e^{\frac{y}{x}}dx+\dfrac{1}{x}e^{\frac{y}{x}}dy$  (4) $dz=\dfrac{2x}{x^2+y^3+1}dx+\dfrac{3y^2}{x^2+y^3+1}dy$

9. 2.95

### 习题 1.2.1

1. $Q(p)=10000-8p$

2. $p=5$

3. $40\sqrt{2}\approx 57$

4. $p=15$

5. $q=3000$

### 习题 1.2.2

1. (1) $\overline{C}(q)=\dfrac{3000}{q}+7-4q+q^2, C'(q)=7-8q+3q^2$

   (2) $\overline{C}(10)=367, C'(10)=227$, 应增加产量

2. $R'(20)=2$, 说明略

3. (1) $\overline{C}(q)=\dfrac{125}{q}+3+\dfrac{q}{25}, \overline{C}'(q)=-\dfrac{125}{q^2}+\dfrac{1}{25}$

   (2) $C'(25)=5, R'(25)=5, L'(25)=0$

4. (1) $E(p)=-\dfrac{p}{4}$, (2) $E(3)=-0.75, E(4)=-1, E(5)=-1.25$, 说明略

5. (1) $C'_x(10,20)=90$, (2) $C'_y(10,20)=150$

### 习题 1.2.3

1. $Q_0\approx 31.62$ 吨, $T_0\approx 6.3$ 天, $C^*\approx 1897.37$ 元

2. $Q_0\approx 7$ 件, $C^*\approx 56.6$ 元

3. $Q_0=2000$ 件, $T_0=2.4$ 月, $C^*=6000$ 元

4. $Q_0\approx 4472$ 个, $C^*\approx 335.41$ 元

5. $Q_0\approx 9$ 件, $C^*\approx 43.8$ 元

6. $Q_0 \approx 378$ 件,$C^* \approx 755.9$ 元

7. $Q_0 \approx 769$ 件,$C^* \approx 207.8$ 元

### 习题 1.2.4

1. 两直角边均为 $\frac{\sqrt{2}}{2}a$

2. 长 18 米,宽 12 米

3. 距离司令部 3 公里处登岸

4. 长、宽均为 $\frac{2\sqrt{3}}{3}a$,高为 $\frac{\sqrt{3}}{3}a$

5. 长、宽均为 $\frac{2\sqrt{2}}{3}r$,高为 $\frac{h}{3}$

### 复习题一

一、填空题

1. $10e^x + xe^x$  2. $\frac{\partial z}{\partial x} = yx^{y-1} + y^x \ln y, \frac{\partial z}{\partial y} = x^y \ln x + xy^{x-1}$

3. $\frac{\partial z}{\partial x} = y\cos x, \frac{\partial z}{\partial y} = \sin x$  4. $\frac{2x}{(1+x^2y^2)^2}$  5. $x = \pm 1$

二、选择题

1. D  2. D  3. B  4. D  5. C

三、1. $\log_2 x + \frac{1}{\ln 2}$  2. $e^{-x}[\sin(3-x) - \cos(3-x)]$

3. $(\tan x)^x (\ln\tan x + x\cot x \cdot \sec^2 x)$  4. $-\frac{e^y}{1+xe^y}$

5. $\frac{1}{\sqrt{x^2+1}}$  6. $2\arctan x + \frac{2x}{1+x^2}$

四、略

五、1. $a = 2, b = -1$

2. 设 $f(x) = \arctan x$ 即可  3. 略

## 第二篇

### 习题 2.1.1

1. (1) $x^3, x^3 + C$  (2) $e^x, e^x + C$  (3) $-\cos x, -\cos x + C$
   (4) $\arcsin x, \arcsin x + C$  (5) $\arctan x, \arctan x + C$

2. (1) $f(x)$  (2) $f(x) + C$  (3) $f(x)dx$  (4) $f(x) + C$

3. (1) √  (2) ×  (3) ×  (4) ×

4. (1) $y = \dfrac{3}{2}x^2 - 5$  (2) $y = \dfrac{3}{2}x^2 + 2$  (3) $y = \dfrac{5}{3}x^3 + \sqrt{3}$  (4) $y = x^3 + x$

▶ 习题 2.1.2

(1) $\dfrac{3}{5}x^5 - \dfrac{5}{4}x^4 - \dfrac{3}{2}x^2 + 4x + C$

(2) $-\dfrac{1}{x} - 2\ln|x| + x + C$  (3) $2e^x - 4\ln|x| + 3\arctan x + C$

(4) $8x - 8\arctan x + C$  (5) $\dfrac{2^x e^x}{1+\ln 2} + \dfrac{1}{2}x^2 + C$

(6) $2x - \dfrac{5 \cdot 2^x}{3^x(\ln 2 - \ln 3)} + C$

(7) $\dfrac{4}{5}x\sqrt[4]{x} - \dfrac{24}{17}x \cdot \sqrt[12]{x^5} + \dfrac{4}{3}\sqrt[4]{x^3} + C$

(8) $\dfrac{3}{5}x\sqrt[3]{x^2} + \dfrac{3}{\sqrt[3]{x}} + C$  (9) $\dfrac{1}{3}x^3 - x + \arctan x + C$

(10) $-2\cos x - \dfrac{1}{2}\sin x + C$  (11) $\dfrac{1}{2}\tan x + \dfrac{1}{2}x + C$

(12) $-\cot x - \tan x + C$

▶ 习题 2.1.3

1. (1) $\dfrac{1}{5}e^{5x+1} + C$  (2) $-\dfrac{1}{2(1+2x)} + C$  (3) $\sqrt{x^2+4} + C$

(4) $-\dfrac{3}{8}(1-2x)(\sqrt[3]{1-2x}) + C$  (5) $\dfrac{1}{5}\ln^5 x + C$

(6) $\dfrac{1}{2}\ln(x^2+5) + C$  (7) $-e^{\frac{1}{x}} + C$

(8) $\dfrac{1}{3}e^{3x} + \dfrac{1}{2}e^{4x} + 2e^x + C$  (9) $\dfrac{1}{6}\arctan\dfrac{x}{6} + C$

(10) $\dfrac{1}{3}\arcsin(\dfrac{3}{2}x) + C$  (11) $\ln|x^3 - 2x + 1| + C$

(12) $\dfrac{1}{5}\sin(5x-2) + C$  (13) $2\sqrt{\sin x} + C$  (14) $-e^{\cos x} + C$

2. (1) $2[\dfrac{1}{5}\sqrt{(x+1)^5} - \dfrac{1}{3}\sqrt{(x+1)^3}] + C$

(2) $2\arctan\sqrt{x} + C$  (3) $\dfrac{1}{9}\sqrt[4]{(2x+3)^9} - \dfrac{3}{5}\sqrt[4]{(2x+3)^5} + C$

(4) $-\dfrac{3}{4}\sqrt[3]{(3-2x)^2} + C$  (5) $\sqrt{2x} - \ln|1+\sqrt{2x}| + C$

(6) $2(\arcsin\dfrac{x}{2} - \dfrac{x}{4}\sqrt{4-x^2}) + C$  (7) $\dfrac{1}{2}\ln\left|\dfrac{x}{\sqrt{x^2+4}+2}\right| + C$

(8) $\sqrt{x^2-2} - \sqrt{2}\arccos\dfrac{\sqrt{2}}{x} + C$

### 习题 2.1.4

(1) $-e^{-x}(x+1) + C$   (2) $-e^{-x}(x^2+2x+2) + C$

(3) $x\ln(x^2+1) - 2(x-\arctan x) + C$   (4) $x\ln^2 x - 2x\ln x + 2x + C$

(5) $-\dfrac{1}{2}x\cos 2x + \dfrac{1}{4}\sin 2x + C$   (6) $\dfrac{1}{2}e^x(\sin x + \cos x) + C$

(7) $2\sqrt{x}\ln x - 4\sqrt{x} + C$   (8) $x\sin x + \cos x + C$

(9) $\dfrac{1}{2}(x^2+1)\arctan x - \dfrac{1}{2}x + C$   (10) $2e^{\sqrt{x}}(\sqrt{x}-1) + C$

(11) $x\ln(x+\sqrt{1+x^2}) - \sqrt{x^2+1} + C$   (12) $2\sqrt{x}\arcsin\sqrt{x} + 2\sqrt{1-x} + C$

### 习题 2.1.5

1. 略

2. (1) $\int_1^2 x\,\mathrm{d}x \leqslant \int_1^2 x^2\,\mathrm{d}x$   (2) $\int_0^1 e^{x^2}\,\mathrm{d}x \leqslant \int_0^1 e^x\,\mathrm{d}x$

(3) $\int_1^2 (\ln x)^2\,\mathrm{d}x \leqslant \int_1^2 \ln x\,\mathrm{d}x$   (4) $\int_0^{\frac{\pi}{2}} \sin^2 x\,\mathrm{d}x \leqslant \int_0^{\frac{\pi}{2}} \sin x\,\mathrm{d}x$

3. (1) $2 \leqslant \int_1^2 (x^3+1)\,\mathrm{d}x \leqslant 9$   (2) $2e^{-\frac{1}{4}} \leqslant \int_0^2 e^{x^2-x}\,\mathrm{d}x \leqslant 2e^2$

(3) $0 \leqslant \int_1^2 (2x^3-x^4)\,\mathrm{d}x \leqslant \dfrac{27}{16}$   (4) $e^2 - e \leqslant \int_e^{e^2} \ln x\,\mathrm{d}x \leqslant 2(e^2-e)$

### 习题 2.1.6

1. (1) $\dfrac{1}{1+x^2}$   (2) $-\sqrt{1+x^3}$

(3) $2x^3 e^{-x^4}$   (4) $-\dfrac{2x}{1+x^4} + \dfrac{4x^3}{1+x^8}$

2. (1) $\dfrac{2}{3}$   (2) $\dfrac{1}{2}$

3. (1) 66   (2) $-\dfrac{4}{3}$   (3) 12   (4) 13   (5) $\dfrac{1}{2}(e-1)$   (6) $\dfrac{1}{2}(25-\ln 26)$

(7) 2   (8) $2(e^{\frac{3}{2}}-1)$   (9) $-e^{\frac{1}{2}}+e$   (10) $\dfrac{1}{6}a^2$   (11) $1 - \dfrac{\pi}{4}$

(12) $\dfrac{1}{5}(e-1)^5$   (13) $\dfrac{3}{2}$   (14) $\dfrac{\pi}{2}$   (15) 0   (16) $\dfrac{1}{2}\ln 2$

### 习题 2.1.7

1. (1) $\dfrac{27}{5}$   (2) $4 - 2\arctan 2$   (3) $\dfrac{\pi}{2}$   (4) $\dfrac{3}{2} + 3\ln\dfrac{3}{2}$   (5) $2 - \dfrac{\pi}{2}$

(6) $\dfrac{\sqrt{3}}{2}+\dfrac{\pi}{3}$ (7) $4-2\ln 3$ (8) $2$ (9) $\dfrac{\pi}{12}-\dfrac{\sqrt{3}}{8}$

2. (1) $1-2e^{-1}$ (2) $1$ (3) $\ln 2-\dfrac{1}{2}$ (4) $6-2e$ (5) $\dfrac{\sqrt{3}}{12}\pi+\dfrac{1}{2}$

(6) $\dfrac{\sqrt{3}}{3}\pi-\ln 2$ (7) $2\ln 2-\dfrac{3}{4}$ (8) $\pi-2$

3. 证明略

4. (1) $0$ (2) $\dfrac{1}{12}$

▶ 习题 2.1.8

(1) $-\dfrac{1}{2}$ (2) 发散 (3) $\dfrac{1}{6}$ (4) $\dfrac{1}{3}e^3$ (5) $\ln 2$ (6) $\dfrac{1}{2}$ (7) $2$ (8) $0$ (9) $1$

▶ 习题 2.1.9

1. (1) $\dfrac{3}{2}$ (2) $(e-1)^2$ (3) $15$ (4) $\dfrac{1}{15}$ (5) $\dfrac{9}{4}$ (6) $\dfrac{3}{80}$ (7) $-\dfrac{1}{12}$ (8) $\dfrac{4}{15}$

2. (1) $\dfrac{16}{9}$ (2) $\dfrac{1}{3}a^3$ (3) $-2$ (4) $\dfrac{15}{4}\pi$

▶ 习题 2.1.10

1.

| | 自变量 | 未知函数 | 方程的阶数 |
| --- | --- | --- | --- |
| (1) | $x$ | $y$ | 1 |
| (2) | $x$ | $y$ | 1 |
| (3) | $y$ | $x$ | 2 |
| (4) | $t$ | $x$ | 1 |
| (5) | $x$ | $y$ | 5 |

2. (1) $y^2=2(x+C)$ (2) $y=-\dfrac{1}{x^2+C^2}$ 与 $y=0$ (3) $y=\ln(e^x+C)$

3. (1) $y=Ce^{\frac{1}{x}}$ (2) $y=\dfrac{1}{5}e^{2x}+Ce^{-3x}$

(3) $y=x\ln x+Cx$ (4) $y=(x+C)(1+x^2)$

4. (1) $y=\dfrac{1}{6}x^3-\sin x+C_1x+C_2$ (2) $y=xe^x-3e^x+\dfrac{1}{2}C_1x^2+C_2x+C_3$

(3) $y=C_1e^{2x}+C_2e^{3x}$ (4) $y=C_1e^{3x}+C_2e^{-3x}$

(5) $y=C_1e^{\frac{\sqrt{5}-1}{2}x}+C_2e^{-\frac{\sqrt{5}+1}{2}x}$

(6) $y=(C_1+C_2x)e^{-x}$

## 习题 2.2.1

1. 3466.5 元    2. 772.8 元    3. 578.7 元

4. (1) 32.12 万元    (2) 4.46 年

5. (1) 1528.4 万元    (2) 5.75 年

6. (1) $-\dfrac{b}{r}e^{-rT}+\dfrac{b}{r}-a$    (2) $\dfrac{b}{r}-a$

7. (1) 56 万元    (2) 316 万元

8. 7000 元

9. $5850+850\cdot e^{-5}\approx 5855$

10. 494.72

## 习题 2.2.2

1. $t=8, L(8)=18.4$ 百万元

2. $R(Q)=100Qe^{-\frac{Q}{10}}$

3. $Q(p)=-30\ln(p+1)+100$

4. $C(x)=\dfrac{1}{2}x^2+24x+1000$

5. (1) $R(x)=20x-0.005x^2$    (2) 6400

6. (1) $x=900$    (2) $L(950)=8075$

7. (1) $R(x)=200x-\dfrac{x^2}{100}, \overline{R}(x)=200-\dfrac{x}{100}$

   (2) $R(2000)=360000$ 元, $\overline{R}(2000)=180$ 元

8. $C(100)=8500, \overline{C}=85$ 元

9. (1) 9987.5    (2) 19850

10. $R(x)=8x-\dfrac{1}{2}x^2, C(x)=2x+\dfrac{1}{4}x^2+1, L(x)=6x-\dfrac{3}{4}x^2-1, L(4)=11$ 万元

11. $L(4)=7$ 万元

12. (1) 20 万元    (2) 19 万元    (3) 3.2 百台

    (4) $R(3.2)=20.48$ 万元, $C(3.2)=15.08$ 万元, $L(3.2)=5.4$ 万元

13. $C(x)=0.2x^2+2x+20, L(x)=-0.2x^2+16x-20, L(40)=300$ 元

## 习题 2.2.3

1. (1) $Q=p^{-p}$    (2) 当 $p\to+\infty$ 时, $Q\to 0$, 即需求趋于稳定

2. (1) $P_e=\left(\dfrac{a}{b}\right)^{\frac{1}{3}}$    (2) $P(t)=\left[P_e^3+(1-P_e^3)e^{-3kbt}\right]^{\frac{1}{3}}$    (3) $\lim\limits_{t\to+\infty}P(t)=P_e$

221

3. $L(x) = \dfrac{b+1}{a} - x + (L_0 - \dfrac{b+1}{a})e^{-ax}$

4. $P(t) = 20 + 10e^{-12t}$

5. $L(x) = 300 - 100e^{-0.3x}$

6. $Q = 400$

7. 1200

8. $q(I) = e^I(aI + q_0)$

9. $Q_1 = 21.45$，$Q_2 = 24.15$

10. (1) $F(x) = 0.3x^2 - 10x$　(2) 30 件, 270 元

11. $F(x) = 0.1x^2 - 6x$，$L(x) = 16x - 0.1x^2$，当 $x = 80$ 时，最大 $L(80) = 640$ 元

12. $F(x) = 0.2x^2 - 12x + 80$，$L(x) = 32x - 0.2x^2 - 80$，当 $x = 80$ 时，最大 $L(80) = 1200$ 元

### 习题 2.2.4

1. (1) $2\ln 2$　(2) $4\dfrac{2}{3}$　(3) $10\dfrac{2}{3}$　(4) $\dfrac{8}{3}$　(5) $\dfrac{7}{6}$　(6) $\dfrac{3}{4}$　(7) $\dfrac{4}{3}$　(8) 1

2. $\dfrac{\pi}{2}$　3. $24\pi, 16\pi$　4. $\dfrac{3}{10}\pi$　5. $186\dfrac{2}{3}$　6. $\dfrac{1}{12}$　7. 4　8. 48

### 复习题二

一、(1) $f(x)$　(2) $-\dfrac{4}{3}$　(3) $4\int_0^a f(x)dx$　(4) $[\pi, 2\pi]$　(5) $y$

二、(1) C　(2) B　(3) B　(4) C　(5) A

三、(1) $x^3 + \arctan x + C$　(2) $-\dfrac{1}{2}(2-3x)^{\frac{2}{3}} + C$　(3) $\dfrac{1}{5}\sec^5 x + C$
　　(4) $\dfrac{7e^8 + 1}{16}$　(5) $-2 + 2\sqrt{2}$　(6) $\dfrac{1}{8}$

四、(1) $\dfrac{\pi^2}{2}$　(2) $6\dfrac{2}{3}$

五、(1) $y = \sqrt[3]{3\ln(1+e^x) + C}$　(2) $y = (1+x^2)(\arctan x + C)$

六、1. $y = -2(e^x + x + 1)$ 或 $y = 2(e^x - x - 1)$

　　2. 略

## 综合测试题

### (A)

一、填空题

1. $(-\infty, 3]$　2. $(1, +\infty)$　3. $(0, 2)$　4. 0　5. $Ce^{-x}$

**二、选择题**

1. A  2. C  3. B  4. D  5. D

**三、求极限**

1. $\sqrt{3}-1$  2. $e^2$  3. $\dfrac{2}{3}$  4. $e^{-2a}$  5. $\dfrac{2}{3}$

**四、求导数或微分**

1. $\dfrac{1}{2\sqrt{x}} \cdot \dfrac{1}{1+x}$  2. $\dfrac{e^x(x^2-x-1)}{(x^2+x)^2}$  3. $e^{\sin x}\cos x - 2\tan x \cdot \ln\cos x$

4. $e^{-x}[\sin(3-x)-\cos(3-x)]dx$  5. $-\csc^2(x+y)dx$  6. $2x(3+2x^2)e^{x^2}$

7. $(1+xy)e^{xy}, x^2 e^{xy}$  8. $\dfrac{xdy - ydx}{xy}$

**五、求积分或解微分方程**

1. $(1+x)\ln(1+x)-x+C$  2. $\ln|x|-\ln|1+x|+C$  3. $\dfrac{\sqrt{6}}{6}\arctan\dfrac{\sqrt{6}}{2}x+C$

4. $\ln|\ln x|+C$  5. $2\arctan\sqrt{x}+C$  6. 1  7. $\dfrac{76}{3}$  8. $y = 3-\dfrac{3}{x}$

**六、应用题**

1. $q=625, L(625)=93740$  2. $\dfrac{3}{2}-\ln 2$  3. $C_x'(2,3)=\dfrac{7}{2}, C_y'(2,3)=\dfrac{7}{3}$

### (B)

**一、填空题**

1. $x^2-2x-1$  2. $(2,+\infty)$  3. $xe^{-x}+e^{-x}+C$  4. $\dfrac{ydx+xdy}{1+x^2y^2}$  5. $2\pi a^2$

**二、选择题**

1. B  2. A  3. A  4. D  5. A

**三、求极限**

1. $\dfrac{1}{2}$  2. $e^2$  3. 2  4. 0  5. 2

**四、求导数或微分**

1. $-\dfrac{2}{x(1+\ln x)^2}$  2. $\dfrac{2x-y}{x-2y}dx$  3. $-\dfrac{1}{\sqrt{x^2+1}}$  4. $\arcsin(\ln x)+\dfrac{1}{\sqrt{1-\ln^2 x}}$

5. $-\left(1+\dfrac{1}{y^2}\right)$  6. $\ln 3\cos x \cdot 3^{\sin x}dx$  7. $\cos x\cos y e^{\sin x}, -\sin y e^{\sin x}$

8. $yf_u' + 2xf_v', xf_u' + 2yf_v'\;(u=xy, v=x^2+y^2)$

**五、求积分或微分方程**

1. $\arctan e^x + C$  2. $\dfrac{1}{6}(x^2-1)^3+C$  3. $-\dfrac{2}{5}\sqrt{2-5x}+C$  4. $-\dfrac{1}{2}e^{-x^2}+C$

5. $\dfrac{1}{3}x^3 - \dfrac{3}{2}x^2 + 9x - 27\ln|3+x| + C$   6. $\dfrac{2}{9}e^3 + \dfrac{1}{9}$

7. $8\pi$   8. $\dfrac{y}{x} + \sqrt{1+(\dfrac{y}{x})^2} = Cx$

**六、应用题**

1. (1) $9000 + 1000q - 10q^2 + \dfrac{1}{3}q^3, 3400q, -9000 + 2400q + 10q^2 - \dfrac{1}{3}q^3$

   (2) $q = 60, L(60) = 99000$

2. 前墙、侧墙、高分别为 12 米、30 米、15 米

3. 4

# 附 录

## 附录 Ⅰ 高等数学实验 Python

### 实验一

#### 一、基本数学运算与函数

在 Python 下进行基本数学运算,可以直接输入运算式,点击运行即可. "＋、－、＊、/、＊＊"分别对应加、减、乘、除、幂的运算符号,上述运算的优先顺序与通常的数学运算完全一致.

> **例 1** 计算 $(5×2+1.3-0.8)×10÷25$.

**解** 代码如下所示:

In [3]: (5*2+1.3-0.8)*10/25

Out[3]: 4.2

要想完成诸如多项式求值、求极限、解方程、求积分、微分方程、级数展开、矩阵运算等的计算问题,需要先导入 SymPy 库,SymPy 是一个 Python 的科学计算库,输入以下代码即可导入 SymPy 模块. 常用数学函数的表示如附表 1-1 所示.

In [4]: from sympy import*

附表 1-1　　　　　　　　　　常用数学函数

| 函数 | 数学含义 | 函数 | 数学含义 |
| --- | --- | --- | --- |
| abs(x) | 求 $x$ 的绝对值 | sec(x) | 求 $x$ 的正割函数,$x$ 为弧度 |
| sign(x) | 求 $x$ 的符号 | csc(x) | 求 $x$ 的余割函数,$x$ 为弧度 |
| sqrt(x) | 求 $x$ 的平方根,即 $\sqrt{x}$ | asin(x) | 求 $x$ 的反正弦函数,即 $\arcsin x$ |
| exp(x) | 求 $x$ 的指数函数,即 $e^x$ | acos(x) | 求 $x$ 的反余弦函数,即 $\arccos x$ |
| log(x) | 求 $x$ 的自然对数,即 $\ln x$ | atan(x) | 求 $x$ 的反正切函数,即 $\arctan x$ |
| log(x,a) | 求 $x$ 的以 $a$ 为底的对数,即 $\log_a x$ | acot(x) | 求 $x$ 的反余切函数,即 $\operatorname{arccot} x$ |
| sin(x) | 求 $x$ 的正弦函数,$x$ 为弧度 | asec(x) | 求 $x$ 的反正割函数,即 $\operatorname{arcsec} x$ |
| cos(x) | 求 $x$ 的余弦函数,$x$ 为弧度 | acsc(x) | 求 $x$ 的反余割函数,即 $\operatorname{arccsc} x$ |

## 二、用 Python 作函数的图像

使用 Matplotlib 来完成数学绘图,若安装了 Anaconda,则不需要额外安装 Matplotlib;否则,需要单独安装 Matplotlib.

导入第三方库 NumPy 和 Matplotlib 库中的绘图模块 pyplot.科学计算库 NumPy 是 Matplotlib 库的基础,用来生成绘图所需的数据.输入以下代码:

```
In [ ]: import matplotlib.pyplot as plt
        import numpy as np
```

用 pyplot 模块中的 plot 函数可以绘制折线图,其语法格式如下:

plt.plot(x, y)

▶ **例 2**  绘制 $y = \tan x$ 在 $[0,10]$ 上的图形.

**解**  代码如下所示:

```
In [5]: x=np.linspace(0,10,100)
        y=np.tan(x)
        plt.plot(x,y)
```
Out[5]: [<matplotlib.lines.Line2D at 0x1caa630a790>]

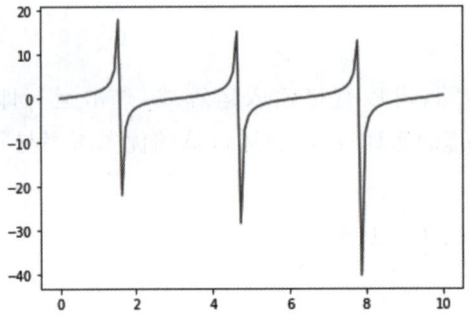

▶ **例 3**  在同一个坐标系下画出两条曲线 $y = \sin x$ 和 $y = \cos x$ 在 $[0, 2\pi]$ 上的图形.

**解**  代码如下所示:

```
In [11]: x = np.linspace(0,2*np.pi,100)
         y = np.sin(x)
         z = np.cos(x)
         plt.plot(x,y,'r')
         plt.plot(x,z,'b')
```
Out[11]: [<matplotlib.lines.Line2D at 0x1efed65acd0>]

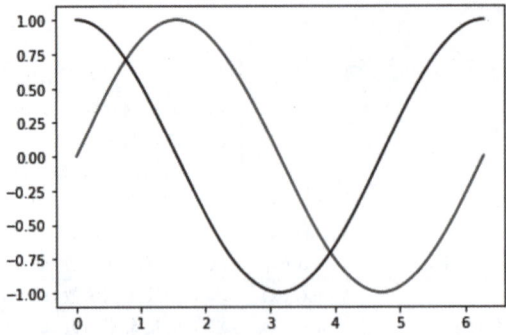

## 同步训练一

| 题目 | 命令代码 | 运行结果 |
| --- | --- | --- |
| (1)计算$\left(\dfrac{2}{3}\right)^2-\sqrt[5]{7}+\cos\pi$ | | |
| (2)作出函数$f(x)=xe^{-x}$在区间$[-2,2]$的图像 | | |
| (3)作出函数$f(x)=\dfrac{4(x+1)}{x^2}-2$在区间$[-5,5]$的图像 | | |
| (4)作出函数$f(x)=e^{-x^2}$在$[-3,3]$的图像 | | |

# 实验二

## 一、极限运算

用 SymPy 库中的函数 limit 可以计算函数的极限,其语法格式如下:

sympy.limit(e, z, z0, dir='+')

(1) e 接收 SymPy 表达式.表示需要进行求极限的数列的一般项或函数,无默认.

(2) z 接收 symbol.表示需要进行求极限的数列的项或函数的自变量,无默认.

(3) z0 接收 any expression,包括所有类型的数值、oo 和 -oo 等.表示自变量趋于有限值或趋于无穷大,oo 表示无穷大,无默认.

(4) dir 接收 '+' 或 '-'. '+' 表示求趋于有限值的右极限(z=z0+),'-' 表示求趋于有限值的左极限(z=z0-).对于无穷大的 z0(oo 或 -oo),dir 参数无效,默认为 '+'.

▶ **例1** 求下限极限:

(1) $\lim\limits_{x\to-\frac{1}{2}}\dfrac{1-4x^2}{2x+1}$;  (2) $\lim\limits_{x\to 0}\dfrac{\sin x}{x}$;

(3) $\lim\limits_{x\to\infty}(\sqrt{x^2+3x}-x)$;  (4) $\lim\limits_{x\to 0^+}(\sqrt{x}-2^{-\frac{1}{x}})$.

**解** (1)代码如下所示:

```
In [4]: x = Symbol('x')
        s = (1-4*x**2)/(2*x+1)
        print('函数的极限为:',limit(s, x, -1/2))
```

函数的极限为: 2

(2)代码如下所示:

```
In [10]: x=Symbol('x')
         s=sin(x)/x
         print('函数的极限为:',limit(s,x,0))
```

函数的极限为: 1

(3)代码如下所示：

```
In [3]: x = Symbol('x')
        s = sqrt(x**2+3*x)-x
        print('函数的极限为：',limit(s,x,oo))
```
函数的极限为： 3/2

(4)代码如下所示：

```
In [4]: x = Symbol('x')
        s = sqrt(x)-2**(-1/x)
        print('函数的极限为：',limit(s,x,0,'+'))
```
函数的极限为： 0

## 二、求导数

用 SymPy 库中的函数 diff 可以对函数求导，其语法格式如下：

sympy.diff(f, * symbols, * * kwargs)

f 表示需要求导的函数，* symbols 表示进行求导函数的自变量，* * kwargs 表示求导的阶数，默认为 1.

▶ **例 2** 求下列函数的一阶导数：

(1) $y = \ln_a x$；　　　　　(2) $y = \sin^n x$.

**解** (1)代码如下所示：

```
In [12]: x = Symbol('x')
         a = Symbol('a')
         y = log(x,a)
         diff(y,x)
```

Out[12]: $\dfrac{1}{x \log(a)}$

(2)代码如下所示：

```
In [13]: x = Symbol('x')
         n = Symbol('n')
         y = sin(x)**n
         diff(y,x)
```

Out[13]: $\dfrac{n \sin^n(x) \cos(x)}{\sin(x)}$

▶ **例 3** 求下列函数的 5 阶导数：

(1) $y = x^{10}$；　　　　　(2) $y = \sin x$.

**解** (1)代码如下所示：

In [21]: 
```
x = Symbol('x')
y = x**10
diff(y, x, 5)
```

Out[21]: $30240x^5$

(2)代码如下所示：

In [20]: 
```
x = Symbol('x')
y = sin(x)
diff(y, x, 5)
```

Out[20]: $\cos(x)$

## 同步训练二

| 题目 | 命令代码 | 运行结果 |
| --- | --- | --- |
| (1) $\lim\limits_{x\to 0}\dfrac{1-\cos x}{x^2}$ | | |
| (2) $\lim\limits_{x\to\infty}\left(\dfrac{2x+3}{2x+1}\right)^{x+1}$ | | |
| (3) 计算 $\cos 2x/\sqrt{1-\sin 2x}$ 在 $x=\pi/4$ 时的左、右极限 | | |
| (4) 计算 $\dfrac{\sqrt{1+x}-1}{x}$ 在 $x\to 0$ 时的极限 | | |
| (5) $y=(x+1)\sqrt{3-4x}$，求 $y'$ | | |
| (6) $y=\sin^2(2-3x)$，求 $y'$ | | |
| (7) $y=\log_3\cos\sqrt{x^2+1}$，求 $y'$ | | |

# 实验三

## 一、求函数极值

在 Python 中，可以先求出驻点，利用驻点求极值点．

▶ **例 1** 求函数在区间 $[-4,2]$ 上的极小值点和极大值点．

**解** 先用 plot 函数画出该函数的曲线图，命令如下：

```
In [13]: from sympy import*
         import matplotlib.pyplot as plt
         import numpy as np
         x = np.linspace(-4, 2, 100)
         y = (x+3)**2*(x-1)**3
         plt.plot(x, y)
Out[13]: [<matplotlib.lines.Line2D at 0x1f9d2557c10>]
```

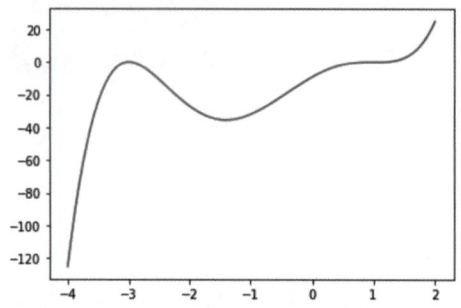

再用 solve 函数求出一阶导等于 0 的点,即驻点.

```
In [11]: from sympy import*
         x = Symbol('x')
         y = (x+3)**2*(x-1)**3
         df = diff(y,x)
         print('函数的驻点为：', solve(df,x))
```
函数的驻点为：[-3, -7/5, 1]

结合图像可知,在 x=－3 处取得极小值,在 x=－7/5 处取得极大值,再求出极值.

```
In [12]: print('函数的极值为：', y.subs(x,-3), y.subs(x,-7/5))
```
函数的极值为：0 -35.3894400000000

极小值为 0,极大值为－35.38944.

**例 2** 如附图 1-1 所示,梁上承受地板传来的均匀分布力,由结构力学可知 AB 段挠度曲线方程为

$$y(x) = \frac{q}{24EI}(x^4 - 3.80x^3 + 7.68x)$$

其中 $E$、$I$、$q$ 为常数. 试用计算机计算 AB 段上挠度的最大值.

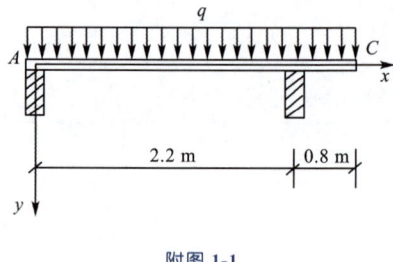

附图 1-1

**解** 取 $\frac{q}{24EI}$ 为单位,问题转化为求 $y(x) = x^4 - 3.8x^3 + 7.68x$ 的最大值.

先画出函数图像.

In [16]:
```
x = np.linspace(0,2.2,100)
y = x**4-3.8*x**3+7.68*x
plt.plot(x,y)
```

Out[16]: [<matplotlib.lines.Line2D at 0x1f9d2ce02b0>]

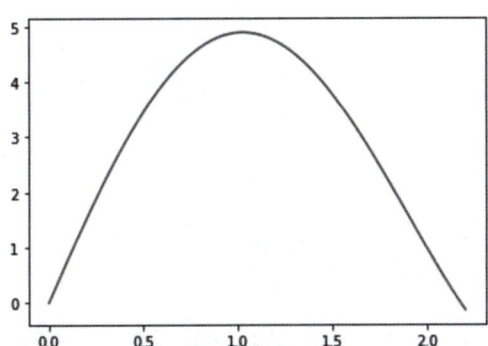

由图像可知函数存在最大值,求出函数的驻点,即最大值点.

In [9]:
```
from sympy import*
x = Symbol('x')
y = x**4-3.8*x**3+7.68*x
df = diff(y,x)
print('函数的驻点为: ',solve(df,x))
```

函数的驻点为: [-0.732117366351787 - 0.e-23*I, 1.025969881556 57 + 0.e-22*I, 2.55614748479522 - 0.e-22*I]

在[0,2.2]区间内的驻点为 $x=1.026$.

In [10]:
```
print('函数的极值为: ',y.subs(x,1.026))
```

函数的极值为: 4.88363357217600

在 $x=1.026$ 处,有 $AB$ 段上的最大挠度 $y=4.8836\dfrac{q}{24EI}=0.2036\dfrac{q}{EI}$.

## 二、积分运算

用 SymPy 库中的函数 integrate 可以对函数求积分,其语法格式如下:
integrate(f, var, ...), f 表示需要求积分的函数.

integrate(f, x)求函数的不定积分;integrate(f, (x, a, b))求函数的定积分,其中 a 表示积分下限,b 表示积分上限.

▶ **例 3**　求不定积分 $\int(x^2+3x+7)\mathrm{d}x$.

**解**　代码如下所示:

In [21]:
```
x = Symbol('x')
y = x**2+3*x+7
integrate(y,x)
```

Out[21]: $\dfrac{x^3}{3}+\dfrac{3x^2}{2}+7x$

**例 4** 求定积分 $\int_1^4 \dfrac{\ln x}{\sqrt{x}}\mathrm{d}x$.

**解** 代码如下所示：

In [26]:
```
x = Symbol('x')
y = log(x)/sqrt(x)
integrate(y, (x, 1, 4))
```

Out[26]: $-4 + 4\log(4)$

## 同步训练三

| 题目 | 命令代码 | 运行结果 |
| --- | --- | --- |
| (1) $\int \cos 5x\,\mathrm{d}x$ | | |
| (2) $\int \dfrac{1}{1+\sqrt{x}}\mathrm{d}x$ | | |
| (3) $\int_{\ln 3}^{\ln 8} \sqrt{1+\mathrm{e}^x}\,\mathrm{d}x$ | | |
| (4) $\int_1^9 \dfrac{1}{x+\sqrt{x}}\mathrm{d}x$ | | |
| (5) $\int_{-\pi}^{\pi} (\sin x \cos x)^3\,\mathrm{d}x$ | | |

# 附录 Ⅱ　初等数学常用公式

## 一、代数

1. $|x+y| \leqslant |x|+|y|$
2. $|x|-|y| \leqslant |x-y| \leqslant |x|+|y|$
3. $\sqrt{x^2} = |x| = \begin{cases} x & (x \geqslant 0) \\ -x & (x < 0) \end{cases}$

4. 若 $|x|\leqslant a$，则 $-a\leqslant x\leqslant a$．

5. 若 $|x|\geqslant b; b>0$，则 $x\geqslant b$ 或 $x\leqslant -b$．

6. 设 $ax^2+bx+c=0$ 的判别式为 $\Delta$（只就 $a>0$ 的情形讨论）．

(1) 当 $\Delta>0$ 时，方程有两个不等的实根 $x_1$、$x_2(x_1<x_2)$．

$ax^2+bx+c>0$ 的解集为 $\{x|x>x_2\}\cup\{x|x<x_1\}$

$ax^2+bx+c<0$ 的解集为 $\{x|x_1<x<x_2\}$

(2) 当 $\Delta=0$ 时，方程有两个相等的实根 $x_1=x_2$．

$ax^2+bx+c>0$ 的解集为 $\{x|x\in R,$ 且 $x\neq x_1\}$

$ax^2+bx+c<0$ 的解集为 $\{x|x\in R,$ 且 $x\neq x_1\}$

(3) 当 $\Delta<0$ 时，方程无实根．

$ax^2+bx+c>0$ 的解集为 **R**

$ax^2+bx+c<0$ 的解集为 **R**

7. $a^m \cdot a^n = a^{m+n}$

8. $a^m \div a^n = a^{m-n}$

9. $(a^m)^n = a^{mn}$

10. $\sqrt[n]{a^m} = a^{\frac{m}{n}}$

11. $\log_a(M\cdot N)=\log_a M+\log_a N(M>0,N>0)$

12. $\log_a \dfrac{M}{N}=\log_a M-\log_a N(M>0,N>0)$

13. $\log_a M^n=n\log_a M(M>0,N>0)$

14. $\log_a \sqrt[n]{M}=\dfrac{1}{n}\log_a M(M>0,N>0)$

15. $N=a^{\log_a N}$

16. $1+2+3+\cdots+n=\dfrac{1}{2}n(n+1)$

17. $1^2+2^2+3^2+\cdots+n^2=\dfrac{1}{6}n(n+1)(2n+1)$

18. $a+(a+d)+(a+2d)+\cdots+[a+(n-1)d]=na+\dfrac{n(n-1)}{2}d$

19. $a+aq+aq^2+\cdots+aq^{n-1}=\dfrac{a(1-q^n)}{1-q}(q\neq 1)$

20. $a^2-b^2=(a+b)(a-b)$

21. $(a\pm b)^2=a^2\pm 2ab+b^2$

22. $a^3\pm b^3=(a\pm b)(a^2\mp ab+b^2)$

23. $(a\pm b)^3=a^3\pm 3a^2b+3ab^2\pm b^3$

## 二、三角函数公式

24. $\sin(\alpha\pm\beta)=\sin\alpha\cos\beta\pm\cos\alpha\sin\beta$

25. $\cos(\alpha\pm\beta)=\cos\alpha\cos\beta\mp\sin\alpha\sin\beta$

26. $\tan(\alpha \pm \beta) = \dfrac{\tan\alpha \pm \tan\beta}{1 \mp \tan\alpha\tan\beta}$

27. $\sin 2\alpha = 2\sin\alpha\cos\alpha$

28. $\cos 2\alpha = \cos^2\alpha - \sin^2\alpha = 2\cos^2\alpha - 1 = 1 - 2\sin^2\alpha$

29. $\sin\alpha\cos\beta = \dfrac{1}{2}[\sin(\alpha+\beta) + \sin(\alpha-\beta)]$

30. $\cos\alpha\sin\beta = \dfrac{1}{2}[\sin(\alpha+\beta) - \sin(\alpha-\beta)]$

31. $\cos\alpha\cos\beta = \dfrac{1}{2}[\cos(\alpha+\beta) + \cos(\alpha-\beta)]$

32. $\sin\alpha\sin\beta = -\dfrac{1}{2}[\cos(\alpha+\beta) - \cos(\alpha-\beta)]$

## 三、几何

33. 三角形的面积 $= \dfrac{1}{2} \times 底 \times 高$

34. 圆弧长 $l = R\theta$（$\theta$ 为弧所对的圆心角，单位为弧度）

35. 扇形面积 $s = \dfrac{1}{2}R^2\theta = \dfrac{1}{2}Rl$（$\theta$ 为圆心角所对的弧度，$l$ 为 $\theta$ 对应的圆弧长）

36. 球的体积 $v = \dfrac{4}{3}\pi R^3$

37. 球的表面积 $s = 4\pi R^2$

38. 圆锥的体积 $v = \dfrac{1}{3}\pi R^2 h$

39. 圆锥的表面积 $s = \pi R l$

# 附录Ⅲ 线上课程资源的开发及使用

## 一、课程简介

为加强数学课程的过程性学习及考核，以本教材副主编山西金融职业学院郭廷花副教授为首的教学团队秉承"学生中心、成果导向、持续改进"的教育教学理念，坚持"重过程—多元化—考能力"的指导思想，以本教材为蓝本于2019年建设运行了在线课程——《经济数学与模型——一元微积分》，该课程入选为"2022年山西省职业教育在线精品课程". 截至2023年7月，该课程已在学银在线平台运行7期，累积选课人数11408人，累积互动次数114154次，累计页面浏览量两千万余次.（课程链接：http://xueyinonline.com/detail/218980203）

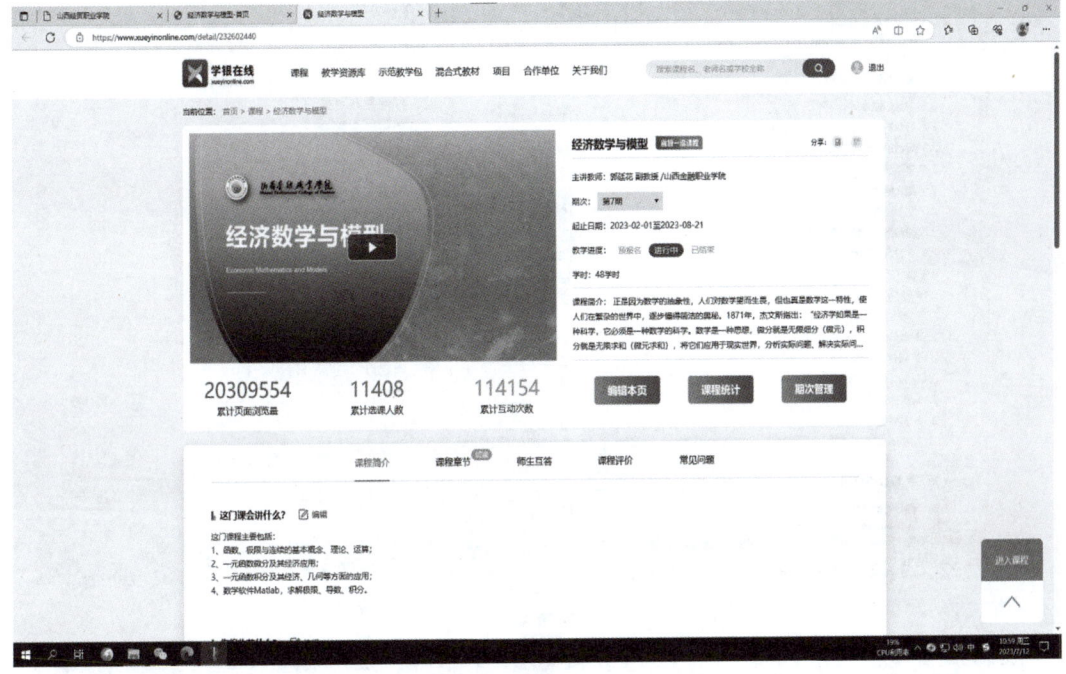

附图 3-1

本课程共录制教学视频 53 个，在平台上上传题库 620 余道，上传教学设计、教学课件等教学资源百余个，课程电子资源还将不断完善更新。线上学习过程包含视频学习、随堂测验、在线讨论、章节测试等内容。本课程的章节目录见下图：

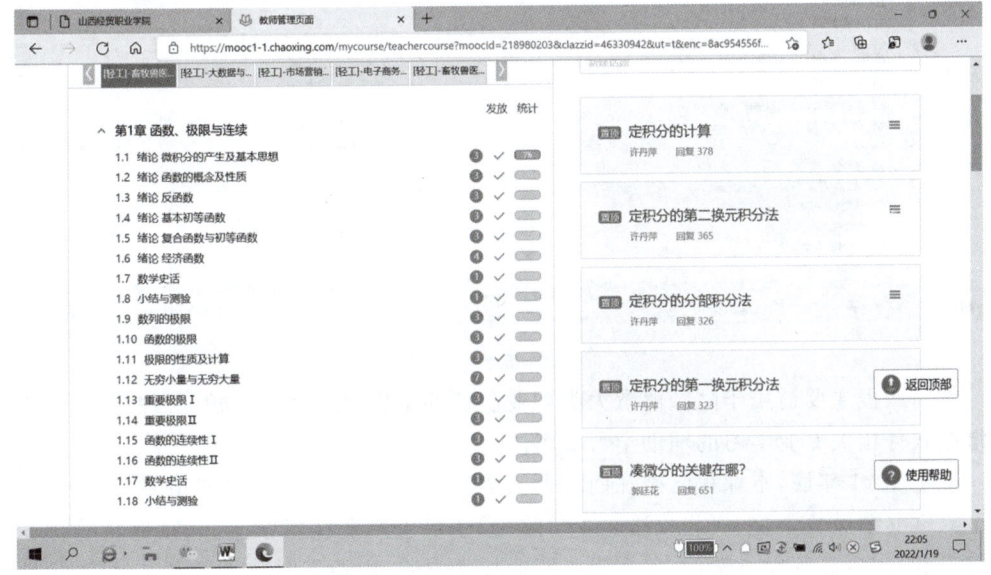

附图 3-2

附图 3-3

附图 3-4

本门课程主要适用于财经商贸大类职业院校的学生,如会计、金融、管理等;也可以作为继续教育相关专业学习的辅助学习资料.

截至 2021 年底,本课程已被江西农业大学南昌商学院、江西师范高等专科学校、河北师范大学继续教育学院、河北政法职业学院、广东机电职业技术学院、北京经济管理职业学院、昆明冶金高等专科学校、包头轻工职业技术学院、山西省财政税务专科学校、山西经贸职业学院、山西财贸职业学院、山西经贸学校、临沂电力学校、山西省商务学校等全国 40 余所学校的师生选用.

附图 3-5

## 二、课程特色

1. 重构课程体系:问题导向,数学的生命在于自身问题的不断提出与解决,在于其广泛的应用性,教学内容用案例贯穿,重视对生活及专业问题的解决.在视频教学中,实例融合在知识的讲解中.

2. 重知识的应用:在每一章最后都有一节专门讲授微积分的应用部分.加深对本课程的理解与认识.对培养学习者提高学习微积分兴趣起着相当重要的作用.

3. 融入思政元素:课程中的德育、哲学思想处处存在,比如定积分概念的教学设计引入"尖椒土豆丝"这道菜后,提问"同学们,做过这道菜吗?"进一步引导学生在家需要帮父母分担家务,培养学生树立正确的劳动观点,养成劳动的习惯.通过归纳总结定积分的思想,让学生明白,再复杂的事情都是由简单的事情组合而成的,同时也体现了愚公精神,积微方能著.唤醒和激发学习者探究问题的兴趣,实现从"知识培养"到"综合素养"的教学理念.

4. 完整的练习题:每个知识点都配有随堂测验题,每章配有单元测验题,学习者通过完成练习,基本能掌握所学基础知识.同时根据线上学习的特点,坚持线上、线下不定期答疑制度,保障了教学质量的稳定与提高.

5. 不断完善,历久弥新:课程现在运行第四个周期,每学期团队成员,根据运行情况,做出相应修改,补充完善,从内容到所配备习题都有维护与修改,保证资源丰富.适合不同程度学习者的需求.

## 三、课程资源使用简介

若本教材使用院校已开通运行超星学银在线平台,学生可在学银在线平台首页—"课程"页面下,搜索"经济数学与模型"找到本课程,点击"加入课程"即可在本人客户端学习本课程;任课教师可与本校平台管理人员联系,对任课班级进行管理,并使用本课程相关资源.

237

若本教材使用院校未运行学银在线平台,学生个人可登录学银在线,通过手机号码进行注册,搜索本课程,选择"加入课程",进入公共班级进行学习;若任课教师需要整班使用本课程,可联系郭廷花老师单独编班,供整班教学使用,并获取平台使用方法.

## 四、在线课程使用建议

作为线上资源共享课,本课程可考察学习者在线学习完成情况.包括观看视频数、参与讨论的活跃度、随堂测验、章测试题完成情况,重视学习者学习过程的评价.

线上学习评定设置为:线上成绩=视频学习(50%)+随堂测验(20%)+讨论(10%)+章节测验(10%)+学习次数(10%).课程总的学习成绩可以由各校根据具体情况增加线下期末考试,线上学习和线下考试成绩按一定比例(可自行设置)确定最终成绩.

通过为期三年的线上线下混合式教学实践,以及其他使用本课程的兄弟院校的反馈,本课程有效提升了课堂教学效率,强化了学生的学习自觉,增强了学生知识的掌握,较好的缓解了数学课程课时紧张与教学内容繁多的矛盾.

## 五、联系方式

使用本课程在线资源中如遇到问题,可致电 0351-3376765 或发送邮件到 guotinghua135@126.com 与郭廷花老师联系.